dtv

Tee war stets mehr als nur ein Getränk. In China erzählt man sich, die Götter selbst hätten ihn auf die Erde gebracht. Japan entwickelte mit dem Teeweg ein kunstvolles Ritual der Stille. Mongolen und Chinesen unterbrachen ihre erbitterten Kämpfe, wenn der Gong zur Teestunde ertönte. Der englische »five-o'clock-tea« ist sprichwörtlich. Und wackere Ostfriesen trieb die Liebe zum Tee gar in den Schmuggelhandel und in die Rebellion gegen den Alten Fritz. Die Autoren erzählen Geschichten: von wundersamen Begebenheiten und alltäglichen Teestunden, von mythischen Kaisern und außergewöhnlichen Menschen, vom Siegeszug des Tees aus seiner Heimat China über die Seidenstraße und durch die weiten Wüsten Zentralasiens nach Europa und in den Rest der Welt. Eine Einladung, im Alltag innezuhalten und sich eine Tasse Tee einzuschenken: zum Entspannen, Sinnieren oder geselligen Beisammensein.

Andreas Gruschke, geboren 1960, arbeitet als freier Autor und Bildjournalist. Nach zahlreichen Forschungs- und Arbeitsaufenthalten in Südostasien führt er heute Studienreisen in dieser Region durch.
Andreas Schörner, geboren 1968, ist freiberuflicher Studienreiseleiter für China und war längere Zeit im Teehandel tätig.
Astrid Zimmermann, geboren 1962, ist freie Journalistin und Autorin mit den Schwerpunkten Zentral- und Südostasien. Sie arbeitet ebenfalls als Studienreiseleiterin.

Andreas Gruschke · Andreas Schörner
Astrid Zimmermann

TEE

Süßer Tau des Himmels

Deutscher Taschenbuch Verlag

Originalausgabe
September 2001

www.dtv.de

Umschlagkonzept: Balk & Brumshagen
Umschlaggestaltung: ARTPOOL, München
Fotografien im Innenteil: s. Bildnachweise S. 239
Satz: Fotosatz Reinhard Amann, Aichstetten
Gesetzt aus der Plantin 10/12'
Druck und Bindung: Druckerei C. H. Beck, Nördlingen
Gedruckt auf säurefreiem, chlorfrei gebleichtem Papier
Printed in Germany · ISBN 3-423-36242-1

Inhalt

Vorwort 9

Der Siegeszug des Tees um die Welt 13

CHINA

Beim Teetrinken den Lärm der Welt vergessen 17
Wie Shennong, der »Göttliche Landmann«, den Tee und seine Wirkung entdeckte 22
Schaum von flüssiger Jade 27
Tee und Meditation 37
Ein Leben für den Tee: der »Tee-Heilige« Lu Yu 39
Lu Tong und sein »Teelied« 44
Su Dongpo und das Wasser aus dem Jangtse 48
Zhang Tai und der Tee des Herrn Min 50
Teegenuss, eine Frage des Wassers 52
Weshalb Kreisvorsteher Xiong Mönch wurde 53
Warum das perfekte Teegeschirr aus Yixing kommt 58
Tautropfen in der Hand der Teepflückerin 63
Wie der berühmteste aller chinesischen Tees unter dem Himmel heimisch wurde 67
Die Achtzehn Kaiserlichen Teesträucher 72
Die Gabe der Göttin der Barmherzigkeit 76
Der chinesische Teeweg 79

JAPAN

Cha no mi, eine Legende aus dem Land der aufgehenden Sonne 82
Wie der Tee nach Japan kam 83
Des Kammerjunkers Ujikiyo Teegesellschaft 87
Tee – ein Fenster zur Seele Japans: Teemeister-Geschichten 91
Chanoyu – »heißes Teewasser« oder die japanische Teezeremonie 98

Nur der Weise hat Tee in sich 102
Sencha-Meister Baisaô, der »alte Teeverkäufer« 106
Tanaka Kakuô und das Wasser aus dem Westsee 110

KOREA
Meditation und Pflege der Freundschaft 112

TEE SCHREIBT GESCHICHTE
Macht Tee rebellisch? 118
Wie gemütlich war die Bostoner Teeparty? 118
Was der Opiumkrieg mit Tee zu tun hat 124

TEEHANDEL UND TEEKLIPPER
Tee segelt über die Weltmeere 129
Die Teeklipper und ihre »Teerennen« 131

INDIEN
Wie die Teepflanze nach Assam kam 137
Die spannende Entdeckung einer in Indien
heimischen Teesorte 138
Süßes Leben und bitterer Tee 143
Teeauktion in Kalkutta 147

TIBET
Söcha, das Nationalgetränk der Menschen im Schneeland 150
Wie der gesalzene Buttertee entstand 151
Der Teehandel der Tibeter 156
Butterfass und Teeziegel 158

ZENTRALASIEN
Sanbaotai – der »Schatztee« der Hui-Muslime 160
Eine mongolische Tee-Anekdote 162
Über den mongolischen Milchtee 163

RUSSLAND
Tschaj – der Russen liebster Trank 166
Der irdischen Dinge Anfang und Ende
ist der brodelnde Samowar 169
Das Lied des Samowars im Hause Afanasjewitsch 177

ISLAMISCHER ORIENT
Im persischen Teehaus in Isfahan 181
Tee im Basar – wie die Türken vom Kaffee ließen 184

TEE UND KAFFEE –
EUROPAS GROSSE ERNÜCHTERER
Wie der Tee nach Holland kam 188
»It's teatime, Sir!« 194
Schottisches Teegemüse ist ein fragwürdiger Genuss 197
Hitzige Debatten auf der »Insel« 198

OSTFRIESLAND
Vom Bierrausch zum Teegenuss 204
Der Teekrieg des Alten Fritz 207
Von Kopkes, Kluntjes und Wulkjes 211
Drei Tassen sind Ostfriesenrecht 212
Der Kampf mit dem Kluntje 215
»Oh, Majestät ...« 216
Wie Tee ein Volk zu Schmugglern machte 216
Tee aus deutschen Landen 220
Von der Börse in die Tasse 221

Gesund und schlank durch einen Trank? 226

Schlusswort: Geht, trinkt 'ne Tasse Tee 231

Die wichtigsten Teemuseen 233

Anmerkungen 235
Literatur 236
Textnachweise 238
Bildnachweise 239

Das Huangshan-Gebirge in Ostchina

Vorwort

Tee ist neben Wasser wohl das kostbarste Nass, das wir kennen, auf jeden Fall aber das meistgetrunkene Getränk der Welt. Es gibt wahrscheinlich kaum einen Winkel auf unserem Planeten, wo der Tee den dort lebenden Menschen völlig unbekannt ist und wo nicht gelegentlich gemütlich zusammengesessen wird, um sich bei einer Tasse Tee zu unterhalten und ein paar Geschichten zu erzählen. Doch nicht nur *beim* Tee lässt sich trefflich palavern, auch *über* den Tee selbst gibt es viel zu berichten. Dass er bloß ein Getränk sei, das außerdem noch ein wenig bitter schmeckt, wird wohl kaum jemandem in den Sinn kommen. Schon gar nicht jenen, die sich regelmäßige Mußestunden gönnen, um ein besinnliches oder ein geselliges Tässchen Tee zu genießen. Die vielfältigen Möglichkeiten, Tee zuzubereiten und zu trinken, lassen wohl manch einen ins Sinnieren und Philosophieren kommen über die Ursache und Entstehungsgeschichte dieses erstaunlichen Getränks. Die Frage, wo die geschichtliche Realität aufhört und wo die Legenden beginnen, bietet Raum für so manche Spekulation und fügt dem vielgestaltigen »Trank der Götter« noch eine weitere Facette hinzu.

Es sind umfangreiche Kulturgeschichten des Tees geschrieben worden und sowohl streitbare als auch enthusiastische medizinische Abhandlungen über seine Wirkungen auf Körper und Geist. Tee ist darüber hinaus zum Mittelpunkt von zahlreichen ritualisierten Handlungen geworden – wie in chinesischen oder japanischen Teezeremonien –, die ihm damit eine religiöse oder zumindest weltanschauliche Perspektive abgewinnen. Teetrinken hat in vielen Kulturen, namentlich der englischen, russischen und islamischen, aber auch der ostfriesischen Kultur, einen Rahmen geschaffen, der für Lebensart, Lebensfreude, Gemütlichkeit und innere Ruhe steht. Infolgedessen lässt sich erkennen, dass es so manches zu geben scheint, was über das bloße Trinken dieses aromatischen Aufgussgetränks hinausgeht und mancherorts geradezu mit dem »Volkscharakter« in Verbindung gebracht wird. Und obwohl jede Region ihre eigenen Vorstellungen von einer perfekten Tasse Tee besitzt, verbindet die Tee-Leidenschaft dennoch zahlreiche Regionen dieser Welt miteinander. Dafür verantwortlich sind zum einen wohl die anregende wie auch beruhigende Wirkung der Blätter dieses Strauchgewächses, zum anderen ihre mannigfaltigen Zubereitungsmöglichkeiten und deren Anpassungsfähigkeit an die verschiedensten Kulturen.

Um seiner Wirkung und Bedeutung auf den Grund zu gehen, gibt es verschiedene Wege. Leicht ist nachzuvollziehen, dass dort, wo der Tee heimisch ist und seit Urzeiten getrunken wird, die Menschen die Verbreitung und den wohltuenden Effekt des Teegenusses auf mythische Weise erklärt und erläutert haben. In China begann der Tee seinen Siegeszug durch die Welt und ist hier gleichermaßen mythenumwobener Trank als auch Labsal der Gelehrten und Wissenschaftler. Je zentraler die Bedeutung des Teetrinkens in der chinesischen Gesellschaft war, desto mehr wurde der Tee auch zum Thema von Legenden und Geschichten, inspirierte jedoch auch sachliche Abhandlung und literarische Beschäftigung mit ihm. Tee und seine gesellschaftliche Relevanz prägten China und seine Menschen tiefgreifend und begründeten damit einen Einfluss, dem wir uns in Europa, die wir den Tee sehr viel später – wenn auch schon vor vier Jahrhunderten – kennen gelernt haben, ebenfalls nicht entziehen konnten.

Der Tee erreichte Europa zur Zeit der Aufklärung und verbreitete sich mit derselben Geschwindigkeit, wie die Menschen jener Epoche sich auf die Moderne zubewegten. Als der »China drink«, wie Tee anfangs in England genannt wurde, zu uns gelangte, standen vor allem Fragen nach seiner medizinischen Wirkung im Vordergrund, deren Diskussion zuweilen heftig und kontrovers geführt wurde. Weltanschauliche Bezüge des Teegenusses tauchten erst dann so richtig auf, als das Teetrinken bereits etabliert war und sich auf den Lebensalltag der Menschen auszuwirken begann. Damit wurde Tee auch hier zu einem wesentlichen Faktor der Zivilisation.

In einer Kulturgeschichte des Tees kann eine Betrachtung der Pflanze, ihrer Verarbeitung und des Genusses des Getränks gewiss nicht für sich alleine stehen. Tee ist und war schon immer mehr als ein Getränk und die mit ihm verbundenen weltanschaulichen und – gar nicht so selten – auch geschichtlichen Aspekte müssen als die eigentliche Triebfeder eben einer solchen Kulturgeschichte gelten. Betrachtet man die recht unterschiedlichen Zivilisationen, deren Teegeschichten wir erzählen wollen, aus kulturhistorischer Perspektive, so bezieht man sich in der Regel auf die Völkerschaften, sprich die Menschen. Deren Kulturgeschichte basiert auf einer fest umrissenen Identität, die sie für sich beanspruchen und mit deren Hilfe sie sich gegen Andere abgrenzen, wobei man allzu oft vor allem die Unterschiede betont. Anders nun ist es mit dem Tee, dessen Kultivierung und Genuss über die Grenzen verschiedenster Gruppierungen hinweg diese miteinander verbindet und eine neue, gemeinsame Identität schafft, nämlich Teetrinker oder gar Teekenner zu sein. Es ist doch wahrhaftig ein schöner Gedanke: In einer Welt, die nur so strotzt vor politischen Spannungen, ethnischen Konflikten und fundamentalistischen Bewegungen, in einer Welt, in der ein »Kampf der Kulturen« heraufbeschworen wird, ist es noch immer leicht möglich, dass sich ein europäischer Teeliebhaber über sein Interesse mit Menschen aus dem Fernen Osten zusammenfindet oder dass Christen und Muslime beim ›thé à la menthe‹, einem mit Pfefferminze aromatisierten grünen Tee, im Basar zusammensitzen und beim Feilschen um eine Ware gemeinsam ins Fabulieren kommen.

Dieses Erzählen haben wir uns im vorliegenden Band zum Thema gemacht, ist es doch etwas, was den Menschen weltweit immer gegeben war und was sie – trotz aller Rationalität und Nüchternheit unserer modernen Welt – hoffentlich niemals ganz aufgeben werden. Die Art und Weise, wie sie uns in die Welt der Legenden und sagenhaften Begebenheiten entführen und was sie dadurch so nebenbei alles erzählen über die Wünsche, Träume und Ideale der Menschen, vermag vielleicht nicht so viel über den Tee an sich samt seinen Hintergründen verraten, wie es wissenschaftliche und kulturgeschichtliche Abhandlungen vermögen. Aber Tee ist eben mehr als ein Getränk. Er steht für Genuss, Vertrautheit, Gemütlichkeit und manchmal sogar für eine bestimmte Lebenseinstellung. Dazu gehört die bunte Palette an überlieferten Geschichten ebenso wie die Gepflogenheit, still dazusitzen und genussvoll den vorüberziehenden Gedanken nachzuhängen. Letzteres bringt die geistige Konzentration ins Spiel, die Meditation, die gerade im Zusammenhang mit dem Tee so große Bedeutung erlangt hat und wohl auch wichtiger ist als bei irgendeinem anderen Getränk.

In unseren skizzenhaften Einblicken in die Kulturgeschichte des Tees haben wir also einen anderen Ausgangspunkt als üblich gewählt – einen, der uns oft vernachlässigt scheint und ansonsten allenfalls in fußnotenhaften Bemerkungen auftaucht: Legenden und Erzählungen vom und über den Tee. Die hier gesammelten Geschichten und Episoden wollen auf unterhaltsame Weise mit den verschiedensten Aspekten des Tees vertraut machen: mit seiner Herkunft – in Wahrheit und Legende – und seiner Verbreitung; mit der Vielfalt der Art und Weise, wie er genossen wird; mit der Geschichte seines weltweiten Siegeszuges – vom Teeanbau zum Teehandel; mit der Teepflanze und ihrer Wirkung; und natürlich mit der gesellschaftlichen und weltanschaulichen Bedeutung des Teetrinkens in den verschiedensten Kulturen, in denen sich sein Genuss etabliert hat. Dabei wechseln sich kleine informative Kapitel, die auf die wichtigsten Hintergründe Bezug nehmen, mit vielen verschiedenen Geschichten ab – auch aus der Geschichte selbst –, um den Bogen vom ersten Teegenuss in der Heimat des Tees, China, über die vielen anderen Länder, in denen er ebenfalls heimisch wurde – wie Korea, Japan, Indien, Persien –, bis nach Europa zu spannen.

Gleich dem Wachstum dieser erstaunlichen Pflanze gehen wir von den Wurzeln über das verzweigte Geäst des Strauches bis zur Blüte. In Geschichten und kurzen Episoden, die in

»kleinen Häppchen« zur Teestunde genossen werden können, reisen wir in die Heimat des Tees, wo wir mythischen Urkaisern und alten Dichtern Chinas begegnen. Von dort bringen uns Karawanen weiter durch die weiten Wüsten und Steppenlandschaften Zentralasiens, in denen uns allein der Tee Erfrischung bringt. Auf schnellen Windjammern, die über alle Ozeane segeln, gelangen wir über Indien, Persien und die Türkei nach Europa. Zu Hause schließlich am wärmenden Samowar in der russischen Stube, beim berühmten Fünf-Uhr-Tee der Engländer, einem Gläschen Tee im türkischen Basar oder dem ostfriesischen Kopke-Tee aber wird spätestens deutlich, dass es kaum ein kulinarisches Kulturgut auf diesem Globus geschafft hat, in ähnlicher Weise universelle Verbreitung zu finden wie der Tee. Und genau dies drückte dereinst Kakuro Okakuro aus, als er in seinem berühmten ›Buch vom Tee‹ schrieb: »Die Menschheit wird sich in der Teeschale finden.«

Wie dies geschah und noch immer geschieht, das wollen wir nun erzählen ...

Der Siegeszug des Tees um die Welt

Teegeschichten und die Geschichte des Tees

Die Geschichte des Tees und seines Genusses ist genau genommen ein umfangreicher Komplex von vielen Einzelgeschichten, die von Mythen über Legenden, von Anekdoten bis hin zu historisch nachweisbaren Ereignissen reichen. Es ist leicht nachzuvollziehen, dass eine Pflanze, die in ihrer Heimat zu so großer Bedeutung gelangt ist, sich von dort allmählich in die Nachbarregionen verbreitete und anschließend ihren Siegeszug um die ganze Welt angetreten hat, in Erzählungen von einer mystischen Aura umgeben wird. Wundersame Begebenheiten und die Erlebnisse von außergewöhnlichen Menschen ziehen sich also nicht zufällig wie ein roter Faden durch die Geschichten, die wir hier erzählen wollen.

Eine erstaunliche Merkwürdigkeit beim Tee ist, dass zwei sehr verschiedene chinesische Lautungen des Schriftzeichens »Tee« bis nach Europa gelangt sind. »Tee, thé, tea« hören wir dort, wo das belebende Getränk auf dem Seeweg nach Europa gelangt ist, denn die Schiffe wurden in Südchina mit Tee beladen, wo die chinesischen Dialekte das Schriftzeichen als »té« aussprechen. Die nordchinesische Aussprache »cha« dagegen hat sich auf dem Landweg über die Mongolei nach Russland verbreitet, und so heißt es nicht nur in Indien und Russland, sondern auch in den zentral- und westasiatischen Regionen »chaj, tschaj oder cha«, wenn Tee gemeint ist. Der Tee war schon früh viel gereist, und auf monatelangen Karawanenzügen hielt er die Reisenden bei Laune, förderte ihren Tatendrang, diente ihrem Wohlbefinden und beflügelte ihre Sinne.

Es war jedoch nicht allein die oftmals fast als magisch beschriebene Wirkung des Tees, die so ausgiebig besungen und gepriesen wird. Vor allem die Freude an seinem Genuss und die sich daraus ergebende Erquickung sind Anlass zu Vergnügung und Meditation. Welchem Teetrinker ist nicht der japanische Teeweg ein Begriff. Die Chinesen pflegten ebenfalls schon vor Urzeiten ihre charakteristischen Teezeremonien, wie auch Russen, Engländer und Ostfriesen ihre typischen und vielsagenden Rituale der Teezubereitung und des Teegenusses entwickelt haben. Von Riten und Etikette einmal abgesehen lieferte der Tee zudem den entspannten Rahmen für heitere Neckereien und nicht immer ganz harmlose Verspieltheiten zwischen Freunden und natürlich den Geschlechtern, ganz wie es uns eine chinesische Geschichte aus der Song-Zeit berichtet.

Die angesehene Dichterin Li Qingzhao und ihr Gatte erfreuten sich oft daran, gemeinsam Tee zu trinken. Sie hatten dabei jedoch ihre eigenen Gepflogenheiten, denn sobald ihnen der Tee eingegossen wurde, begann einer von beiden eine Episode aus der chinesischen Geschichte zu erzählen. Dem anderen oblag es dann, die historische Quelle zu nennen, in der diese Episode niedergelegt war. Wenn ihm dies nicht gelang, dann durfte derjenige, dessen Weisheit versagt hatte, vorerst nur am Tee riechen und musste mit dem Trinken warten, bis die nächste Aufgabe gelöst wurde.

Im alten China gehörte Tee auch zu der Auswahl von Geschenken, die man zur Verlobung überreichte. Gemeinsam Tee zu trinken konnte sogar ein Synonym für eine anstehende Heirat sein. Im berühmten Roman ›Der Traum der Roten Kammer‹ unterhält sich Wang Xifeng mit der Dame Lin Diyu über Tee und schickt ihr später wohlriechende Teeblätter als Präsent ins Haus. Als sie das nächste Mal zusammentrafen, fragte er sie daher scherzend: »Ihr hattet Tee mit mir, warum also seid Ihr nicht meine Angetraute geworden?« Noch heute schenken Frischvermählte in China ihren Eltern manchmal Tee, um damit ihre Kindesliebe und die besten Wünsche auszudrücken. Ethnische Minderheiten in Südwestchina bewerten ein Heiratsangebot gar beim Teekosten. So soll beispielsweise ein junger Mann des Lahu-Volkes Teeblätter, die er selbst geerntet und verarbeitet hat, mitbringen, wenn er um die Hand seiner Angebeteten anhalten will. Die Familie der von ihm begehrten Frau beurteilt dann die Fähigkeiten des Jünglings, indem sie seinen Tee kostet. Aufgrund des Geschmacks und der Eigenschaften seines Tees entscheiden sie anschließend, ob er es wert ist, ihre Tochter zu heiraten.

In China wird erzählt, dass Tee deshalb gut als Verlobungsgeschenk passte, weil die Menschen ursprünglich glaubten, er könne nur über Aussaat gezüchtet, aber nicht durch Stecklinge vermehrt werden. Mit dieser dem Tee irrtümlicherweise zugesprochenen Eigenschaft wollten sie ihrem Wunsch Ausdruck geben, dass die Ehe mit ewiger Liebe gesegnet sein soll. Da Tee zudem eine immergrüne Pflanze ist, war er ebenfalls Symbol dafür, dass man dem Paar dauerhaftes Eheglück wünschte.

Die Kunde vom Tee erreichte Europa das erste Mal über die Seidenstraße. Arabische Händler erzählten um 900 n. Chr. davon. Nur vier Jahrhunderte später berichtete Marco Polo lakonisch, der Finanzminister im mongolisch-chinesischen Kaiserreich sei darüber gestürzt, dass er die Teesteuer erhöht hatte. Die Weltgeschichte ist voll von Beispielen, wie Regierungen oder Regierungsbeamte mit Aufständen zu kämpfen hatten, wenn Grundnahrungsmittel wie Brot oder Getreide zu teuer wurden. Im Reich der Mitte jedoch kam dem Tee diese Bedeutung zu, der damals vermutlich schon seinen festen Platz im Alltag der Chinesen gefunden hatte.

CHINA

Beim Teetrinken den Lärm der Welt vergessen

Ganz alltägliche Teestunden in China

> In diesem Sinne ist der Tee das Symbol für alles Reine auf Erden, denn er bedarf in seiner Zubereitung der peinlichsten Reinlichkeit, vom Pflücken, Dörren und Aufbewahren bis zum Aufgießen und Trinken, und kann durch die flüchtigste Berührung mit fettigen Händen oder Tassen nur allzu leicht verdorben werden. Darum genießt man den Tee am richtigsten in einer Atmosphäre, wo jeder Gedanke an Prunk oder Luxus aus dem Herzen verbannt ist.
>
> *Lin Youtang*

Schwül und drückend liegt die sommerliche Hitze über Chengdu, der Hauptstadt der Provinz Sichuan, Chinas bevölkerungsreichster Provinz. Obwohl es Sonntag ist, ist die Innenstadt voller Menschen, die in den zahlreichen neu erbauten Glaspalästen einkaufen und schnellen Schrittes durch die mit Autos verstopften Straßen gehen. Doch nicht nur Hektik und pulsierendes Leben kennzeichnen die aufstrebende Millionenstadt an den Ufern des Brokat-Flusses, Chengdu ist auch für seine unzähligen großen und kleinen Teehäuser bekannt, die ein beliebter Treffpunkt für ihre geselligen Bewohner sind. Besonders gut besucht ist das traditionsreiche Teehaus inmitten des Renmin Gongyuan, des Volksparks. An einem kleinen See, auf dem junge Elternpaare mit ihren fröhlichen Sprösslingen in Tretbooten umherfahren, stehen im Schatten alter Bäume niedrige Tische und bequeme Lehnstühle aus Bambus. An einem Fenster des Hauses im Hintergrund drängen sich die Neuankömmlinge und wählen aus, welchen Tee sie trinken möchten,

Im Teehaus in Zigong in Sichuan

um sich dann mit ihren Tassen gemütlich niederzulassen. Inmitten dieses lebhaften Treibens eilen Männer mit altertümlich aussehenden Metallkannen von Gast zu Gast, aus denen sie immer wieder heißes Wasser mit Schwung in die Tassen nachfüllen. Hier in Chengdu wird der Tee aus einer Schale getrunken, die auf einem kleinen Unterteller steht und mit einem Deckel abgedeckt werden kann. Drei Teile, die für die so genannte »Teesprache« im Teehaus unerlässlich sind. Wünscht der Gast, dass seine Tasse aufgefüllt wird, so legt er den Deckel schräg auf die Untertasse und bedankt sich dann mit einem doppelten Klopfen von Mittel- und Ringfinger der rechten Hand auf dem Tisch. Verlässt jemand für kurze Zeit seinen Platz, so signalisiert ein Deckel auf dem Stuhl, dass dieser schon besetzt ist, und liegt der Deckel flach neben der Tasse auf dem Tisch, ist er ein Zeichen dafür, dass der Gast fertig und gegangen ist.

Jung und Alt verbringen hier ihre Mußestunde beim Trinken von zahllosen Tassen Tee. Es wird geplaudert und gedöst, viele knabbern Melonenkerne oder Kekse und wickeln Klebreis mit Fleischfüllung aus einer Umhüllung von Bananenblättern. So mancher gönnt sich eine entspannende Massage, die allenthalben angeboten wird, oder lässt sich mit abenteuerlich aussehenden Gerätschaften die Ohren putzen. Dazwischen frönen zahlreiche Sichuanesen ihrer vornehmlichen Leidenschaft, dem Spiel, und vertreiben sich mit Mahjongg und Kartenspielen die Zeit.

Besonders das Klappern der Mahjongg-Steine ist ein Geräusch, das auch in den kleinen Teestuben entlang der verwinkelten Altstadtgassen Chengdus allgegenwärtig ist. Doch hier, zwischen bunten Marktständen und geschäftig hin und her eilenden Menschen, die sich zwischen Fahrrädern, Rikschas und hupenden Autos hindurchzwängen, hat die Moderne Einzug gehalten in Form von dröhnenden Fernsehapparaten, die den Tee schlürfenden Männern Kungfu- und Historienfilme zeigen. Es ist manchmal ein seltsames Bild, wenn die Männer alle mit dem Rücken zur Straße konzentriert auf einen Bildschirm starren, während in den kunstvoll verzierten Vogelkäfigen, die, so wie es seit jeher üblich ist, in der Eingangstür hängen, die Singvögel ihren Gesang zum Besten geben. Gerade an heißen Sommertagen werden aus vielen dieser Teehäuser auch Biergärten, und die Besucher trinken zu ihrem Tee ein frisch gezapftes kühles Bier, um so die schwüle Hitze besser zu ertragen.

Aber sosehr sich die Art und Weise geändert hat, wie sich die Menschen in den Teehäusern vergnügen, eines ist doch gewiss: Teebeutel würden sie niemals benutzen. Und so schwimmen in den Tassen und Gläsern noch immer die ganzen Teeblätter und warten auf den nächsten Aufguss.

Sind die Sorten, die in den einfachen Teehäusern Chengdus konsumiert werden, auch nicht besonders raffiniert, so kann sich der Teeliebhaber andernorts kaum entscheiden, welchen der vielen angebotenen Tees er wählen soll. Ein Beispiel dafür ist das berühmte Teehaus in der frisch restaurierten Altstadt von Shanghai. Inmitten eines kleinen Teiches gelegen, muss der Besucher zuerst eine Zickzack-Brücke überqueren, bevor er das liebevoll hergerichtete Holzgebäude betritt. Verschiedene Teesorten werden in dem dazu passenden Geschirr serviert, zusammen mit kleinen Häppchen. In Tee gekochte Wachteleier, blütenweißer Tofu und süßsaure, in Papier eingewickelte Trockenpflaumen liegen appetitlich angeordnet auf kleinen Tellern. Wer hierher kommt, genießt es, wenn die freundliche Bedienung den so genannten Guanyin-Tee auf einem kleinen Teeschiff aus unglasiertem Yixing-Steinzeug herbeiträgt und den ersten Aufguss mit gekonntem Schwung in die winzigen Schälchen gießt, um sie anzuwärmen. Ein milder Teeduft entfaltet sich und verbreitet sich rasch und angenehm im Raum. Dieser feine Tee wird in kleinen Schlucken genossen und jedes Eingießen aufs Neue zelebriert. Ein beschauliches Ritual, das ahnen lässt, wie es einst zuging in den gelehrten Kreisen der chinesischen Beamtenschaft, die in ihren sorgfältig angelegten Gärten einen verfeinerten Lebensstil pflegte, zu dem der Teegenuss ebenso gehörte wie die elegante Dichtkunst und ausgelassene Trinkspiele, bei denen Reiswein und Schnaps in Strömen flossen.

Heute kann sich der Besucher eines traditionellen Teehauses in bequeme Holzstühle zurücklehnen, geruhsam seinen Gedanken nachhängen und das quirlige Leben auf der Straße beobachten. Teetrinken ist in China wieder ein fester Bestandteil des täglichen Lebens und die fast schon vergessenen Sitten und Gebräuche um dieses vielseitige Getränk finden wieder zunehmend Beachtung in der breiten Bevölkerung. Wohlhabender geworden, können es sich heutzutage viele leisten, statt des »weißen Tees« – heißes gekochtes Wasser – wieder grünen und manchmal auch schwarzen Tee zu trinken, und verhelfen so der Teetradition in China zu neuem Leben.

Überall im Land sprießen neue Teeläden aus dem Boden. Modern aufgemacht und mit zahlreichen, manchmal auch sehr teuren Teesorten ausgestattet, sind sie neue Treffpunkte für Teekenner und Teeliebhaber. Dies ist ein angenehmer Nebeneffekt der wirtschaftlichen Liberalisierung in der Volksrepublik China, denn es ist nicht nur erlaubt, zu genießen und sich etwas Luxus zu gönnen, sondern es wird auch gern gesehen. Dazu gehören auch edle und ausgefallene Tees, die nicht als Durstlöscher, sondern als besondere Delikatesse konsumiert werden. Jeder, der einen dieser Läden betritt, wird freundlich bedient und kompetent beraten, was in den früheren Zeiten des Sozialismus alles andere als selbstverständlich war, jetzt dagegen den Genuss des Einkaufs noch erhöht. Ein Genuss, der alle Sinne anspricht. Auf den Regalen sind zahlreiche Dosen in allen Größen aufgebaut, angefüllt mit duftenden Teeblättern, und auf Wunsch werden sie geöffnet. So ist es ein alltägliches Bild, Männer und Frauen zu sehen, wie sie sich herabbeugen und mit ernstem Gesicht in die Dose hineinschnuppern, den Duft prüfen und dann mit dem Verkäufer die Qualität und den Preis diskutieren. Mancherorts kann sich der Interessent eine Tasse des gewünschten Tees fachkundig aufbrühen lassen und kosten, bevor er sich zum Kauf entschließt. Für das Probetrinken gibt es vielfach sogar eigene kleine Räume, die hübsch eingerichtet zum Verweilen einladen. Gemütlich sitzend kann der Kunde hier beobachten, wie der Tee nach bestimmten Regeln zubereitet wird, die von Sorte zu Sorte variieren können, und dazu den Erklärungen und Geschichten lauschen, die sich um jeden Tee ranken.

Tee und Teegenuss hat in China viele Gesichter, alte und junge, bekannte und geheimnisvolle, und es kommen immer neue hinzu, die die Teekultur stets lebendig erhalten und mit Spannung erfüllen.

Wie Shennong, der »Göttliche Landmann«, den Tee und seine Wirkung entdeckte

Zahlreiche Geschichten und Legenden erzählen, wie die Menschen erstmals dem Tee und seiner vielgestaltigen Wirkung begegneten. Der Wahrheitsgehalt keiner einzigen davon ist nachgewiesen, und dennoch zeigen sie, dass Tee in China schon lange bekannt ist. Eine kleine Überlieferung berichtet von einer alten Frau, die vor mehr als 2000 Jahren gelebt haben soll. Jeden Morgen sei sie auf den Markt gegangen, mit einer kleinen Schale in der Hand, die aromatischen Tee enthielt. Diesen verkaufte sie mit großem Erfolg an die Durstigen, und die Tasse leerte sich zu aller Erstaunen niemals vor dem Abend. Das so verdiente Geld verteilte sie unter den Waisen, Armen und Bettlern. Ihr eigenartiges Verhalten rief jedoch bald das Misstrauen der Leute hervor. Sie klagten die gütige Frau an und ließen sie ins Gefängnis werfen. In der Nacht konnte sie aber aus der Gefangenschaft fliehen und nahm zum Bedauern aller ihr köstliches Getränk für immer mit sich.

Stets rankten sich um den Tee mythische Erzählungen, welche die Bedeutung und Wertschätzung, die ihm entgegengebracht wurden, hervorhoben. Die Entdeckung der eigentlichen

Teepflanze wird gar mit den heroischen Gründergestalten in Verbindung gebracht, die in China als verantwortlich für die Entstehung und Ordnung der Welt angesehen werden.

Wie alle Völker auf dieser Erde versuchten auch die Menschen im Reich der Mitte, eine Erklärung für die Entstehung der Welt zu finden und dafür, warum die Dinge so sind, wie sie sind. Die Geschichte der Schöpfung und die Vorstellung vom Universum, wie sie in der archaischen Urgesellschaft verbreitet war, sind bis in die heutige Zeit in Legenden und Mythen überliefert. Auch in der modernen Welt gehören sie noch immer zum allgemein bekannten Erzählgut und Wissen des alten chinesischen Kulturvolkes.

In der Morgendämmerung der Zeiten, so heißt es, traten die »Drei Erhabenen« auf und legten mit einer Unzahl von Erfindungen den Grundstein für die menschliche Zivilisation und Gesellschaft. An der Spitze dieser drei Kulturheroen steht Fuxi, auch Taihao, das »Große Leuchten«, genannt. Nügua wird als seine Gattin angesehen, und Shennong, der »Göttliche Landmann«, ist der Dritte im Bunde. Mit ihnen findet die Unordnung der Urzeit ihr Ende und sie weisen den Lebewesen als Menschen, Tiere und Götter ihren Platz zu.

Fuxi und Nügua, einst ein unteilbares Ganzes, wurden zu Anbeginn der Zeit getrennt, und das Chaos nahm seinen Lauf. Erst nach einer langen Periode der Wirrnis, als die Welt wieder geordnet war, vereinigten sie sich erneut. Fortan stellten sie ein komplementäres und unzertrennliches Paar dar, als das sie die Gegensätze Yang und Yin personifizieren, die in ihnen und durch sie zusammengeführt werden. Zugleich sind sie schützende Mächte, deren machtvolle Verbindung die Grundlage für den Bestand der Menschheit schafft. Damit bricht die Zeit von Shennong, dem Göttlichen Landmann, an. Er verhalf den Menschen zu den Grundlagen ihrer Ernährung, indem er sie lehrte, wie man Getreide pflanzt und den Pflug benutzt. Außerdem richtete er Märkte ein, damit sie Tauschhandel treiben konnten. Eine weitere wichtige Errungenschaft, die Shennong zugeschrieben wird, ist die Einführung der Medizin und damit die Kenntnisse von der Wirkung und dem Nutzen der Heilpflanzen.

Der Überlieferung nach befand sich China vor über 2700 Jahren im Zeitalter von Shennong. Dieser war beseelt von dem Wunsch, allen Lebewesen dabei zu helfen, sich weiterzuentwickeln. Deshalb sammelte er zahllose Pflanzen und probierte deren Wirkung mutig an sich selbst aus. Es heißt, dass Shennong, der an einem Tag 72 giftige Pflanzen zu sich nahm, nur deswegen keinen Schaden erlitt, weil er Tee trank und damit deren Wirkung neutralisierte.

Darüber, wie Shennong den heilsamen Effekt der Teeblätter entdeckte, erzählt man sich im alten China mindestens zwei verschiedene Legenden.

Die eine besagt, dass Shennong einst verschiedene Kräuter und Pflanzen sammelte, mit der Absicht, ihre Heilwirkung zu überprüfen. Dazu pflückte er sie und kaute sie anschließend gründlich, um so am eigenen Leib zu erfahren, welche von ihnen die Menschen nicht essen können, bei welchen Vorsicht geboten ist und welche darunter heilkräftig sind.

Eines Tages, als Shennong wieder einmal Blumen und wilde Kräuter gepflückt hatte, probierte er die Blätter einer neu entdeckten Pflanze aus. Sein Mund wurde daraufhin ganz trocken und die Zunge taub und gefühllos. Als ihm außerdem noch schwindlig und schwarz vor Augen wurde, ließ er den Beutel mit den Kräutern fallen und lehnte sich an einen großen Baum, um sich auszuruhen. Ein Lufthauch trug ihm plötzlich einen reinen und frischen Duft in die Nase, dessen Ursprung er nicht sogleich erkennen konnte. Er hob den Kopf und schaute sich um. Aber er sah nur, wie einige leuchtend grüne Blätter langsam im Wind tänzelnd vom Baum herabfielen. Er griff sich aufs Geratewohl eines dieser Blätter, steckte es sich in den Mund und zerkaute es langsam. Es hatte ein bitteres Aroma, das aber alsbald von einem süßlichen Nachgeschmack abgelöst wurde. Er kaute weiter und schluckte das Blatt schließlich vollständig hinunter. Nachdem er fertig gegessen hatte, wurde der im Mund zurückbleibende Geschmack noch lieblicher, und damit einher erfasste ihn ein äußerst wohliges Gefühl. Der Schwindel ließ nach und er fühlte sich geistig angeregt und erfrischt. Auch die Taubheit der Zunge verschwand völlig.

Überrascht und erstaunt nahm er noch einige dieser Blätter auf und betrachtete sie sorgfältig. Die Blattform, die Blattzeichnung und das Grün unterschieden sich deutlich von den Bäumen und Sträuchern, die er bisher untersucht hatte. Deswegen pflückte er von der Pflanze schnell noch ein paar Sprossen, Blüten und Früchte und kehrte heim. Wegen des ursprünglich bitteren Geschmacks nannte er diese Art von Bäumen »Tu«. Damit war der Tee entdeckt, der in frühester Zeit in China als Bitterkraut (Tu) bezeichnet wurde. In den folgenden Jahrhunderten, so wird erzählt, wurde die Teepflanze mühevoll verfeinert, kultiviert und an anderen Orten eingeführt. Die Menschen lernten ihre Blätter als Medizin wie auch als Genussmittel zu nutzen und zu schätzen. Tee wird seither den Göttern und Ahnen als Opfergabe dargebracht und die frischen Blätter fanden ihren Weg mancherorts sogar in die Küche, wo man sie als wohlschmeckendes Gemüse zubereitet.

Eine zweite Legende besagt, der Tee sei eine Gabe des Himmels, die von Shennong in der folgenden Art und Weise entdeckt wurde.

Einst hatte sich Shennong die wichtige Aufgabe gestellt, die Krankheiten der Menschen zu heilen. Um die dafür nötigen Heilkräuter und Pflanzen zu finden, musste er mühsam hohe Berge und steile Höhen erklimmen. Er bereitete diese Kräuter selbst zu und erprobte ihre Wirkung als Arznei am eigenen Leib. Eines Tages hatte Shennong einen großen Beutel Heilkräuter gesammelt und teilte jene, die er schon kannte, gemäß ihrer Wirkung in verschiedene Haufen ein. Unter einem großen Baum stellte er seinen eisernen Kessel auf, goss Wasser aus einem Bach hinein und entzündete ein Feuer, um es zum Kochen zu bringen. Gerade als das Wasser zu sieden begann, öffnete Shennong den Deckel, wandte sich um und ging ein paar

Schritte, um einige der Heilkräuter zu holen. Dabei bemerkte er nicht, dass von oben einige andere Blätter in seinen Topf gefallen waren. Plötzlich nahm er einen lieblichen und zugleich würzigen Duft wahr, der sich um ihn herum entfaltete. Erstaunt ging Shennong zum Topf, blickte hinein und sah, dass lediglich ein paar Blätter auf dem Wasser trieben. Er beobachtete, wie sich das Wasser allmählich gelbgrün färbte und dabei dieses ausgezeichnete Aroma entwickelte, das sich mit dem aufsteigenden Dampf langsam verbreitete. Mit einer Schale schöpfte er etwas heraus und kostete vorsichtig. Es schmeckte herb und bitter, hatte aber gleichzeitig einen zarten Geruch. Nach dem Trinken entfaltete sich im Mund ein feiner süßlicher Nachgeschmack. Außerdem bemerkte er, dass er keinen Durst mehr verspürte und seine Müdigkeit verflogen war. Sein Kopf und seine Gedanken wurden noch klarer und wacher als zuvor. Er fühlte sich ausgesprochen wohl und angeregt.

Daraufhin fischte er die Blätter aus dem heißen Wasser und unterzog sie einer genauen Betrachtung. In der Nähe seines Topfes entdeckte er keinen Baum mit derartigen Blättern, so dachte er bei sich: »Sicher hat der Himmelsgott an mich, der ich so alt und guten Herzens bin und so viel Mühsal mit dem Sammeln der Heilkräuter habe, gedacht und schenkte mir diese jadegrünen Blätter, um allen Lebewesen damit helfen zu können.« Fortan erforschte er die medizinische Wirkung dieser Blätter und zog endlos durch die Berge, um diese nützliche Pflanze zu finden. Schließlich entdeckte Shennong einige wild wachsende Teesträucher in einem Talkessel. Die Blätter des Baumes waren von der gleichen Form wie jene, die in seinen Kessel gefallen waren. Der Aufguss war von derselben gelbgrünen Farbe und auch im Geschmack glich er dem anderen. Darüber freute sich Shennong sehr und gab ihm den Namen »Tu«. Als er das Getränk erneut probiert hatte, stellte er fest, dass es ganz wunderbar den Durst löschte, seinen Geist beflügelte und harntreibend sowie entgiftend wirkte. Unschwer erkannte er, dass die Teepflanze ein besonderes Wundermittel war, das sich von den zahlreichen sonstigen Heilkräutern abhob.

Die Überlieferungen sind sich darin einig, dass das von Shennong damals entdeckte Tu-Kraut dem heute von uns getrunkenen Tee entspricht. Der Genuss von Tee wird damit zu einer der ältesten und längsten Traditionen in China, die bis heute nicht von dort wegzudenken ist. Nicht immer wurde der Tee auf dieselbe Art und Weise zubereitet und getrunken, aber stets war er Bestandteil des Lebens und der Kultur im Reich der Mitte. Dies ging so weit, dass in der Vergangenheit, als sich nicht jeder die aromatischen Blätter leisten konnte, heißes abgekochtes Wasser getrunken und als »weißer Tee« bezeichnet wurde.

Schaum von flüssiger Jade

Die Teepflanze und ihre Geschichte in China

> Tee ist ein segensreicher Baum aus den südlichen Regionen. Seine Höhe kann ein, zwei Fuß, aber auch bis zu einigen zig Fuß betragen. In den Schluchten des Ba-Gebirges [im heutigen Sichuan] gibt es solche, die nur von zwei Männern umfasst werden können. Diese muss man fällen, um von ihnen zu ernten. Sein Stamm gleicht dem eines Kürbis, seine Blätter der einer Gardenie, die Blüten ähneln einer weißen Rose, sein Samen der einer Palme, der Blütenkelch ist wie der einer Gewürznelke, seine Wurzeln wie die der Walnuss.

Mit diesen Worten beschreibt Lu Yu, Chinas großer und geheiligter Teekenner und Verfasser des *Chajing*, der ersten bedeutenden Schrift über den Tee, die Teepflanze.

Tee ist die bekannteste der in China kultivierten Pflanzen, zumal sie von hier aus die Welt eroberte. Untrennbar sind Philosophie, Kunst, Lebensart und Geschichte des Reichs der Mitte mit dem aromatischen Aufguss verbunden und von ihm geprägt, und jeder, der sich mit diesem Teil der Welt beschäf-

Teeproduktion im alten China

tigt, kommt an einer Schale Tee schwerlich vorbei. Als eine vielschichtige und manchmal sogar sagenumwobene Pflanze wurde und wird Tee nicht einfach nur auf einem Acker angepflanzt; schon immer gehörte zu seinem Anbau eine besondere Weltanschauung. Von jeher kommen in China die besten Tees aus jenen Bergen, »deren Spitzen in Wolken gehüllt sind«, wie die Menschen dort sagen. Und tatsächlich ist die Teepflanze, wie es in der Literatur an einer Stelle so schön heißt, »ein Alpinist, der feuchte Lagen liebt«. Allerdings mag sie zu nasse Böden weniger leiden, weswegen der Tee gerne in Hanglagen der Bergregionen gezogen wird, die im feuchten Monsunklima Ostasiens oft nebel- und wolkenverhangen sind, ohne dass der Boden nässt. Der beste Tee soll der Überlieferung nach auf dunstverhangenen, steilen Klippen wachsen. Seine Blätter erfuhren desto mehr Wertschätzung, je unzugänglicher der Ort war, an dem ein Teestrauch wuchs. Bis heute erzählen sich Teeliebhaber eine Überlieferung, nach der einst Affen dressiert wurden, um Tee zu ernten. Als geschickte Kletterer erreichten sie auch steilste Hänge und pflückten dort Teeblätter der allerbesten Qualität.

Botanisch gehört die Teepflanze zur Gattung der Kameliengewächse (Camellia) mit den zwei wichtigsten Arten Camellia sinensis und Camellia assamica. Sie ist ein immergrüner Strauch bzw. Baum, der sich durch kurz gestielte, lederartige Blätter auszeichnet. Deren Rand ist sägeblattartig gezahnt und ihre Unterseiten sind, wie auch die Blattknospen, mit einem leichten Flaum überzogen, der nach der Verarbeitung der Teeblätter seidenartig schimmert. Während Camellia sinensis kühle Füße schätzt, also ein gemäßigtes Klima bevorzugt, hat die in Indien heimische Art Camellia assamica gerne einen heißen Kopf, liebt folglich die tropische Wärme. Camellia sinensis besitzt außerdem kleinere Blätter, ist widerstandsfähiger und kältebeständiger als ihr indischer Verwandter. Dieser wird dafür mit 15 bis 20 Metern viel höher als sein chinesischer Widerpart. Trotz der enormen natürlichen Größe wird Camellia assamica jedoch kaum über 40 Jahre alt, während Camellia sinensis das stolze Alter von über 100 Jahren erreichen kann. Der in China zum ersten Mal kultivierte Teestrauch kann also durchaus auch zum Teebaum heranwachsen, in dessen Schatten sich Erholungssuchende müßig niederlegen. Der Mensch zog es allerdings vor, ihn zu stutzen und stattdessen seine aromatischen Blätter zu nutzen, um mit dem wohlschmeckenden Aufguss müßige Stunden allein oder in geselliger Runde zu verbringen.

Die Urheimat der Teepflanze vermuten die Botaniker in der Region, die sich zwischen dem nordostindischen Assam über Burma bis in die Provinzen Yunnan und Sichuan in Südwestchina erstreckt. Aufgrund der ohnehin schwierigen Klassifizierung ist es kaum möglich, eine Ur-Teepflanze zu bestimmen. In Indien und Ceylon begannen die Briten erst im letzten Jahrhundert damit, die Teepflanze systematisch anzubauen, Teeplantagen anzulegen und diese beiden Länder zu bedeutenden Teeproduzenten zu machen. Heutzutage werden hauptsächlich natürlich entstandene und aus den beiden wichtigsten Arten gezüchtete Hybriden genutzt, die sehr ertragreich und gut zu pflegen sind.

Eine wahrheitsgetreue Geschichte der Entwicklung des Tees und Teeanbaus in China zu schreiben ist ein schwieriges Unterfangen. Der Ursprung eines Getränks, welches das Alltagsleben eines alten Kulturvolkes so nachhaltig beeinflusst und eine derart große ideelle Bedeutung erlangt hat, muss ja fast zwangsläufig von fantastischen Geschichten und Überlieferungen verklärt sein und zu einem gewissen Grad in mythischem Dunkel versinken, um seinem »spirituellen Gehalt« gerecht zu werden.

Dass sich der Tee schon sehr früh einer außerordentlich großen Beliebtheit erfreute, zeigt der mutmaßlich früheste Beleg seiner Existenz. Im 3. Jahrhundert v. Chr., als der grausame und visionäre Qin Shi Huangdi das Chinesische Reich einte, soll erstmals eine Teesteuer erhoben worden sein. Die erste gesicherte Erwähnung von Tee findet sich in einem von dem Gelehrten und Literaten Wang Bao um 59 v. Chr. verfassten Vertragstext »Tongyue«, der sich mit dem Ankauf eines Leibeigenen befasst. Darin werden dessen Pflichten aufgeführt, zu denen auch der Einkauf und die Zubereitung von Tee gehörten. Wang Bao stammte aus der Provinz Sichuan in Chinas Südwesten – und Lu Yu berichtete uns ja oben bereits, dass der Tee ein Baum aus südlichen Regionen sei. Wir können daher annehmen, dass dort Menschen zum ersten Mal Tee verwendeten. Sein Gebrauch und Genuss dürfte sich im Laufe der ersten nachchristlichen Jahrhunderte allmählich am Jangtse entlang flussabwärts nach Mittel- und Ostchina verbreitet haben.

Anfangs wurde die Teepflanze, wie schon aus der Shennong-Legende ersichtlich, hauptsächlich wegen ihrer medizinischen Qualitäten wertgeschätzt. Auch hieß sie damals noch »Tu« und das zugehörige Schriftzeichen diente gleichzeitig zur Bezeichnung eines anderen, bitteren Krauts, der Saudistel. Das heute gebräuchliche Zeichen für Tee, das allein einen waagerechten Strich weniger besitzt und »Cha« (Tschah) ausgesprochen wird, entstand vermutlich erst im 8. Jahrhundert. Diesem Namen entstammt das portugiesische *chá*, und von der Bezeichnung der Teeblätter, *chaye*, leiten sich das russische *tschaj*, das afghanische *chai* sowie das türkische *cay* ab. Abgesehen von Portugal erhielten diese Länder über den Landweg Kunde vom Tee, daher die Ähnlichkeit mit der nordchinesischen Aussprache. Unser Wort *Tee* – wie auch das *thé* der Franzosen und *tea* der Engländer –, folgt dagegen der Aussprache der Dialekte in Südostchina, dem Hauptanbaugebiet der Teelieferungen, die per Schiff nach West- und Mitteleuropa exportiert wurden.

Populärer wurde der Tee in China erst im so genannten »Goldenen Zeitalter« der Tang-Kaiser (618–907 n. Chr.), als er in allen gesellschaftlichen Schichten auch als Genussmittel Verbreitung fand. Von großer Bedeutung hierfür war die erste umfassende Darstellung des Tees und des mit ihm verbundenen Wissens: ›Das klassische Buch vom Tee‹, *Chajing*, ein von Lu Yu verfasster Leitfaden, der für Teeliebhaber den Charakter einer heiligen Schrift angenommen hat. Darin erfährt man, dass der Tee damals noch nicht zu Blatttee verarbeitet, sondern in Ziegel gepresst wurde, nachdem man ihn zuerst dämpfte und dann im Mörser zerstieß. Bei Bedarf wurden diese Ziegel erhitzt und anschließend Teile davon abgebrochen und zerrieben. Das daraus gewonnene Pulver wurde in siedendes Wasser gegeben. Nicht selten fanden außerdem Zutaten wie Salz, Ingwer und Zwiebeln ihren Weg in diese Art von grünem Tee, der schließlich mit einer Kelle kühleren Wassers abgelöscht wurde, damit sich das Pulver setzen konnte. Der an der Oberfläche sich bildende »Schaum von flüssiger Jade« wurde nun in Teeschalen abgeschöpft und genussvoll getrunken.

In der Tang-Dynastie nahm zudem das System des »Tribut-Tees« seinen Anfang. Der Kaiser war auf den Geschmack dieses erfrischenden Getränks gekommen und verfügte daher, dass die Bauern ihm jedes Jahr, sozusagen als steuerliche Abgabe, eine bestimmte Menge ihres besten Tees liefern sollten. Zwar führte dies zu einer stärkeren Belastung der Bauernschaft, doch wurde andererseits die Ausbreitung des Teeanbaus dadurch wesentlich vorangetrieben.

Die Veränderung von Zeitgeschmack und Moden ist nicht allein ein Phänomen unserer Zeit; die Art des Teegenusses im alten China unterlag ebenfalls Veränderungen. In der Song-Dynastie (960–1279) entwickelte sich die Verarbeitung des Tees weiter und damit ergab sich eine neue Art seiner Zubereitung. Zwar wurden die Blätter weiterhin nach dem Pflücken gedämpft, doch wurden sie danach über einem Feuer getrocknet und in dieser Form aufbewahrt. Bei Bedarf wurden sie zu Pulver zermahlen und so in eine Schale gegeben. Darüber kam ein Guss heißen Wassers, worauf das Gemisch mit einem Besen aus gespaltenem Bambus schaumig geschlagen wurde. Diese Art der Zubereitung hat sich bis heute in der japanischen Teezeremonie erhalten, während sie in China selbst verloren ging. Die neue Teekultur verlangte natürlich nach Weitergabe und Niederschrift. In den ›Aufzeichnungen über den Tee‹, *Chalu*, einem Werk des Gelehrtenbeamten Caixiang (1012–1058), werden die neue Verfahrensweise und die dafür benötigten Utensilien genau beschrieben.

Welche Bedeutung das Teetrinken damals gewann, zeigt unter anderem der Umstand, dass einer der Kaiser der Song-Zeit, Huizong, nicht nur sehr kunstsinnig war, sondern auch als großer Teeliebhaber Berühmtheit erlangte. Ihm wird eine weitere Abhandlung über den Tee, das *Daguan Chalun*, zugeschrieben. Die darin unter anderem aufs Genaueste beschriebene korrekte Teezubereitung bezeichnet er als von großer Tragweite für den Genuss, weshalb dem Erlernen der gewissenhaften Zubereitung höchstes Augenmerk zu gelten habe. Nicht umsonst kam Li Zhilai, ein Dichter der Song-Zeit, zu dem Schluss:

> Drei Dinge auf dieser Welt sind höchst bedauernswert: das Verderben bester Jugend durch falsche Erziehung, das Schänden bester Bilder durch gemeines Angaffen und die Verschwendung besten Tees durch unsachgemäße Behandlung.

So beliebt war der Tee in der damaligen Zeit, dass in Gelehrtenkreisen regelrechte »Teewettkämpfe« in Mode kamen. Ähnlich unseren Weinproben oblag es den Kandidaten solcher Wettbewerbe, zu erkennen, welchen Tee sie jeweils kosteten. Sicherlich waren das amüsante Ereignisse, aber im Gegensatz zu unseren Weinverkostungen zogen sie keinen morgendlichen Kater nach sich. »Tee ist besser als Wein, denn man trinkt ihn ohne Rausch«, heißt es in China.

Eine weitere große Entwicklung in der Teeverarbeitung und -zubereitung ist der Ming-Zeit (1368–1644) zuzuschreiben, als die Chinesen dazu übergingen, nur noch Blatttee zu verwenden. Anfangs erfolgte die Verarbeitung nicht anders als beim Pulvertee, einzig dass die Blätter nun nicht mehr zermahlen, sondern direkt ins kochende Wasser gegeben wurden. Später ging man dazu über, die frischen Blätter in großen Pfannen zu rösten, anstatt sie zu dämpfen, und nur noch mit heißem Wasser zu übergießen. Mit diesem neuen und raffinierten Teegeschmack nahm das seinen Anfang, was wir heute als chinesische Teekultur kennen. Nicht nur das feine Aroma stand im Mittelpunkt, sondern auch die ästhetische Form der

Zubereitung und der verwendeten Gerätschaften. Erst für diesen Blatttee entstand ein Bedarf an Teekannen, die jetzt in den verschiedensten Formen und aus unterschiedlichsten Materialien geschaffen wurden. Die schlichte, aber vollendete Form der benützten Kannen und Schalen sollte mit dem Teegenuss zu einem harmonischen Ganzen verschmelzen, indem sie Geschmack und Farbe des Tees unterstützen und erst richtig zur Geltung bringen. Die Gelehrten bevorzugten hierbei durchaus nicht unbedingt Porzellankannen, sondern solche aus unglasiertem Steinzeug, wie sie in Yixing in der ostchinesischen Provinz Jiangsu hergestellt werden.

Als gegen Ende der Ming- und zu Anfang der Qing-Dynastie (1644–1911) die Kontakte zwischen Europa und dem Reich der Mitte zunahmen, kam man auch bei uns auf den Geschmack des grünen Getränks. Der nach Europa importierte Tee war damals natürlich durchwegs grüner, also unfermentierter Tee. Die Fermentation, eine durch Enzyme hervorgerufene Oxidation verschiedener Blattinhaltsstoffe, wird beim grünen Tee durch Erhitzen, das heißt Dämpfen oder Rösten, verhindert. Erst im Laufe der Zeit, ab etwa der Mitte des 18. Jahrhunderts, begann sich in Europa der schwarze Tee durchzusetzen. Etwa ein Jahrhundert zuvor war in der Provinz Fujian erstmals ein Tee hergestellt worden, welcher durch einen kurzen Fermentationsprozess ein ganz charakteristisches Aroma erhielt und dadurch besser haltbar wurde, der Oolong-Tee. Noch heute wird dieser Tee hauptsächlich im Südosten Chinas und auf Taiwan getrunken. Seine Fermentation wird nach einer bestimmten Zeit durch Erhitzen unterbrochen, weshalb man ihn als halb fermentierten Tee bezeichnet. Schwarztee dagegen ist ein vollständig fermentierter Tee; seine Herstellungsweise stellt sozusagen eine konsequentere Durchführung der Oolong-Methode dar. Da Grüntee auf den langen Schiffsreisen leicht verdarb, eignete sich der schwarze Tee aufgrund seiner Haltbarkeit wesentlich besser für den Transport nach Europa und Amerika. Obschon China damit begonnen hatte, Schwarztee zu produzieren – der Farbe seines Aufgusses wegen »roter Tee«

genannt –, konnte er sich im Reich der Mitte niemals durchsetzen. Nach wie vor trinken die Chinesen lieber grünen Tee, dessen Geschmacksrichtungen von süßlich-frisch über zart-blumig bis würzig-herb reichen.

Mit einer kurzen Unterbrechung während der Kulturrevolution der Jahre 1966 bis 1976, in der Teetrinken als unproduktiv vertane Zeit missbilligt wurde, entwickelte sich die Teekunst in China bis in unser Jahrhundert hinein fort. In Festland-China erlebt sie derzeit geradezu einen Boom. Neben der verfeinerten Teekultur der Gelehrten und Beamten, dem chinesischen »Teeweg«, gibt es natürlich auch die der einfachen Leute und der unterschiedlichen, im Reich der Mitte heimischen Völkerschaften. Tibeter trinken ihren bekannten Buttertee, Mongolen fügen ihrem Teeaufguss Milch, eine Prise Salz und manchmal etwas geröstete Hirse hinzu, und die muslimischen Hui und Uiguren laben sich an ihrem »Sanbaotai«, dem Tee der »drei Schätze«, mit großen Kristallzuckerstücken, Drachenaugen und anderen getrockneten Früchten. Die Chinesen im Norden und in der Provinz Sichuan bevorzugen den mit Jasminblüten aromatisierten Tee, im Süden gibt es einen, der mit Osmanthusblüten versetzt ist. Hunderte verschiedener Sorten Tee sind in China im Angebot.

Das Glas oder die Tasse Tee ist in China ein unerlässlicher Bestandteil des Alltags, und wer ein Haus betritt, privat oder geschäftlich, ein Restaurant besucht oder eine längere Zugfahrt vor sich hat, kann sich überall auf den erfrischenden Aufguss freuen. In seinen vielen Formen ist er aus dem chinesischen Alltag nicht wegzudenken, aber gleichzeitig ist Tee aufgrund seiner belebenden Wirkung auf Körper *und* Geist bis heute ein hervorragender Begleiter für philosophische Spekulationen, literarische Exkurse und poetische Werke. Kein Wunder also, dass Heerscharen chinesischer Gelehrter und Dichter ihr Herzblut gaben und ganze Bücher füllten, um den Geist des Tees zu ergründen, den himmlischen Trank zu ehren und das mit ihm verbundene Lebensgefühl zu preisen.

Tee und Meditation

Wie der Tee aus Bodhidharmas Augenbrauen entsprang

Einst reiste der indische Mönch Bodhidharma auf einem Schiff nach China, um die Chinesen eine Form des Buddhismus zu lehren, deren Schwerpunkt auf der Meditation liegt (chin.: *chan,* jap.: *zen*). Im Reich der Mitte angelangt, erkannte er indes, dass die Menschen dort noch nicht bereit waren für seine Unterweisungen. So entschloss er sich, sich selbst in Meditation zu üben. Er wanderte in den Norden Chinas und fand beim Shaolin-Kloster auf dem Berge Songshan eine geeignete Stätte. Hier setzte er sich, eine Felswand anblickend, nieder und begann zu meditieren. Unerschütterlich übte er das »Sitzen in Versunkenheit« (chin. *zuochan*, jap. *Zazen*) ganze neun Jahre lang, ohne eine einzige Unterbrechung. Am Ende dieser neun Jahre aber übermannte ihn doch der Schlaf, worauf er so zornig über sich selbst wurde, dass er, damit es nicht noch einmal vorkommen möge, sich die Augenlider abschnitt und diese zu Boden warf. Wie durch ein Wunder schlugen seine Lider Wurzeln, und aus jedem wuchs ein Strauch mit lidförmigen, lieblich duftenden Blättern. Voller Erstaunen kostete Bodhidharma von diesen duftenden Blättern und fand sich sogleich gestärkt und von seiner Müdigkeit befreit. Seitdem trinken buddhistische Mönche Tee, um sich für ihre langen Meditationssitzungen zu stärken.

In China und Japan haben Tee und Buddhismus eine lange gemeinsame Geschichte. Vieles in der Teekunst, vor allem in der des heutigen Japan, hat sich aus der Kultur des Chan-Buddhismus (jap. Zen) heraus entwickelt. Tee als belebendes, aber nicht aufregendes Getränk ist wie kein anderes geeignet, den durch die langen Meditationen im Lotossitz erschöpften Mönchen wieder Energie zu verleihen. So ranken sich natürlich viele buddhistische Geschichten und Legenden um den Tee und dessen Herkunft. Die bekannteste und meistverbreitete dürfte die Darstellung vom Ursprung der Teepflanze aus Bodhidharmas Augenlidern sein.

Den Mönch Bodhidharma gab es tatsächlich. Der Überlieferung nach ist er im Jahre 520 n. Chr. von Indien nach China aufgebrochen, um dort den Buddhismus zu lehren. Er gilt als der erste Patriarch des Chan-Buddhismus, der sich später in verschiedene Schulrichtungen aufspaltete und seinen Weg schließlich nach Japan fand. Wohl deshalb ist er bei uns unter seiner japanischen Bezeichnung »Zen« bekannt geworden. Es kann nicht genau gesagt werden, wann in den buddhistischen Klöstern begonnen wurde, Tee zu trinken, und ob es tatsächlich Bodhidharma war, der ihn dort einführte. Nachweislich fand er jedoch spätestens Ende des achten Jahrhunderts Eingang in den ritualisierten Tagesablauf der Klöster. Der Mönch Baizhang Huaihai (724–814) verfasste damals ein Regelwerk für buddhistische Mönche, das die Verwendung von Tee bei etlichen Zeremonien beschreibt. Später opferten die Mönche dem Buddha sogar Tee, den sie danach aus einer Schale, die sie herumreichten, tranken. Dies kann schon als Vorläufer der japanischen Teezeremonie angesehen werden.

Im Chan-Buddhismus strebt man die Erleuchtung oder besser das Erwachen an, das als ein intuitives Begreifen des wahren Wesens der Welt jenseits logischer Widersprüche und dualistischer Denkweisen verstanden wird. Ein Mittel, um den Zen-Schüler zum Erwachen zu führen, sind so genannte Kôan. Dieser vom chinesischen Wort *gongan* abgeleitete japanische Begriff bedeutet wörtlich übersetzt »öffentlicher Aushang«, ist von der Aussage her aber am besten mit dem Sinngehalt »Präzedenzfall« wiederzugeben. Kôan sind meist Beschreibungen von Begebenheiten aus dem Leben alter Meister, welche ein Paradoxon beinhalten, also nicht verstandesmäßig begriffen werden können, sondern auf ebenjenes intuitive Begreifen hinzielen. Eines dieser Kôan hat den Tee zum Inhalt:

Meister Zhaozhou fragte einmal einen neu angekommenen Mönch: »Bist du schon mal hier gewesen?«
»Ich war schon mal hier.«
Der Meister sagte: »Geh, trink ’ne Schale Tee!«
Wieder einmal fragte er einen Mönch, dieser sagte: »Ich war noch nie hier.«
Der Meister sagte: »Geh, trink ’ne Schale Tee!«
Danach fragte ihn der Tempelvorsteher: »Warum sagst du sowohl einem, der schon mal hier war, ›Geh, trink ’ne Schale Tee‹, als auch einem, der noch nie hier war, ›Geh, trink ’ne Schale Tee‹?«
Der Meister rief: »Tempelvorsteher!«, der Vorsteher: »Ja?«
Der Meister sagte: »Geh, trink ’ne Schale Tee!«

Ein Leben für den Tee: der »Tee-Heilige« Lu Yu

Der wichtigste Mann in der Geschichte des Tees in China ist zweifelsohne Lu Yu (sprich Lu Jü). Er war es, der in Chinas goldenem Zeitalter, der Tang-Dynastie (618–907 n. Chr.), ein grundlegendes Werk über den Tee verfasste, das diesen weithin populär machte und für seine weit reichende Verbreitung sorgte: ›Das klassische Buch vom Tee‹, chinesisch *Chajing*. Es umfasst zehn Kapitel in drei Bänden. Der erste Band beschäftigt sich hauptsächlich mit Ursprung, Anbau und Verarbeitung des Tees, der zweite ist gänzlich den Teeutensilien gewidmet, deren Verwendung bei der Zubereitung des Tees samt der richtigen Trinkweise im dritten Band schließlich aufs Genaueste erläutert wird. Darüber hinaus enthält der dritte Band noch Informationen über den Tee im klassischen Schrifttum sowie über die verschiedenen Anbaugebiete. Die medizinischen Wirkungen des Tees werden gleichfalls in seinem Werk erwähnt. Lu Yu fasste damit das Wissen seiner Zeit zusammen und machte es weithin zugänglich, so dass als Folge das Teetrinken einen enormen Aufschwung erlebte. In China und Japan wurde er in späterer Zeit als »Tee-Heiliger« verehrt. Teehändler erwiesen seiner Statue ihre Reverenz, im Falle gut gehender Geschäfte wurde ihr geopfert, liefen sie hingegen schlecht, gossen sie heißes Wasser darüber.

Lu Yu wurde wahrscheinlich um das Jahr 733 n. Chr. in Jingling in der heutigen Provinz Hubei geboren. Über seine Herkunft ist nichts Näheres bekannt. Als Säugling wurde er von einem Abt des buddhistischen Drachenschirm-Klosters namens Zhiji am Ufer eines Sees gefunden. Dieser nahm ihn mit ins Kloster und zog ihn wie einen eigenen Sohn auf. Um einen Namen für das Kind zu finden, benutzte Zhiji das alte Orakelbuch *Yijing*. Der Orakelspruch, den er dabei fand, lautete: »Die Wildgänse nähern sich stetig dem Land (Lu). Ihre Federn (Yu) können bei Zeremonien verwendet werden.« Als Erwachsener erwählte er sich noch den poetischen Vornamen Hongjian, der sich aus den ersten beiden Zeichen des eben genannten Orakelspruches, »Wildgans« und »stetig«, zusammensetzt.

Im Kloster lernte Lu Yu nicht nur die Grundlagen des Lesens und Schreibens, sondern auch die Kunst, Tee aufzubrühen. Wie bereits erwähnt, waren Tee und Buddhismus schon früh eng miteinander verknüpft. Etwas älter geworden, zeigte Lu Yu allerdings mehr Interesse am Konfuzianismus als am Buddhismus, woraufhin er bei einer Gelegenheit seinen Ziehvater so in Zorn versetzte, dass dieser ihn danach den Boden fegen, die Latrinen säubern und die Büffelherde hüten ließ. Lu Yu ließ sich in seinem Eifer aber nicht schrecken und übte, auf einem Büffel sitzend, auf dessen Rücken mit einem Bambusstöckchen zu schreiben.

Mit elf Jahren verließ er schließlich seinen Ziehvater und schloss sich einer Schauspielergruppe an. Obwohl er nicht besonders ansehnlich war und zudem auch noch stotterte, war er dort ob seines gewinnenden Humors recht erfolgreich. Später schrieb er sogar einige Stücke selbst. Als er dabei einem Beamten positiv auffiel, vermittelte ihn dieser daraufhin an einen Lehrmeister, bei dem Lu Yu die klassischen Lehren des Konfuzianismus studierte – im kaiserlichen China die Voraussetzung für eine Beamtenlaufbahn. Sein Studium war schließlich von Erfolg gekrönt und er erhielt im Jahre 752 eine Beamtenstelle. Dort freundete er sich mit einem höheren Beamten an, der seine Leidenschaft für Tee teilte. Oft unternahmen sie gemeinsame Ausflüge, probierten verschiedene Tees und diskutierten über die Qualität des Wassers, ein äußerst wichtiger Faktor für die Teezubereitung, denn nicht allerorts stand frisches, reines Wasser zur Verfügung.

Einmal erhielt Lu Yu den Auftrag, den Teeanbau im östlichen Sichuan und rund um die drei berühmten Schluchten des Jangtse zu prüfen. Auf der Reise ließ es sich Lu Yu natürlich nicht entgehen, sämtliche Tees zu gustieren sowie Wasser aus jedweder Quelle zu kosten. Dadurch wurde seine Leidenschaft für den Tee noch weiter angefacht. Schon wenige Jahre später zog er sich schließlich ganz aus dem Beamtenleben zurück, um sich intensiv weiteren Studien über den Tee zu widmen. Hierzu wohnte er zunächst in einem buddhistischen Kloster in der Nähe des heutigen Nanjing in der ostchinesischen Provinz Jiangsu, zog sich jedoch im Jahre 760 weiter in die Berge zurück, wo er in aller Abgeschiedenheit das *Chajing*, sein großes Werk über den Tee, vollendete.

Lu Yu war das klassische Beispiel eines konfuzianisch geschulten Gelehrten, eines »Literaten«, der des Beamtenlebens überdrüssig seinen daoistischen Neigungen folgte und sich als Einsiedler in die Natur zurückzog, um mit ihr eins zu werden. Dabei nahm der Tee bereits die Stellung eines heiligen Tranks ein, der den Weisen während seiner Suche belebt und unterstützt und ihm vielleicht als Ambrosia sogar die Unsterblichkeit verleiht: »Er ist wie der süße Tau des Himmels«. schrieb Lu Yu in seinem Werk über den Tee.

Er trug einfache Kleidung, unternahm lange Spaziergänge in die Umgebung, pflückte selbst Tee und kostete das Quellwasser der vielen Quellen. Als wahrer Teekenner pflegte er auch weiterhin feinsinnige Freundschaften mit verschiedenen Gelehrten und Dichtern. 804 n. Chr. starb er. Sein Leben in Zurückgezogenheit, vollkommen dem Tee gewidmet, den er selbst in den Bergen sammelte, als wahrer »Teemensch« also, drückt sich sehr schön in einem Gedicht seines Freundes, des bekannten Dichters Jiaoran, aus:

Als ich Lu Hongjian besuchen wollte, ihn aber nicht antraf

Obwohl du verlegtest dein Heim nicht weit vor die Stadt,
so säumen doch Maulbeer und Hanf den wilden Pfad.
Am Bambuszaun, in der Näh', pflanztest du Chrysanthemen,
der Herbst hat begonnen, doch sie blühen noch nicht.
Ich klopf' ans Tor, hör' nicht mal ein Hundebellen,
so geh' ich und frage am westlich gelegenen Hof.
Sie berichten, du seist in die Berge gegangen,
kehrtest täglich erst bei tief stehender Sonne zurück.

Eine der vielen Geschichten, die man bis heute über Lu Yu erzählt, handelt von seiner unnachahmlichen Kunst, den Tee zuzubereiten. Sie berichtet, wie Lu Yu nach seiner Karriere als Schauspieler nochmals eine Zeit zu Hause bei seinem Stiefvater verbrachte und ihm täglich den Tee zubereitete. Dieser Tee war von einem so außergewöhnlichen Aroma, dass der alte Mönch das Teetrinken ganz aufgab, als Lu Yu ihn zum zweiten Mal verließ. Es konnte eben keiner den Tee so vorzüglich zubereiten wie sein Adoptivsohn. Dies kam dem Sohn des Himmels zu Ohren, der einfach nicht glauben wollte, dass Lu Yu in der Kunst der Teezubereitung nicht übertroffen werden könne. Er überlegte sich einen Weg, dies zu beweisen, und ließ dazu den alten Mönch in seinen Palast rufen. Eine Hofdame, die für ihr außerordentliches Können bekannt war, bereitete ihm dort eine Schale Tee. Der Kaiser sagte zu ihm: »Ehrwürdiger, probiert diese Schale Tee. Ihr werdet sie so köstlich finden, als wäre sie eigens von Eurem Sohn zubereitet.« Der Abt nippte und stellte sie unverzüglich wieder ab. Jetzt kann ich ihn anführen, dachte der Himmelssohn, denn er glaubte, der Mönch wolle sich nur einer besonderen Teekennerschaft rühmen.

Heimlich hatte er auch Lu Yu zu sich bestellt. In einem Nebenzimmer ließ er ihn für einen Gast, wie er sagte, Tee aufbrühen, der sodann dem Mönch serviert wurde. Aus Höflichkeit kostete er auch von dieser Schale, war aber unerwarteterweise gleich hocherfreut und leerte sie in einem Zug: »Kaiserliche Hoheit, dieser Tee schmeckt tatsächlich so erfrischend, dass mein Sohn ihn nicht hätte besser zubereiten können!«

Der Kaiser war überrascht, dass der Mönch den Tee seines Sohnes wahrhaftig erkannt hatte. Sogleich ließ er Lu Yu aus dem Nebenraum rufen und freute sich mit den beiden über ihr Wiedersehen und war nun von den überragenden Fähigkeiten Lu Yus überzeugt.

Eine weitere Geschichte, ob sie nun wahr oder unwahr sein möge, zeigt die Verehrung Lu Yus als größten Kenner des Tees bzw. des dazu benötigten Wassers.

Einstmals reiste ein hoher Beamter namens Li Ji nach Weiyang, dem heutigen Yangzhou in Jiangsu, wo er Lu Yu treffen wollte. Dessen Name war ihm seit jeher bekannt und er empfand es als große Ehre, ihn zu einem Essen empfangen zu dürfen. Nachdem er ihn begrüßt hatte, sagte er zu ihm: »Der ehrenwerte Herr Lu versteht sich gut auf Tee, auf der ganzen Welt wird er dafür gerühmt. Darüber hinaus soll das Wasser des Jangtse bei Nanling das allerfeinste sein. Heute beides zu vereinen, Herrn Lu und Nanling-Wasser, solch eine Gelegenheit ergibt sich nur einmal unter zehntausend Fällen, wie also könnte ich sie versäumen!« Daraufhin beauftragte er einen Soldaten, eine Flasche zu nehmen, auf den Strom hinaus zu rudern, um dort das besagte Wasser zu holen.

Lu Yu bereitete indessen seine Utensilien vor und wartete auf die Rückkehr des Boten. Als dieser schließlich eintraf, nahm er sogleich eine Kelle des Wassers und kostete davon: »Jangtse-Wasser, fürwahr, aber nicht aus der Strommitte bei Nanling, es gleicht eher dem schlechteren Wasser aus der Nähe des Ufers.« Der Bote beteuerte: »Ich selbst habe das Boot hinausgerudert, hundert Personen waren meine Zeugen, wie könnte ich es wagen, euch zu täuschen?« Lu Yu sprach kein Wort. Er schöpfte Wasser aus dem Krug, bis dieser nur noch halb voll war. Wiederum probierte er: »Von hier ab ist es Nanling-Wasser!« Der Bote lachte verlegen, seiner Schuld bewusst, und gestand, dass in der Nähe des Ufers das Boot ins Schwanken geraten war und etwas von dem Wasser verloren ging, so dass er es durch schlechteres Wasser von dort ergänzte. Entschuldigend rief er aus: »Eure Beurteilungsgabe ist wahrlich die eines Unsterblichen!« Der Beamte Li Ji und seine vielen Gäste waren gleichsam überwältigt ob Lu Yus einzigartigen, unvergleichlichen Talentes.

Lu Tong und sein »Teelied«

Das berühmteste aller Teegedichte stammt wohl von Lu Tong, einem weiteren großen Gelehrten und Teeliebhaber der Tang-Dynastie, der vermutlich von 795 bis 835 n. Chr. lebte. Er nannte sich selbst »Meister des Jade-Flusses« und führte den Lebenswandel eines daoistischen Einsiedlers, welcher durch das *Wu Wei*, das »nicht (gegen die Natur) handeln«, die Einswerdung mit dem Absoluten, dem *Dao*, suchte, um damit Unsterblichkeit zu erlangen. Nicht nur als Teemeister, sondern auch als Dichter machte er sich zu seiner Zeit einen Namen. Leider fand sein Leben schon recht früh bei einer kriegerischen Auseinandersetzung verschiedener Fraktionen kaiserlicher Eunuchen, zwischen deren Fronten er zufällig geriet, ein Ende. Lu Tong wurde nur rund 40 Jahre alt. Sein »Teelied« aber hat die Zeiten überdauert und wird sowohl in China als auch in Japan in höchsten Ehren gehalten, wo es jedem Teeliebhaber bekannt ist. In einem Buch über Tee darf es also auf keinen Fall fehlen, auch wenn eine Übersetzung nur sehr unzureichend den Zauber des Originals wiedergeben kann. Eine Übersetzung sei, wie einmal sehr treffend ein Literat der Ming-

Lu Tong bei der Teezubereitung
(Rollbild von Qian Xuan aus der Song-Zeit)

Zeit (1368–1644) schrieb, wie die Rückseite eines Brokatstoffes.

Lu Tong beschreibt in seinem Gedicht die Köstlichkeit des frischen Tees, den ihm ein hoher Beamter der kaiserlichen Aufsichtsbehörde, ein Zensor namens Meng, geschickt hat. Dieser kostbare Tee, dessen Schaum ihn beim Aufbrühen an Wolken aus Jade erinnert – in Ostasien der Stoff der Unsterblichkeit –, lässt Lu Tongs Geist zu den Inseln der Unsterblichen, den Penglai-Bergen, aufbrechen. Er möchte sich wie diese auf eine Brise schwingen und durch die Lüfte dorthin schweben. Hier zeigt sich deutlich, wie die belebende Wirkung des Tees immer wieder mit der Transzendierung des irdischen Daseins verbunden worden ist und er auf diese Weise zu einem heiligen, spirituellen Trank wurde. Den spirituellen Aspekt betreffend wurde auch in späterer Zeit immer wieder auf Lu Tongs Gedicht Bezug genommen. Doch zeigt Lu Tong auch großes Mitgefühl für die einfachen Bauern und Teepflückerinnen, denen die Herstellung des Tees, der eigentlich ausschließlich als Tribut an den Kaiserhof diente, große Mühen abverlangt.

Tee-Ernte in China

Dank an den kaiserlichen Zensor Meng für seine Gabe frisch gepflückten Tees

Auf halber Höhe steht die Sonne schon am Himmel, mein Schlaf war gerade tief und fest,
da klopft ein General an meine Tür, dass es Herzog von Zhou aufschrecken lässt.[1]
Er sagt, der Zensor habe mir einen Brief gesandt,
auf weißem Seidenumschlag prangen schräg drei Siegel,
ich brech sie auf, mir ist's, als säh ich des Zensors Gestalt,
als 300 Stück gepressten Tees ich in Händen halt.
Geht man in die Berge im neuen Jahr, so hört' ich,
beginnen die Insekten zu erwachen[2] und der Frühlingswind erhebt sich.
Da selbst der Himmelssohn noch wartet, den Yangxian-Tee zu probieren,
wagen es die hundert Blumen nicht vorher zu erblühen.
Laue Winde lassen Knospen im Verborgnen sich reihen wie Perlenketten
und schon der erste Frühling lässt die Triebe goldgelb sprießen.
Frisch gepflückt wird der Tee getrocknet und noch duftend gleich verpackt,
so fein ist er, so delikat, kein einziges Blatt wird vergeudet.
Was der Kaiser nicht beansprucht, nur Prinzen und Fürsten können es erlangen,
wie hat er nur den Weg in des Einsiedlers Hütte gefunden?
Meine bescheidene Wohnstatt verschließ ich gegen weltlichen Besuch,
den Kopf umhüllt mit einfacher Gaze, bereite ich selbst mir den Tee,
jadegrüne Wolken treibt der Wind ohne Unterlass,
bis weiße Blütenpracht in der Schale erstarrt.
Die erste Schale benetzt Lippen und Kehle,
die zweite vertreibt die Einsamkeit,
die dritte lässt mich in meinem morschen Gedächtnis kramen,
auf dass ich die Zeichen für fünftausend Werke fände.
Bei der vierten beginn' ich leicht zu schwitzen, alle Sorgen des Lebens entweichen sämtlich durch meine Poren,
die fünfte Schale läutert Fleisch und Knochen,
nach der sechsten tausch' ich mich mit den Unsterblichen aus.

Eine siebte kann ich nicht mehr trinken, ich spüre nur, wie sich ein reiner Wind unter meinen Achseln erhebt,
Penglai-Berge, wo seid ihr? Meister Jadefluss möchte sich auf diese Brise schwingen, um zu euch zurückzukehren.
Hoch über der Erde auf den Bergen, da thronen die Scharen der Unsterblichen,
so rein und hoch ist ihr Stand, dass sie gefeit sind vor Wind und Regen,
wie könnten sie da wissen um das Schicksal der zahllosen einfachen Leute,
die in den tiefen Schluchten bittere Mühsal ertragen.
Im Namen des Zensors möcht' ich euch daher fragen,
wird es ihnen noch jemals vergönnt sein, sich auszuruhen?

Su Dongpo und das Wasser aus dem Jangtse

Ein anderer großer Teekenner und einer der größten Dichter Chinas war der in der Song-Zeit (960–1279) lebende Su Dongpo, der auch unter dem Namen Su Shi bekannt ist. Viele seiner Gedichte handeln vom Teetrinken und der Liebe zur Natur. Er ist ein klassisches Beispiel für einen chinesischen Gelehrten, der zwar eine Beamtenstelle innehatte, aber in seinem tiefsten Innern die Abkehr von der Welt und die Einheit mit der Natur suchte. Eine in China wohl bekannte Geschichte berichtet darüber, wie selbst Su Dongpo einmal Lehrgeld zahlen musste, bevor er sich als Teemeister einen Namen machte.

Als er sich einst zu einer Reise in die Provinz Sichuan aufmachte, soll ihn der bedeutende Staatsmann An Shi darum gebeten haben, ihm bei seiner Rückkehr Wasser aus der zweiten der drei großen Schluchten des Jangtse mitzubringen. Dies benötige er, um einen speziellen Yangxian-Tee aufzubrühen, der ihm beim Kurieren einer Krankheit behilflich sein sollte. Su Dongpo versprach es ihm ohne Bedenken. Als er sich schließlich auf der Rückreise befand und mit dem Schiff die erste der drei Schluchten passierte, war er derart hingerissen von der Ehrfurcht einflößenden Landschaft der steil aufragenden Felswände, durch die sich der Strom gleichsam wie durch ein Nadelöhr hindurchzwängte, dass er darüber alles andere vergaß. So ließ das Schiff auch die zweite Schlucht hinter sich, ohne dass Su Dongpo an das Versprechen dachte, das er An Shi gegeben hatte. Erst in der dritten erinnerte er sich plötzlich wieder an den Auftrag, in der zweiten Schlucht Wasser aus dem Fluss zu schöpfen. Er erschrak, denn es war zu spät. Nach kurzer Überlegung dachte er aber bei sich: »Ich bringe ihm einfach Wasser aus der letzten der drei Schluchten mit, es wird schon keinen so großen Unterschied machen.«

In der Hauptstadt angekommen, begab er sich sogleich zu dem Minister und händigte ihm das mitgebrachte Gefäß mit dem Wasser aus, verschwieg dabei jedoch, dass er es nicht wie versprochen aus der zweiten Schlucht geschöpft hatte, sondern erst aus der letzten. An Shi ging sofort daran, einen Tee für sich und seinen Gast damit aufzubrühen. Eine winzig kleine Nuance in der Farbe des Tees aber ließ ihn aufmerken und er fragte Su stirnrunzelnd: »Wo genau habt Ihr dies Wasser geschöpft?« Da dieser seine Verfehlung nicht zugeben wollte, beteuerte er, dass es aus der zweiten Schlucht stamme. An Shi beharrte aber darauf, dass das Wasser ganz gewiss nicht aus der zweiten Schlucht stammen könne. Da fühlte sich Su ertappt und gab zutiefst beschämt seinen Betrug zu. Inständig bat er An Shi, ihm noch mal zu verzeihen. Er konnte aber auch nicht umhin zu fragen, wie An dahinter kommen konnte, dass dieses Wasser nicht aus der zweiten Schlucht stammte. Dieser antwortete: »Durch die obere Schlucht fließt das Wasser zu schnell, durch die untere zu langsam, als dass es sich eignen würde, daraus Tee zu bereiten. Dem Wasser aus der unteren mangelt es an Körper, so dass der Tee nur langsam Farbe annimmt. So konnte ich wissen, dass Ihr das Wasser sicherlich aus der unteren Schlucht geschöpft hattet.«

Zhang Tai und der Tee des Herrn Min

Zu Beginn des 17. Jahrhunderts lebte der Gelehrte Zhang Tai, der zu seiner Zeit als ein so großer Tee- und Wasserkenner galt, dass ihm nur wenige ebenbürtig waren. Ihm hatte sein Freund Zhou Molung schon oft begeistert vom Tee eines gewissen Herrn Min Wenshui erzählt, der in seiner Qualität unübertrefflich sei. Als Zhang Tai an einem Septembertag in der Stadt zu tun hatte, in welcher Herr Min lebte, begab er sich zu dessen Anwesen nahe der Pfirsichblatt-Fähre. Es war nachmittags und um diese Zeit pflegte der Herr des Hauses einen Spaziergang am Fluss zu tun, und man lud Zhang Tai höflich ein, im Garten zu warten oder später wiederzukommen.

Erst am späten Nachmittag, als die Dämmerung sich schon ankündigte, kam Min Wenshui in sein Haus zurück. Er war ein alter Mann, der Mühe hatte mit dem Gehen. Kaum hatte er seinen berühmten Gast begrüßt und beide sich gemütlich niedergesetzt, als Herr Min plötzlich aufsprang und aufgeregt erklärte, dass er seinen Stock verloren habe und ihn dringend suchen müsse. Etwas verwundert blieb Zhang Tai zurück. Weil er sich nicht um die viel versprechende Unterhaltung mit dem alten Herrn bringen lassen wollte, wartete er geduldig auf dessen Rückkehr. Viel Zeit war vergangen, bis er wieder heimkehrte. Da es schon Nacht war, hatte dieser gar nicht mehr damit gerechnet, seinen Gast noch anzutreffen. Er blickte ihn daher scharf an und sprach: »Du bist noch hier? Was willst du denn von mir?«

Zhang Tai ließ sich jedoch nicht beirren. »Ich habe schon so viel von Euch gehört und lange auf eine Gelegenheit gewartet, Euch meine Aufwartung zu machen. Nun, da ich Euch endlich besuchen konnte, möchte ich mit Euch Tee trinken dürfen, bevor ich Euer Haus wieder verlasse.«

Solche Worte gefielen dem alten Herrn Min sehr wohl, denn er erhob sich und ging selbst den Tee bereiten. In unglaublich kurzer Zeit hatte er seine Vorbereitungen getroffen und führte

Zhang Tai in ein Zimmer, das vor Sauberkeit nur so blitzte. Mehr als zehn verschiedene Arten von Töpfen aus Jingqi und Xuanyao standen da fein säuberlich im Raum platziert, und Chengyao-Teeschalen, die alle überaus selten und kostbar sind, befanden sich gleichfalls im Zimmer. Im Schein der Lampe konnte Zhang Tai sehen, dass sich die Farbe des Tees nicht von der Farbe der Schalen unterschied. Ein wunderbarer Duft verbreitete sich im Raum, und als dieser Zhang Tai in die Nase stieg, erfüllte ihn dies mit großer Vorfreude. »Was ist das für ein Tee?«, fragte er, nachdem er einen ersten Schluck genommen hatte.

»Langwan«, erwiderte Min Wenshui. Zhang Tai nahm erneut einen Schluck, schmeckte den Tee sorgfältig und sagte: »Das kann doch nicht sein! Ihr mögt diesen Tee wie Langwan zubereitet haben, aber die Blätter sind gewiss nicht Langwan.«

»Was dann?«, fragte der alte Herr und lächelte. Zhang Tai kostete von neuem. »Warum schmeckt es nur so stark nach Lojie-Tee?«

Überaus verblüfft über diese Bemerkung rief Min Wenshui aus: »Außergewöhnlich, das ist wirklich außergewöhnlich! Du erstaunst mich!«

»Woher stammt das Wasser, mit dem Ihr den Tee bereitet habt?« fragte Zhang. »Aus Huiquan«, war die Antwort.

»Ich fürchte, Ihr wollt Euch über mich lustig machen«, entgegnete Zhang Tai leicht entrüstet. »Denn wie soll Huiquan-Wasser den langen weiten Weg bis hierher getragen werden, ohne bei dem Geschüttel und Gerüttel seine Schärfe zu verlieren?«

Mit einem zufriedenen Lächeln auf den Lippen offenbarte der alte Herr Min sein Geheimnis: »Ich will dir nichts mehr vormachen. Wenn ich Huiquan-Wasser hole, grabe ich mir selbst einen Brunnen und warte in der Nacht, bis die Flut kommt. Erst dann hole ich das Wasser herauf. Unten auf den Grund meines Wasserkrugs lege ich Steinbrocken, und wenn ich mit dem Boot wieder heimwärts fahre, lasse ich nur mit dem Wind segeln und niemals rudern. Auf diese Weise bleibt das Wasser kräftig, ja es ist sogar besser als gewöhnliches Huiquan-Wasser, von anderen Brunnen ganz zu schweigen.« Abermals entfuhr ihm ein »Erstaunlich!«, und während er noch so vor sich hin murmelte, ging er aus dem Raum. Es dauerte nicht lange, so kam er zurück. Min Wenshui hatte einen neuen Teetopf bei sich und ließ seinen Gast daraus kosten.

»Der Duft dieses Tees ist stark und sein Geschmack äußerst mild. Es muss Frühlingstee sein, während der von vorhin sicherlich Herbsttee war.«

Da lachte der alte Mann laut auf und rief aus: »Nun bin ich siebzig Jahre alt geworden, aber einen Teekenner wie dich habe ich wahrlich noch nie getroffen.« Von da an blieben er und Zhang Tai gute Freunde und genossen gemeinsam noch manche gute Schale Tee.

Teegenuss, eine Frage des Wassers

Wasser war früher der Hauptfaktor schlechthin für das Zubereiten eines guten Tees. Zu Zeiten Lu Yus oder Su Dongpos stand nicht überall qualitativ gutes Wasser zur Verfügung, wie wir es heute aus der Leitung gewöhnt sind. Daher war es wichtig, zu wissen, wo gutes Wasser zu bekommen war. Es glich geradezu einer Wissenschaft, zu beurteilen, aus welcher Quelle oder aus welchem Fluss sich das Wasser für die Zubereitung von Tee eignete. Auch heute gibt es natürlich noch große Unterschiede in der Qualität des Wassers, selbst bei dem für uns aufbereiteten Leitungswasser. Mancherorts haben wir weiches oder konstant hartes Wasser (hauptsächlich mit Kalziumsulfat), das sich zum Aufguss von Tee gut eignet. Hat man aber zu hartes Wasser oder solches mit schwankender Härte (Kalziumkarbonat), kann der Aufguss glanzlos und trübe werden. In diesem Fall kann ein Wasserfilter Abhilfe schaffen. Außerdem wird unserem Wasser Chlor zugesetzt, was den Geschmack ebenfalls beeinträchtigen kann. Als Alternative gibt es verschiedene stille Mineralwasser zu kaufen, was insbesondere für das Aufbrühen feiner Teesorten durchaus eine Überlegung wert ist.

Anders als bei schwarzem oder Oolong-Tee, der mit kochendem Wasser aufgegossen werden kann, spielt bei grünem Tee die Temperatur des Wassers eine wichtige Rolle. Gießt man ihn nämlich zu heiß auf, gehen die verschiedenen Aromastoffe ungleichmäßig in den Aufguss über; er schmeckt daher nicht oder wird bitter. Unter den vielen verschiedenen Teesorten gibt es aber, was die richtige Aufgusstemperatur betrifft, eine große Bandbreite. Während normale China-Grüntees durchaus mit 80 bis 90 Grad Celsius aufgegossen werden können, sollte die Temperatur für feinere Tees etwas weniger betragen. Der japanische Gyokuro sollte sogar nur mit 60 bis 70 Grad warmem Wasser zubereitet werden.

Lu Yu musste in Ermangelung von Messinstrumenten Vergleiche heranziehen, um die richtige Temperatur des Wassers zu beschreiben:

> Gleicht das Wasser beim Kochen den Augen von Fischen und gibt einen leichten Ton von sich, so ist dies die erste Stufe; wallt es an den Seiten wie eine sprudelnde Quelle und ähnelt aufgereihten Perlen, ist dies die zweite; gleicht es wogenden Wellen, so ist dies die dritte. Darüber hinaus wird es schal und man kann es nicht mehr gebrauchen.
>
> *Chajing, Bd. 3, Kap. 5*

Weshalb Kreisvorsteher Xiong Mönch wurde

Eines der wichtigsten Teeanbaugebiete Chinas liegt rund um den Huangshan, den »Gelben Berg«, in der Provinz Anhui. Die Täler dieses Gebirgszuges sind das ganze Jahr über nebel- und dunstverhangen, weswegen der Tee dort besonders gut gedeiht.

Die Einheimischen erzählen sich, in einem der Teegärten habe einst ein junges Liebespaar gelebt. Der Großgrundbesitzer, vom Liebreiz des Mädchens entzückt, beanspruchte es aber als Nebenfrau für sich und holte es in sein Haus. Nicht lange und die junge Frau konnte entfliehen, nur um festzustellen, dass ihr Gemahl den Geliebten hatte ermorden lassen. Als sie seine sterblichen Überreste tief in den Bergen fand, weinte und weinte sie, bis sie selbst sich in den Regen verwandelte, der sich so häufig über die Hänge des Huangshan ergießt. Die Überreste ihres Geliebten jedoch verwandelten sich in einen Teebusch. Weil der Regen und der Tee zusammengehören wie dieses Liebespaar, gedeiht er am Huangshan so hervorragend.

In den tiefen Tälern dieser schönen Landschaft verstecken sich, inmitten von Kiefernwäldern, viele buddhistische Klöster und Einsiedeleien. Hier war es zur Zeit der Ming-Dynastie (1368–1644), wo Xiong Kaiyuan, seines Zeichens Kreisvorsteher des Kreises Yi, eines Tages leicht bekleidet in Begleitung seines Dieners einen Frühlingsspaziergang in die bezaubernde Umgebung des Huangshan unternahm. Ohne es bewusst wahrzunehmen, stiegen sie in immer größere Höhen hinauf, über den Dunst der Täler hinaus, und berauscht vom Anblick der bizarren Kiefern, der steilen Felswände, die den Himmel zu berühren schienen, und den plätschernden Bächen vergaßen sie vollends die Zeit. Beide waren so verliebt in die Landschaft, dass sie der fortgeschrittenen Zeit erst gewahr wurden, als die Sonne schon am Untergehen war. Nun in Sorge, ob sie den richtigen Weg zurück fänden, hörten sie in der Nähe Glockengeläut. Sie gingen gerade darauf zu, als plötzlich, mitten im Wald, ein alter Mönch in seiner gelben Kutte, einen Rosenkranz um den Hals und einen Korb am Arm tragend, auftauchte.

Kreisvorsteher Xiong ging erfreut auf den Mönch zu und fragte ihn sogleich, ob es in der Nähe eine Möglichkeit zum Übernachten gebe. Der alte Mönch erkannte sofort, dass Xiong ein Gelehrter war. Er faltete die Hände zum buddhistischen Gruß und entgegnete: »Ehre dem Buddha Amitabha! Ich bin nur ein armer Mönch des Wolkental-Klosters, es befindet sich gleich hier vorne. Bitte begleitet mich doch.« Auf dem Weg zum Kloster stieg ihnen ein besonderer Wohlgeruch in die Nase, so dass Xiong den Mönch fragte: »Verehrter Mönch, was habt Ihr in Eurem Korb, dass es so wunderbar duftet?« Der Mönch zeigte ihnen den Korb, darin befanden sich lauter zartgrüne Teeknospen. Nach einer Weile erreichten sie das Kloster, das umgeben war von roten Mauern. Die grünen Ziegel auf dem Dach spiegelten die umstehenden Kiefern wider, eine Quelle plätscherte in der Nähe, und der Qualm des Räucherwerks stieg langsam kräuselnd empor. Hier erfuhren sie, dass sie dem Abt Huineng persönlich begegnet waren, als er vom Teepflücken in den Bergen zurückkehrte.

Gemeinsam begaben sie sich in die Meditationshalle, wo ein junger Novize ihnen den frischen Tee zubereitete. In jede der Teeschalen gab er eine Handvoll des Tees und goss heißes Wasser darüber. Sie erblickten mit Erstaunen, wie der Dampf einmal in der Teeschale kreiste, aus ihrer Mitte emporstieg, fast einen Fuß hoch, dort nochmals eine Drehung vollzog, so dass er aufs Genaueste einer weißen Lotosblume glich, um danach langsam wie Wolkenfetzen im Wind auseinander zu treiben. Ein zarter Duft erfüllte daraufhin den gesamten Raum, und als sie von ihrem Tee nippten, fühlten sie sich gleich aufs Äußerste erfrischt. Der Kreisvorsteher rief überrascht aus: »Welch eine Kostbarkeit! Der köstlichste Tee unter dem Himmel!«

Der alte Mönch lächelte und begann zu erzählen: »Dieser Tee ist eine Spezialität des Huangshan. Da er in den Tälern wächst, die das ganze Jahr über in Nebel und Dunst gehüllt sind, nennt man ihn *Yunwucha,* ›Wolkendunst-Tee‹. Als Shennong einst die giftigen Kräuter probierte, gab ihm der Unsterbliche des Tees genau diesen Tee, aufgegossen mit dem Wasser einer heiligen Quelle, um das Gift zu neutralisieren. Als Dank dafür ließ Shennong dem Unsterblichen einen weißen Lotosthron zurück. Darum erscheint noch heute, wenn man den Tee mit heiligem Wasser aufgießt, eine Wolke aus Dampf, die einem weißen Lotos gleicht.«

Xiong war voller Freude und blieb noch einige Tage, um sich mit dem Mönch auszutauschen. Es gab nichts, was dieser nicht wusste oder zu erklären imstande war. Als Xiong schließlich zur Rückkehr aufbrach, schenkte ihm der alte Mönch einen Beutel mit Wolkendunst-Tee und eine Kalebasse mit heiligem Quellwasser. Zum Abschied gemahnte er ihn noch, dass der weiße Lotosthron nur erscheine, wenn man den Tee mit diesem heiligen Wasser aufgieße.

Es währte nicht lang, da erhielt Xiong Besuch von seinem Freund, dem Kreisvorsteher Taiping. Aufgeregt erzählte er ihm die Geschichte und ließ sogleich einen Tee für ihn aufbrühen. Wie auch im Kloster erschien wieder der weiße Lotos aus Dampf über der Schale. Dies versetzte auch Taiping in großes Erstaunen. Nachdem er ihn gekostet hatte, stieg in ihm der Wunsch auf, auch etwas von diesem Tee zu besitzen. Xiong schenkte ihm die Hälfte seines Beutels und sprach: »Mein Bruder, wir sind schon so lange Freunde, diesen Tee sollten wir wahrlich miteinander teilen.«

Aber wer hätte gedacht, dass Kreisvorsteher Taiping ein habgieriger, machtbesessener Mensch war? Er schwang sich nämlich sogleich auf ein schnelles Pferd, um in die Hauptstadt zu reiten und dem Kaiser diesen Tee darzubringen. Als er die Geschichte mit dem weißen Lotos erzählte, ließ der Sohn des Himmels gleich freudig Schalen bringen und den Tee zubereiten. Aber nichts geschah, kein weißer Lotos zeigte sich. Wütend schlug er auf den Tisch: »Du erbärmlicher Kreisvorsteher, du wagst es, mich zu täuschen? Schlagt ihm den Kopf ab.« Taiping war zutiefst erschrocken, zitternd warf er sich auf die Knie und flehte: »Ehrwürdiger Kaiser, lasst Milde walten. Eigentlich war es nicht ich, sondern der Kreisvorsteher Xiong Kaiyuan, der Euch diesen Tee hat bringen lassen. Ihn müsst Ihr fragen, warum sich kein weißer Lotos zeigte.«

Nachdem er dies gehört hatte, befahl der Kaiser, Xiong sofort nach Peking zu bringen. Als dieser den Befehl erhielt, wusste er nicht, ob es eine gute oder eine schlechte Nachricht war. Er ritt sogleich Richtung Hauptstadt. Dort angekommen wurde er sofort, ohne auch nur ein Wort vorbringen zu können, vom Himmelssohn schuldig gesprochen. Da er sich aber keines Vergehens bewusst war, richtete er an den Herrscher die Frage: »Erhabener Kaiser, welchen Vergehens habe ich unbedeutender Beamter mich schuldig gemacht?« Der Kaiser warf ihm den Beutel mit Tee zu Füßen: »Heiliger Tee? Pah, das sind ganz gewöhnliche Blätter. Es war kein weißer Lotos zu sehen! Mich zu täuschen, das ist dein Verbrechen. Schlagt ihm den Kopf ab.«

Jetzt erst begriff Xiong die Zusammenhänge und war äußerst erzürnt über seinen Freund, der ihn ausgenutzt hatte und den ihm geschenkten Tee dazu benutzen wollte, eine Beförderung zu erlangen. Aber auch über den Kaiser war er erbost, der, nur weil er nicht sofort das Versprochene sah, gleich einen seiner Beamten hinrichten lassen wollte. Trotzdem sagte er ruhig und gelassen: »Zwar ist dies heiliger Tee, doch wünscht Ihr den weißen Lotos zu sehen, so braucht Ihr heiliges Quellwasser vom Huangshan-Berg. Normales Brunnenwasser geziemt sich nicht für den Unsterblichen des Tees. So Ihr gestattet, begebe ich mich zum Huangshan und hole das heilige Wasser für Euch. Dann werdet Ihr den weißen Lotos zu Gesicht bekommen. Falls nicht, könnt Ihr mich ja immer noch hinrichten lassen.«

Dem stimmte der Kaiser zu. Als Xiong am Wolkental-Kloster ankam und den alten Huineng traf, fiel er weinend auf die Knie und berichtete ihm das Vorgefallene. Huineng war gleichermaßen erzürnt. Am nächsten Tag machten sie sich unverzüglich zur Quelle auf, um eine Kalebasse mit dem heiligen Wasser zu füllen. Xiong bedankte sich überschwänglich. Zurück in der Hauptstadt betrat er den Kaiserpalast, in einer Hand die Kalebasse, in der anderen den Beutel mit Tee. Als er dem Kaiser den Tee zubereitete und sich der weiße Lotos aus Dampf zeigte, sich langsam auflöste, wie Wolkenfetzen im Wind, rief dieser erfreut aus: »Dies ist doch tatsächlich heiliger Tee und heiliges Wasser!« Er ließ Xiong gleich um drei Ränge befördern und schenkte ihm ein rotes Beamtengewand mit jadenem Gürtel. Trotzdem konnte sich Xiong auf dem Heimweg lange nicht beruhigen. Er dachte an den niederträchtigen Freund und den jähzornigen Kaiser und daran, wie edel und rein der Wolkendunst-Tee doch sein musste, um sich mit dem heiligen Wasser der Himmelsquelle zu vereinigen, auf dass sich der großartige Anblick des weißen Lotosthrones bot. Er verachtete die kühle Berechnung in weltlichen Dingen und empfand große Verehrung für den zurückgezogen lebenden Huineng. So fasste er den Entschluss, Beamtengewand und Jadegürtel abzulegen, und begab sich auf direktem Wege zum Wolkental-Kloster auf dem Berg Huangshan, um dort Mönch zu werden. Er erhielt den buddhistischen Namen Zhengzhi, was »gerader Charakter und hohe Ideale« bedeutet. Jedes Mal wenn die Leute aus dieser Gegend den Huangshan-Maofeng-Tee trinken, denken sie an diese Geschichte zurück.

Warum das perfekte Teegeschirr aus Yixing kommt

Teetrinken in China kann getrost als ein Gesamtkunstwerk bezeichnet werden, bei dem nicht nur die verwendeten Teeblätter, sondern auch das Wasser und die Gerätschaften eine besondere Rolle spielen. Dabei sollen die zum Aufgießen und Trinken verwendeten Kannen, Schalen und Teetassen nicht nur das Aroma des Tees optimal zur Entfaltung bringen, sondern ein ästhetisches Erleben bewirken, das den Genuss für den wahren Teekenner erst vervollkommnet. Bis die Teekultur allerdings in diesem Maße verfeinert war, vergingen einige Jahrhunderte, in denen das vielseitige Getränk langsam an Bedeutung gewann. Zwar tranken die Chinesen schon im 3. Jahrhundert grünen Tee, sein Siegeszug durch das Reich der Mitte begann aber erst im 8. Jahrhundert, als der anregende Aufguss zum Modegetränk des Kaiserhofes in Chang'an, dem heutigen Xi'an, wurde.

Damals war es üblich, dass der Kaiser regelmäßig Inspektoren mit der Anweisung ausschickte, die einzelnen Landkreise zu überprüfen und über die dortigen Zustände Bericht zu erstatten. Die örtliche Beamtenschaft hatte ein verständliches Interesse daran, einen möglichst guten Eindruck zu hinterlassen, und versuchte den kaiserlichen Gesandten durch eine besonders gute Bewirtung mit den ausgesuchtesten Delikatessen zufrieden zu stellen.

Als nun der Beamte Li Qiyun zur Inspektion in den Kreis Yangxian, dem heutigen Yixing in der Provinz Jiangsu, reiste, wurde ihm ein ungewöhnlich guter und erfrischender grüner Tee mit dem poetischen Namen »Violetter Bambustee« vorgesetzt. Erfreut, etwas so Köstliches entdeckt zu haben, nahm er eine Probe davon mit in die Hauptstadt und lud einige prominente Gäste zu einer besonderen Teestunde ein. Die Eingeladenen waren von der Qualität des Tees mehr als entzückt und die Kunde von dem edlen Getränk drang sehr schnell zu den Ohren des Kaisers. Nach einer Teeprobe war auch er davon überzeugt, dass es sich um den besten Tee der Welt handeln musste, und er wünschte ihn fortan täglich zu genießen. Die Bürger von Yixing wurden aufgefordert, nur für den Bedarf des Kaiserhofes spezielle Teeplantagen anzulegen. Dafür erhielten sie das Privileg, die jährliche Steuer mit einer festgelegten Menge der besten Teeblätter begleichen zu können. Nur die zartesten, ersten drei Teesprossen durften gepflückt werden, und die ganze Ernte musste bis zum Qingming-Fest, dem chinesischen Totengedenktag, in Chang'an eingetroffen sein. Damit das kostbare Gut frisch und in höchster Qualität an seinem Ziel ankam, wurden Botenpferde eingesetzt, die die Strecke von immerhin 1500 Kilometern in nur zehn Tagen zurücklegten. Da Tee vom Kaiser derart wertgeschätzt wurde, breitete sich die Lust am Teegenuss schnell am Kaiserhof und unter der Beamtenschaft aus, bis der Tee schließlich zu einem Getränk für jedermann geworden war.

Doch die Bewohner von Yixing behaupten nicht nur stolz, dass in ihrer Stadt die Tradition des Teetrinkens ihren Ausgang genommen hätte. Gute Teesorten werden heute in China an vielen Orten angebaut, sagen die Einheimischen. Das perfekte Teegeschirr aber, ohne das kein Tee sein volles Aroma entfalten kann, das gibt es nur bei ihnen zu kaufen. Nur wenige Kilometer von Yixing entfernt liegt Dingshu, das seit über tausend Jahren das Zentrum der Keramikherstellung Chinas ist. Das hauchdünne, unglasierte Steinzeug, die so genannte »violette Keramik«, die hier seit der Song-Zeit (960–1276) hergestellt wird, wird von Teekennern nicht nur wegen der kunstvoll gearbeiteten Schalen und Kannen geschätzt. Teeliebhaber sagen, die Yixing-Keramik bringe im Gegensatz zum Porzellan, welches ihrer Meinung nach das Aroma des Tees verändert, den Duft und Geschmack der zarten Teeblätter besonders rein und unverfälscht zur Geltung. Yixing-Kannen wird überdies nachgesagt, dass die Poren des Tonmaterials mit der Zeit das Aroma des darin bereiteten Tees aufnehmen, so dass am Ende für einen Teeaufguss gar keine Teeblätter mehr hineingetan werden müssten.

Gemäß der Überzeugung der Bewohner von Dingshu geschah es aber nicht zufällig, dass gerade ihr kleiner Ort ein wichtiges Zentrum der Keramikindustrie wurde. Vielmehr erzählen sie die berühmte und romantische Legende der schönen Xi Shi und des Kanzlers Fan Li, welche die Gründung und den Ursprung des berühmten Ortes und seiner Werkstätten erklärt.

Vor 2500 Jahren befand sich China in der so genannten Frühlings- und Herbstperiode. Es war eine unruhige Zeit, in der das Land in verschiedene Teilreiche aufgespalten war. Zwei davon waren die Königreiche Wu und Yue in Südostchina, im Grenzgebiet der heutigen Provinzen Zhejiang und Jiangsu. Der König von Yue, Gou Jian, war jung und ehrgeizig und griff mit der Unterstützung seines klugen Kanzlers Fan Li das Reich Wu an, um es zu unterwerfen. Sein Kriegszug war jedoch nicht besonders erfolgreich. Obwohl er zuerst einige Siege erringen konnte, wendete sich sein Kriegsglück bald und nach einiger Zeit blieben ihm nur noch 6000 Soldaten. Müde geworden, aber noch nicht völlig entmutigt zog er sich mit dem kleinen Rest seiner Armee zurück, um neue Pläne zu schmieden.

Inzwischen war der König von Wu, He Lü, gestorben und sein Enkel Fu Zhou folgte ihm auf den Thron. Der neue König des Reiches Wu misstraute dem König von Yue. Obwohl dieser schwach geworden war, fürchtete er zu Recht, dass Gou Jian erneut angreifen würde. Er fragte daher seine Ratgeber, was er tun sollte, um die Bedrohung durch seinen Nachbarn abzuwenden. Da hatte ein hoher Politiker namens Wen Zhong eine Idee, die dem König gut gefiel. Ein Bote wurde ausgeschickt, der einem hohen Beamten von Yue schöne Geschenke und Frauen überbrachte. Dieser sollte den König Gou Jian damit beglücken und ihm ausrichten: Falls es dem Reich Wu gelingen sollte, das geschwächte Reich Yue zu unterwerfen, dann würden sie alles zerstören und alle schönen Frauen ermorden. Ein weiterer Krieg sei sinnlos, da mit ihm lediglich Tod und Vernichtung einhergehen würde. Wenn der König von Yue sich aber unterwerfe und fortan im Reich Wu am Hofe des Königs Fu Zhou lebe, würde sein Reich der Vernichtung entgehen.

König Gou Jian von Yue sah keine andere Möglichkeit und unterwarf sich zusammen mit seinem Hofstaat und der Beamtenschaft. Drei Jahre lang lebten der König und sein Kanzler Fan Li im Reich Wu. Fan Li erfüllte während dieser Zeit seine Pflichten gegenüber dem neuen Herrscher auf die vorbildlichste Weise und diente ihm als ein treuer und guter Beamter. König Fu Zhou war so angetan von den Fähigkeiten des Fan Li, dass er ihm schließlich erlaubte, nach Yue zurückzukehren. Das war die Chance, auf die Fan Li gewartet hatte. Nie hatte er die Demütigungen, denen er und sein König ausgesetzt worden waren, vergessen und er ersann eine List.

Schon lange hatte er überall im Lande die schönsten Frauen und Mädchen suchen lassen und sie sorgfältig in der Kunst ausgebildet, einem Mann zu gefallen. Diese Schönheiten schenkte er nun dem König von Wu. Sie sollten ihn von den Regierungsgeschäften abhalten und Zwietracht am Hofe säen. Eine dieser Frauen war die bezaubernde Xi Shi, von der es heißt, dass sie schon lange die Geliebte von Fan Li war und mit ihm zusammen die Flucht plante. Nachlässig geworden, wurde der

König von Wu schwach. Auch er war in Liebe zu Xi Shi entbrannt, und als Fan Li mit ihr verschwand, brachen erneut Streitigkeiten zwischen den beiden Königreichen aus. Yue, das sich inzwischen erholt hatte, griff Wu erneut an, besiegte es endgültig und Yue-König Gou Jian konnte an seinen Hof zurückkehren.

Darüber, was mit dem Liebespaar passierte, gibt es verschiedene Versionen. Die Menschen in Yixing sind jedoch davon überzeugt, dass Fan Li und Xi Shi in ihre Gegend geflohen sind, um dort die Keramikindustrie aufzubauen und damit den Grundstock für ihren Wohlstand zu legen.

Bis auf den heutigen Tag hat sich die Art der Herstellung der Yixing-Keramik nur wenig verändert und noch immer werden die begehrtesten Stücke sorgfältig von Hand geformt. Ihre Schönheit liegt dabei nicht in einer komplizierten oder üppigen Ausgestaltung, sondern in der ausgeprägten Schlichtheit. Nur ein Gefäß, dessen vollendete Form sich zusammen mit einer sparsamen Verzierung zu einer Harmonie von Ästhetik und Zweckmäßigkeit verbindet, gilt als ein Kunstwerk, das nur von wenigen Keramikmeistern gearbeitet werden kann. Das fertige Stück wird bei 1200 Grad 24 Stunden lang gebrannt. Im Laufe der Jahre wird, wenn Kanne und Tasse oft benutzt werden, die rote Farbe immer glänzender und das Geschirr damit noch wertvoller. Alles, was mit Tee und Teegenuss zu tun hat, ist in China lebendig und steht in engem Zusammenhang mit einem ausgeprägten Sinn für Schönheit und Ästhetik. Der Genießer trinkt Tee nicht nur wegen seines Wohlgeschmacks und seiner durstlöschenden Eigenschaften. Er trinkt ihn vor allem auch, weil er damit eine Lebens- und Kunstauffassung ausleben und anschaulich machen kann.

Tautropfen in der Hand der Teepflückerin

Der Weg vom Strauch zum perfekten Teeblatt

Der Tee nämlich ist für die stille Gesellschaft erfunden, so wie der Wein für laute Kumpaneien. In seiner Natur ist etwas, das uns hinüberführt in eine Welt der stillen Lebensbetrachtung. Beim Teetrinken darf man nicht von schreienden Säuglingen, von laut tratschenden Weibern, von kannegießenden Männern umgeben sein; das wäre genauso schlimm, wie wenn man den Tee an einem regnerischen oder wolkigen Tag pflückte. Man muss ihn an einem klaren Tag in aller Herrgottsfrühe pflücken, wenn die Morgenluft klar und dünn über die Bergkuppen weht und der Duft der Tautropfen noch auf den Blättern liegt; dann spürt man auch beim Trinken noch etwas von der zauberischen Frische und Duftigkeit des Morgentaus. Für die Taoisten mit ihrem Ruf zur Rückkehr in die Natur und ihrer Vorstellung, dass das Weltall durch das Wechselspiel der männlichen und weiblichen Kräfte lebendig erhalten werde, ist der Tau nichts Geringeres als der »Saft von Himmel und Erde«, die während der Nacht miteinander vereinigt waren; man denkt sich den Tau als eine Zauberspeise, und wer von dieser köstlichen, reinen Himmelsgabe genügend schlürft – Mensch oder Tier –, der hat nicht wenig Aussicht, dass er Unsterblichkeit gewinnt.

Lin Youtang

Wie fein zersprühter Wasserdampf liegen die letzten Reste der feuchten Frühjahrshitze über den sanften Hügeln nahe Hangzhou in Zhejiang. Auch die Nacht hat keine völlige Abkühlung gebracht und doch sind diese ruhigen Morgenstunden die angenehmste Zeit des Tages. Die Strahlen der aufgehenden Morgensonne tauchen die langen Reihen kugeliger Teesträucher in ein sanftes Licht und brechen sich glitzernd in den Tautröpfchen, die sich im satten Grün verfangen haben. Die Morgenkühle ist nicht nur eine Wohltat für Mensch und Natur, sie ist auch der geeignete Zeitpunkt, die zarten jungen Teesprossen zu pflücken, aus denen der beste grüne Tee gefertigt wird.

Schon früh müssen die Frauen und Mädchen der umliegenden Dörfer aufstehen, um die Ernte einzubringen. Ab März wird hier der so genannte Frühlingstee geerntet, für den nur die zartesten, jüngsten und damit aromatischsten Blättchen verwendet werden. Mit flinken, geübten Händen brechen sie die obersten drei jungen Teesprossen ab und legen sie in die geflochtenen Körbe, die auf ihre Rücken geschnallt sind. Etwa acht Stunden benötigt eine Pflückerin, um ein Kilogramm Teeblätter zu sammeln, das zu nur 100 Gramm Tee erster Qualität verarbeitet wird. Plaudernd und lachend gehen die Frauen zu zweit von Busch zu Busch und blicken nur selten auf, um sich umzusehen. Schon immer war das Teepflücken eine Frauenarbeit, während den Männern traditionell die langwierige Arbeit des Trocknens obliegt.

Das ganze Leben dieser Menschen dreht sich um den Tee, der für sie nicht einfach nur ein Getränk aus aromatischen Blättern darstellt. Ihre Traditionen und ihre Lebensweise sind in hohem Maße auf den Tee und seine Herstellung abgestimmt und sie betrachten jede Pflanze und jedes Blättchen mit einem liebevollen und geübten Kennerblick.

Schon im 8. Jahrhundert schrieb Lu Yu in seinem Teeklassiker, dass die Teesprossen nur bei schönem Wetter gepflückt werden sollen und niemals an einem regnerischen oder bewölkten Tag, da dies der Qualität abträglich wäre. Bereits damals unterschied man zahllose verschiedene Arten von Teeblättern und ebenso viele Arten der Verarbeitung. Lu Yu beschreibt Teeblätter, die runzelig wie Stiefel der Tataren aussehen, und solche, die regelmäßig geformt sind wie die Brust eines Stieres. Sie werden poetisch verglichen mit dahintreibenden Wolken, die sich hinter den Bergen auftürmen, und sanft gekräuselten Wellen, wie sie von einer leichten Brise an der Wasseroberfläche hervorgerufen werden. Manche Teeblätter seien hart wie junge Bambussprösslinge und andere wie eine Lotosblume bei Frost, welk und fast verdorrt.

In einem Teegarten wird jedoch meist nur eine Sorte Teebüsche angepflanzt. Besonders die Weiterverarbeitung zu einem guten Grüntee erster Qualität verlangt viel Sorgfalt und vor allem Erfahrung im Umgang mit dem empfindlichen Blattwerk. Noch heute wird in China der junge, grüne Frühlingstee als besondere Delikatesse betrachtet und die teuersten und besten Sorten werden ausschließlich mit der Hand verarbeitet.

Nachdem die Teeblätter gepflückt sind, tragen die Frauen sie nach Hause, wo sie – auf Gestelle gelegt – leicht welken sollen. In früheren Zeiten lebten die Teebauern in kleinen idyllischen Dörfern inmitten ihrer Teegärten, und die ganze Familie half bei den verschiedenen Arbeiten rund um den Teeanbau, die sich über den gesamten Jahreslauf erstrecken. Heute sind die Dörfer um Hangzhou zwar auch nicht gerade groß zu nennen, aber viele der Bauern sind durch geschickte Vermarktungsstrategien zu Wohlstand gekommen und leben in schönen neuen Häusern. So finden sich alte Häuser mit geschwungenen Dächern und üppig geschnitzten Holzverzierungen in direkter Nachbarschaft mit modernen, großzügigen Steinbauten. Ein wilder Stilmix aus Marmorbalustraden, Säulen und bunten Ziegeldächern lassen diese Gebäude inmitten grüner Teeplantagen merkwürdig deplatziert wirken. Die Bauern hier waren schon immer eigenwillig und haben ihre eigenen Vorstellungen von dem, was schön und modern ist. Doch trotz aller Modernisierungen und Neuerungen sagen sie, der Tee müsse unbedingt wie seit alters von Hand getrocknet werden. Nur geübte und erfahrene Hände können die Temperatur so abschätzen und beurteilen, dass die zarten Sprossen langsam rösten und nicht verbrennen.

Die zum Teerösten verwendeten Gerätschaften sind seit Generationen dieselben und denkbar einfach konstruiert. Es ist eine mühsame Arbeit, die sich über Stunden hinzieht. Schon Lu Yu sagte darüber, dass nur, wer sieben Arbeitsschritte einhalte, wirklich guten Tee herstelle. Heute wird dieser Prozess meistens abgekürzt. Aber immer noch ist es besonders wichtig, dass niemals eine zu hohe Temperatur entsteht. Nur so bleiben alle Inhalts- und Aromastoffe erhalten. Handgetrockneter Tee von erster Güte ist daran zu erkennen, dass die einzelnen Blättchen gerollt und nicht nur von der Hitze eingeschrumpft sind. Zuerst werden in eine dünne, tiefe Eisenpfanne, die dem chinesischen Wok gleicht, einige Tropfen Teeöl gegeben. Die Pfanne stellt man danach auf einen kleinen Ofen und beheizt sie behutsam von unten. In alten Zeiten wurde zur Erzeugung der Hitze Holz und Kohle verwendet, heutzutage erleichtern sich die Menschen die Arbeit und benutzen Strom.

Von den noch feuchten, aber schon leicht welken Teeblättern werden einige Hände voll in die heiße Pfanne geworfen und sorgfältig hin und her bewegt. Hitze ist notwendig, damit die Blätter langsam geröstet werden und die grüne Farbe der Teeblätter erhalten bleibt. Sie werden dabei sorgsam und gemächlich im Kreis bewegt. In regelmäßigen Abständen ergreift man eine Handvoll davon und streut sie wieder langsam durch die gespreizten Finger in die Pfanne zurück. Die Teeblätter sollen locker bleiben und nicht aneinander kleben. Nach der ersten Phase der Trocknung werden sie wieder aus der Pfanne genommen, auf einen Tisch gelegt und mit geschickten Händen gerollt. Dieser Vorgang soll die Zellen der Blätter aufbrechen und den Zellsaft mit dem Sauerstoff in der Luft in Verbindung bringen. Das zarte Aroma des grünen Tees beginnt sich nun zu entwickeln. Danach müssen die Teeblätter noch einmal der Hitze ausgesetzt und ein zweites Mal getrocknet werden. Am Ende des Trockenprozesses besitzen die Blätter eine gleichmäßige Form und sind von einer zart duftenden Knusprigkeit. Bei der Verarbeitung von Grüntees ist es sehr wichtig darauf zu achten, dass nicht wie beim Schwarztee ein Fermentierungsprozess einsetzt. Während des letzten Arbeitsganges wird der Tee nach Blattgröße sortiert. Danach sollte er möglichst schnell verpackt werden, damit der lichtempfindliche Tee keinerlei Qualitätseinbußen erleidet. Leider werden heutzutage die dazu üblichen Sperrholzkisten nicht mehr wie früher prächtig ausgeschmückt und mit bunten Etiketten verziert.

Wer seinen Weg in eines der kleinen Teedörfer findet, kann in den Monaten der Erntezeit beobachten, wie in den Innenhöfen der Häuser die Männer mit gebeugtem Rücken vor den Trockenöfen sitzen. Aus den Pfannen steigt ein würziger Duft auf, während sie die frischen Teeblätter langsam, Portion für Portion, trocknen. Der fertige Tee ruht noch eine Weile auf riesigen geflochtenen Tellern und wird dann in Säcke verstaut und verkauft – ein zartes und kostbares Handelsgut, das von jedem Kenner mit Sorgfalt zubereitet und mit Verstand getrunken werden sollte. Und wer weiß, vielleicht erhöht ein kurzer Gedanke an die fast poetische und tief in der Tradition verwurzelte Herstellungsweise noch den Genuss eines jungen Grüntees.

Wie der berühmteste aller chinesischen Tees unter dem Himmel heimisch wurde

Hangzhou und der Drachenbrunnentee

Die Chinesen sagen: »Im Himmel gibt's das Paradies, auf der Erde aber Suzhou und Hangzhou.« Viele Dichter haben die berühmte ostchinesische Landschaft rund um den Westsee, an dem Hangzhou liegt, in ihren Gedichten gerühmt und noch heute ist die malerisch gelegene Stadt ein beliebtes Ausflugsziel für Jung und Alt. Hangzhou ist jedoch nicht nur für seinen landschaftlichen Reiz bekannt und beliebt, sondern genießt auch den Ruf, die Heimat der schönsten Frauen Chinas zu sein. Die Leute erzählen, dass die Mädchen und Frauen, die hier geboren werden und leben, eine ganz besonders zarte Haut mit einem seidenen Schimmer hätten. Der Grund dafür sei ein berühmter Tee, der unweit der Stadt angebaut wird und von dem sie jeden Tag mehrere Tassen trinken. Longjing Cha, der »Drachenbrunnentee«, gilt als eine der besten und begehrtesten Teesorten in China, allerdings nur, wenn er aus der Gegend um ein ganz bestimmtes Dorf kommt. Eine alte Legende erzählt die Geschichte dieses Tees, wieso er so gut und bekömmlich ist und wie er dadurch den Menschen Wohlstand gebracht hat.

Es heißt, dass Longjing, das Drachenbrunnen-Dorf, in alter Zeit nur eine ärmliche Ansammlung weniger Häuser war, die verstreut in einem kleinen und öden Tal lagen. Die einzigen Nahrungsmittel waren Bambus und Getreide von schlechter Qualität, das die Bauern mühsam an den Berghängen anbauten. Obwohl sie tagein, tagaus schwer schufteten, konnten sie sich kaum einmal satt essen. Am Rande des Dorfes stand eine kleine Strohhütte, die, durch Wind und Wetter mitgenommen, noch ärmlicher als die anderen aussah. In ihr wohnte eine alte, kinderlose Frau. Da sie schon alt und schwach war, konnte sie nicht mehr auf den Feldern arbeiten. Das Einzige, was ihr geblieben war, waren achtzehn alte Teesträucher, die hinter ihrer Behausung wuchsen und die schon vor sehr langer Zeit von ihrem verstorbenen Mann angepflanzt worden waren. Ohne Dünger und mit wenig Pflege trieben die Teesträucher jedes Jahr lediglich wenige Sprossen und brachten der alten Frau nur einen schlechten Ertrag ein. Doch da die Alte ein gutes Herz hatte, verkaufte sie nicht den ganzen Tee, sondern sie behielt immer einen Teil der Ernte zurück. Von diesen Teeblättern kochte sie jeden Tag einen großen Topf Tee, um den Vorübergehenden einen erfrischenden Trunk anzubieten und sie zum Ausruhen einzuladen.

An einem kalten und ungemütlichen Neujahrsabend trafen sich in fast allen Hütten die Familien, um die traditionellen Neujahrskuchen vorzubereiten und gemeinsam zu feiern. Die alte Frau jedoch blieb alleine und hatte kaum mehr genügend Reis für ihre kärgliche Mahlzeit. Nichts war ihr geblieben außer einem kläglichen Rest Teeblätter in ihrer Büchse aus Ton. Trotzdem stand sie so früh auf wie immer, erhitzte Wasser über dem Feuer, nahm einige Teeblätter und kochte Tee, gerade so wie an jedem anderen Tag. Es würde schon ein müder Reisender vorbeikommen und sich über eine heiße Tasse Tee freuen. Und richtig, bald schon klopfte es an ihre Tür und ein alter Mann trat ein. Die alte Frau sprang auf und grüßte ihn mit den Worten: »Alter Onkel, das Wetter draußen ist kalt und ungemütlich, setz dich an das warme Feuer und trinke eine Tasse frischen Tee.«

Der Gast kam näher, ließ sich neben dem Herd nieder und fragte: »Alte Tante, was kochst du in diesem Topf?« »Ich koche Tee«, war die Antwort, die den Besucher einigermaßen erstaunte.

»Heute ist Neujahr, alle Menschen backen und bereiten die Opfergabe aus dreierlei Fleisch zu. Wieso gibt es bei dir nur Tee?« Die Alte seufzte tief und erwiderte: »Ich bin eine einsame alte Frau und so arm, dass ich nicht genug Geld habe, um mir Fleisch und Mehl zu kaufen. Stattdessen koche ich wie jeden Tag Tee, um die Reisenden, die anklopfen, zu erfrischen.« Als der alte Mann das hörte, lachte er laut auf und sagte: »Du bist doch nicht arm, du hast draußen vor der Tür einen wertvollen Schatz.« Das verwunderte die alte Frau und sie schaute vor ihrer Hütte nach, konnte aber nichts Besonderes finden. Sie sah nur das Sonnendach mit den beiden Bänken darunter und in der Ecke einen uralten Steinmörser, der voll war mit dem Abfall der verrotteten Teeblätter. Alles war wie üblich.

Der alte Mann zeigte jedoch auf den Steinmörser und erklärte: »Sieh her, das ist der Schatz.« Die alte Frau dachte, dass der Gast sich über sie lustig machen wollte, und erwiderte: »Das soll ein Schatz sein? Wenn du willst, dann kannst du ihn mitnehmen.« Hocherfreut antwortete er: »Oh ja, sehr gerne, aber ich kann ein so wertvolles Geschenk nicht annehmen. Verkaufe ihn mir, ich werde zur Hilfe Männer holen, die ihn tragen und dich gut entlohnen.« Mit diesen Worten machte er sich fröhlich auf den Weg.

Die Alte wunderte sich und betrachtete nachdenklich den alten Steinmörser. »Er ist so schmutzig«, sagte sie sich, »ich sollte ihn sauber machen, bevor ich ihn weggebe.« Also leerte sie den Teeabfall unzähliger Jahre nach und nach in eine Schaufel und grub ihn unter ihren achtzehn Teesträuchern ein. Dann holte sie aus dem Dorfbrunnen klares und frisches Wasser, wusch den Mörser gründlich aus und goss das Wasser ebenfalls unter die

Sträucher. Gerade als sie fertig war, kam der alte Mann mit seinen Helfern zurück, blieb abrupt stehen und rief erschrocken aus: »Aber wo ist denn der Schatz geblieben? Was hast du nur gemacht?« Die alte Frau war verwirrt und deutete auf den blitzsauberen Mörser: »Ist er denn nicht das, der Schatz?«

»Nein, nein!«, war die Antwort und der Mann stampfte wütend auf. »Was hast du mit dem Inhalt gemacht?« Die alte Frau erwiderte: »Ich habe ihn unter den alten Teesträuchern eingegraben.« Darauf zuckte der Mann bedauernd mit den Schultern und sagte: »Gerade dieser alte Abfall war ein großer Schatz, ich will hoffen, dass er wenigstens deinen Teesträuchern von Nutzen sein wird.« Mit diesen Worten ging er mit leeren Händen und seinen Helfern wieder fort.

Die Zeit verging und ein neuer Frühling zog ins Land. Als die Sonne wärmer wurde, fingen die Teesträucher an, wie nie zuvor zu gedeihen. In diesem Jahr trieben die achtzehn Sträucher unzählige wunderbar duftende Blüten und dicht an dicht sprossen zarte junge Triebe. Das Aroma des Tees, den die alte Frau daraus bereitete, war unvergleichlich würziger und feiner als bei jedem anderen Tee. Als die Bauern des Dorfes sahen, was für ein besonderer Tee bei der Hütte der alten Frau wuchs, beschlossen sie, die Bäume und den Bambus an den Hängen zu fällen und stattdessen die Samen der Teesträucher auszusäen. Mit jedem Jahr wurden es mehr, bis die Berge um das Dorf Longjing schließlich über und über mit Teesträuchern bedeckt waren.

Wegen seines herrlichen Geschmacks wurde der Drachenbrunnentee im Laufe der Zeit immer berühmter und noch heute reicht sein Ruf weit über die Landesgrenzen hinaus. Allerdings sagen viele, dass der Drachenbrunnentee nur dann sein vollkommenes Aroma entfaltet, wenn er mit dem ganz speziellen Wasser aus dem »Drachenbrunnen« zubereitet wird. Vom Quellwasser aus diesem Brunnen heißt es, dass es bei Berührung nicht auseinander-, sondern zusammenlaufende Ringe bilde und dass sein Geschmack auf unnachahmliche Weise mit den begehrten Teeblättern harmoniere. Heute sind die Bauern, die den Drachenbrunnentee anbauen, reich geworden und leben in großen stattlichen Häusern. Aber noch immer sind die Hügel um sie herum mit sorgsam gepflegten Teebüschen bewachsen, deren Blätter wie in alten Tagen mit der Hand gepflückt und langsam getrocknet werden, damit sich der ganze Wohlgeschmack entfalten kann.

Und wie steht es nun mit den schönen Frauen von Hangzhou? Wer immer sie auf das Geheimnis ihrer schlanken Gestalt und ihrer Schönheit anspricht, wird auf diesen berühmten Tee verwiesen. Nicht nur der Trinkgenuss bekommt der Haut gut, sondern auch die Blätter lassen sich auf vielfache Weise als Schönheitsmittel verwenden. Ist der Tee aufgegossen und leer getrunken, dann benutzt die schönheitsbewusste Hangzhouerin die Blätter für eine Gesichtsmaske. Vermischt mit Honig und Eigelb seien feuchte Teeblätter, so sagen sie, ein unschlagbares Anti-Faltenmittel. Die noch warmen Blätter, einfach auf die Augen gelegt, versprechen eine glättende Wirkung. Bei einem Kleinkind, insbesondere einem Mädchen, bewirke eine solche »Teeblattpackung« die Entwicklung einer wunderbar glatten Haut. Schon abgetrunkene Blätter können zudem getrocknet, gesammelt und in ein kleines Kissen gefüllt werden. Dieses Teekissen verhilft zu einem wohltuenden und entspannenden Schlaf, der ja bekanntermaßen unerlässlich ist für die wahre Schönheit. Und nicht zuletzt empfiehlt die Frau aus Hangzhou jedem Ratsuchenden in Sachen Schönheitsfragen, ab und zu ein paar der Teeblätter aus der Teetasse zu fischen und zu verspeisen, denn die vielen Mineralien und Spurenelemente sichern die Gesundheit und das frische Aussehen. So ist der Drachenbrunnentee ein Kosmetikum von außen und von innen.

Die Achtzehn Kaiserlichen Teesträucher

Unter den zahlreichen malerischen Bergen um den Westsee bei Hangzhou befindet sich einer mit dem poetischen Namen »Löwengipfelberg«. Über seine sanft geschwungenen Hänge breiten sich dichte Wälder aus, unterbrochen von sattgrünen Teegärten, die im Sonnenlicht leuchten. Durch die Wälder und Gärten schlängeln sich zahlreiche gewundene Bäche mit kristallklarem Wasser, von denen frühmorgens geheimnisvolle Nebelschwaden aufsteigen. Von der Natur reichlich mit fruchtbarem Boden und einem milden Klima bedacht, gedeiht hier ein wunderbarer Tee, der den herrlich langen Namen »Westsee-Löwengipfel-Drachenbrunnentee« trägt.

Unter den unzähligen Teesträuchern, die in dieser Gegend wachsen, sind einige besonders berühmt und werden von den örtlichen Teebauern liebevoll umsorgt. Es sind die so genannten »Achtzehn Kaiserlichen Teesträucher«, die vor dem Hugong-Kloster zu Füßen des Berges wachsen und einen speziellen Platz im Herzen der hier lebenden Menschen einnehmen. Wie über so viele Dinge im alten und neuen China berichtet auch hier eine hübsche und interessante Legende davon, warum diese Büsche mit dem Namen und Titel »Achtzehn Kaiserliche Teesträucher« geehrt werden.

Es geschah zur Zeit des Qianlong-Kaisers (er regierte 1736–1795), der es nicht sonderlich liebte, untätig im Palast herumzusitzen, und viel lieber auf Erkundungsreise durch sein großes Reich fuhr. Von diesem Kaiser, der als einer der großen Teeliebhaber unter den Herrschern des Reichs der Mitte gilt, ist folgendes Gedicht zum Tee aufgezeichnet worden:

Stell auf ein mäßiges Feuer
ein dreifüßig Gefäß,
in Form und Farbe soll es zeigen
Spuren langen Gebrauchs.

Füll es mit Wasser aus geschmolz'nem Schnee,
koch das Wasser so lang, wie nötig wär',
Fisch weiß oder Krabben rot zu machen,
und gieß es sogleich über die zarten Blätter auserles'nen Tees
in einen Becher gebrannt aus der Yue-Erde.

Warte nun, bis der Dampf,
der im Übermaß erst aufsteigt und dichte Wolken formt,
sich allmählich auflöst und dann verschwindet,
nur auf der Oberfläche noch
einige leichte Wölkchen schwimmen;
dann in Muße trink von diesem köstlichen Trank.

Auflösen wird er wirksam
die fünf Ursachen der Unruhe, die uns so oft bedrängen
und unsern Frieden stören.

Wir können sie schmecken,
wir können sie spüren,
aber wir können mit Worten nicht ausdrücken
die sanfte Ruhe,
die ein in dieser Weise bereiteter Trank uns schenkt.

Der Qianlong-Kaiser kam eines Tages natürlich auch nach Hangzhou. Nach der Besichtigung des schönen Westsees und aller umliegenden Sehenswürdigkeiten kam ihm, dem nachgesagt wurde, schon über hundert verschiedene Teesorten gekostet zu haben, in den Sinn, zu sehen, wo der grüne Tee, den er in seinen Mußestunden am liebsten trank, wuchs und geerntet wurde. Kaum teilte er seinem Leib-Eunuchen diesen Wunsch mit, wurde die gesamte Beamtenschaft plötzlich ganz geschäftig, um die nötigen Vorbereitungen zu treffen. Der alte Mönch, der im Hugong-Kloster lebte, hatte nun alle Hände voll zu tun, da geplant war, dass der Kaiser im Kloster rasten und Tee trinken sollte.

Anderntags zog der Kaiser mit seiner gesamten Gefolgschaft auf den Löwengipfelberg. Beim Anblick der prächtigen Landschaft wurde er ganz trunken vor Begeisterung. Er bewunderte das klare Wasser der Drachenbrunnenquelle und das kräftige Grün der Teegärten. Lieblich anzusehen waren die hübschen

Dorfmädchen, die, geflochtene Körbe tragend, geschäftig zwischen den kugelig gewölbten Büschen hin und her liefen und sorgsam die zarten Teesprossen pflückten. Allerorten zwitscherten melodisch die Vögel und prächtige Blumen schmückten wie Farbtupfer die Landschaft. Lange wandelte Qianlong umher und wurde schließlich von seinem Leib-Eunuchen gebeten, sich zum Kloster zu begeben. Dort angelangt kredenzte der alte Mönch dem Kaiser ehrfürchtig seinen besten und wohlriechendsten Tee.

Der Kaiser blickte versonnen auf die Schale in seiner Hand, in der sich die Teesprossen nach dem Aufguss wohlriechend und aromatisch ausbreiteten. Der Tee hatte eine wundervolle jadegrüne Farbe und die Sprossen stellten sich, so wie es nur die der besten Qualität tun, senkrecht auf, als ob sie noch am Strauch wären. Schon mit dem ersten Schluck entfaltete sich das köstliche Aroma und hinterließ einen herrlichen süßen Nachgeschmack. Entzückt fragte er den Mönch: »Wie heißt dieser Tee? Wie wird er gemacht?« Der Mönch erwiderte: »Er ist eine ganz besondere Kostbarkeit unter den Westsee-Drachenbrunnentees und heißt Löwengipfel-Drachenbrunnentee. Nur die zartesten und jüngsten Sprossen aus den am Löwengipfelberg sich ausbreitenden Teegärten werden zu seiner Herstellung verwendet.«

Er geleitete den Kaiser daraufhin in die Teegärten, damit er sehen konnte, wie der Tee gepflückt und verarbeitet wurde. Dieser war ergriffen, als er sah, wie mühsam die Arbeit des Pflückens und Verarbeitens der Teeblätter war, und er verfasste ein Gedicht zum Lobpreis des Tees: »Zuerst langsam geröstet, dann sorgfältig getrocknet, ist dies eine mühsame Arbeit, die niemals endet.« Auf dem Weg zurück sah er vor dem Kloster achtzehn Teesträucher, die über und über von den jüngsten und zartesten Sprossen, »Spatzenzungen« genannt, bedeckt waren. Sie entfalteten sich gerade und waren dabei wunderschön anzusehen. Ihr Anblick erfüllte das Herz des Kaisers so sehr mit Freude, dass er sich die Ärmel hochkrempelte, um von den Dorfmädchen die Kunst des Teepflückens zu erlernen. Völlig in diese Tätigkeit vertieft, riss ihn sein Eunuch unvermittelt mit einer Nachricht aus den Gedanken: »Die ehrwürdige Kaiserinmutter ist erkrankt. Sie bittet den Kaiser, sofort in die Hauptstadt zurückzukehren.«

Als der Qianlong-Kaiser dies vernahm, sorgte er sich sehr. Die gerade gepflückten Teesprossen steckte er in seine Ärmeltasche und brach eiligst in die Hauptstadt auf. Nach einigen Tagen erreichte er den Kaiserpalast und setzte sich zur Kaiserinmutter ans Bett. Tatsächlich war sie nicht sehr krank, sie hatte sich lediglich den Magen mit zu üppigen Speisen verdorben. Beim Anblick des Kaisers aber wurde ihr wohl ums Herz, und sie fühlte sich gleich etwas besser. Sie erkundigte sich bei ihm, wie seine Reise verlaufen war. Wie sie so plauderten, stieg ihr plötzlich ein Wohlgeruch in die Nase und so fragte sie: »Kaiserlicher Sohn, was hast du denn Gutes aus Hangzhou mitgebracht? Es duftet so vorzüglich.« Da fiel dem Kaiser ein, dass er, weil er so eilig aufgebrochen war, unglücklicherweise vergessen hatte, seiner Mutter ein Geschenk mitzubringen. Wie er aber so schnupperte, stieg ihm tatsächlich ein köstlicher Duft in die Nase. Ohne nachzudenken, fuhr er mit seiner Hand in die Ärmeltasche. Da erinnerte er sich plötzlich an die am Löwengipfelberg gepflückten Teesprossen. Sie waren inzwischen völlig getrocknet. Während er sie herausholte, sprach er: »Ehrwürdige Mutter, dies ist von mir selbst gepflückter Löwengipfelberg-Drachenbrunnentee.«

»Oh, er duftet wirklich herrlich! Schon seit Tagen konnte ich nichts schmecken, schnell, gieß mir einen Tee auf und lass mich ihn kosten!«

Der Kaiser ließ ein Palastmädchen den Tee aufbrühen und seiner Mutter bringen. Sie kostete davon und stellte mit Erstaunen fest, dass sie sich, kaum dass sie ihn ausgetrunken hatte, äußerst wohl fühlte. Tatsächlich meinte sie: »Dieser Tee ist von außergewöhnlicher Qualität. Er hat nicht nur einen lieblichen Duft und delikaten Wohlgeschmack, er hilft außerdem bei der Verdauung von fetten und schweren Speisen.« Sie war glücklich, ihren Sohn, den Kaiser, zu sehen; dass er diesen

Tee darüber hinaus von eigener Hand gepflückt hatte, tat sein Übriges zu ihrer Genesung. Nachdem sie einige Tage lang von dem Tee getrunken hatte, ging es ihr wieder besser und sie erzählte dem Kaiser frohen Herzens: »Mein Sohn, dies ist wirklich ein himmlischer Tee, ein wahrhaftes Allheilmittel. Er hat deine alte Mutter gesund gemacht.« Als der Qianlong-Kaiser dies hörte, lachte er voller Freude. Er ordnete sogleich an, dass die Teesträucher vor dem Hugong-Kloster fortan kaiserliche Teesträucher sein sollten. Dazu entsandte er einige Untergebene, die darüber zu wachen hatten, dass in jedem Jahr die gesamte Tee-Ernte dieser Sträucher zum persönlichen Gebrauch der Kaiserin in die Hauptstadt gebracht werden sollte.

Von da an genossen die »Achtzehn Kaiserlichen Teesträucher« vor dem Hugong-Kloster und der »Löwengipfelberg-Drachenbrunnentee« einen Ruf, der sich weit über Hangzhou hinaus verbreitete.

Die Gabe der Göttin der Barmherzigkeit

Tees und ihre Namen

Viele der Tees, die bei uns in den Teegeschäften angeboten werden, besitzen schwer auszusprechende Namen. Dies ist kein Wunder, da sie ja meist aus einer fremden Sprache und zudem noch in den verschiedensten Umschriften übertragen wurden. Dabei verbinden sich oft sehr schöne Geschichten damit, wie die Tees zu ihren Namen gekommen sind. Vom Oolong-Tee erzählt man sich zum Beispiel Folgendes:

Früher pflückte man vielfach die Blätter von wild wachsenden Teesträuchern. So auch in einem Gebiet der Provinz Fujian im Südosten Chinas, wo die Bauern sich häufig auf den Weg machten, um von solchen Sträuchern zu ernten. An einem

Ort in dieser Region nun stand ein Teebaum, in dem eine schwarze Schlange lebte. Diese Schlange schien sehr gutmütig und zahm zu sein, denn selbst wenn die Bauern von diesem Teebaum pflückten, kam es nie vor, dass sie einen von ihnen biss. Da die Schlange in China stellvertretend für den Drachen steht, der in China als Glückssymbol gilt und stellvertretend für den Kaiser verehrt wird, nannten sie den Tee, den sie aus den Blättern dieses Baumes herstellten, »schwarzer Drache«, *Oolong* (moderne Umschrift: *wu long*).

Einer der bekanntesten Oolong-Tees Chinas trägt den Namen »Eiserne Göttin der Barmherzigkeit«, *Tie Guanyin.* Wie kam nun dieser Tee zu solch einem Namen? In der Qing-Dynastie zur Zeit des Qianlong-Kaisers gab es in Fujian einen Bauern namens Wei Yin, der ein gläubiger Buddhist war und jeden Tag frühmorgens der »Göttin der Barmherzigkeit«, *Guanyin*, vor ihrer Statue eine Schale Tee darbrachte. Eines Tages, als er gerade hoch auf einen Berg stieg, um wilden Tee zu pflücken, da sah er einen großen quaderförmigen Stein vor sich, aus dessen Spalt ein Teestrauch wuchs. Dieser hatte längliche Blätter mit einer schönen Zeichnung auf der Oberfläche und mit einem rötlichen Rand. Er erkannte, dass dies wohl ein ganz besonderer Teebaum sein musste, grub ihn aus und nahm ihn mit nach Hause, wo er ihn im Garten anpflanzte. Der Busch gedieh sehr gut, und der Tee, den er aus seinen Blättern herstellte, war von einem außerordentlichen Aroma und besonderer Kraft, anders als alle sonstigen Tees. So dachte Wei Yin gleich, der Strauch müsse wohl eine Gabe der Göttin der Barmherzigkeit sein, der er täglich opferte, und da seine Blätter besonders schwer und ihre Farbe nach der Verarbeitung gräulich-schwarz wie Eisen waren, nannte er den Tee »Eiserne Göttin der Barmherzigkeit«, *Tie Guanyin.* Der Tee erfreute sich großer Beliebtheit, und da Wei nicht eigensüchtig war, verteilte er unzählige Abkömmlinge dieser einen Teepflanze an die Leute der Region, so dass alle an seinem Glück teilhaben konnten.

Viele der Namen der verschiedenen Teesorten sind mit solchen Geschichten verbunden. Sie hier alle zu erzählen würde den Rahmen dieses kleinen Bändchens leider sprengen. Daher möchten wir uns auf ein paar interessante Einzelheiten beschränken. Den feinsten Tee, so sagt man, könne man aus den ganz jungen Trieben herstellen, welche noch einen weißlich-silbrigen Flaum tragen. In der Fachsprache werden diese heutzutage »Tips« genannt, ein Tee mit vielen solcher Triebspitzen heißt »Tippy«. Im Chinesischen sprach man von den »Silber-Härchen«, *Yin Hao*, weshalb diese Bezeichnung in vielen hochwertigen Tees auftaucht. Es wurde aber auch einfach von »weißen Härchen« gesprochen, chinesisch *Bai Hao*, was aus einem südchinesischen Dialekt ins Englische übertragen die Bezeichnung »Pekoe« ergab. Der Begriff »Orange Pekoe« dient heute lediglich als Abstufung in der Blattsortierung bei Schwarztees. Früher wies »Orange« auf das niederländische Königshaus von Oranien hin und bezeichnete somit einen »königlichen« Tee. Ist der Begriff »Broken« vorangestellt, dann besteht der Tee aus sehr kleinen, gebrochenen Blattteilen und ist daher ergiebiger.

Auf die Feinheit der Triebe spielen zwei weitere Teebenennungen aus China an: *Maofeng* und *Maojian*. Beide können in etwa mit »Haarspitze« wiedergegeben werden. Der bekannte »Gunpowder« erhielt erst von den Europäern seinen Namen, da sein kugeliges Aussehen dem des Schießpulvers glich. Der japanische *Sencha* bezeichnete ursprünglich nur die Zubereitungsart, meinte also »gekochten Tee«. Einen sehr poetischen Namen besitzt der *Gyokuro*, der »Tau aus Jade«. Und wer hätte gedacht, dass die Bezeichnung eines der bekanntesten Schwarztees, »Darjeeling«, vom Namen eines tibetischen Klosters stammt. Tibetisch *Dorje* steht hierbei für das unzerstörbare Diamantzepter der Buddhas, welches das Gesetz, das allem Wirklichen zugrunde liegt, symbolisiert, *ling* bezeichnet ein Kloster oder einen geheiligten Ort.

Der chinesische Teeweg

Nicht nur Japan, sondern auch das Ursprungsland des Tees, China, besitzt eine ausgeprägte Teekultur. Eine gängige Höflichkeitsfloskel beim Empfang von Gästen lautet: »Kommen Sie bitte herein, bitte setzen Sie sich, bitte trinken Sie Tee!« *(Qing jin, qing zuo, qing he cha!)* Stets wird einem Gast als Erstes eine Tasse Tee angeboten. In China gibt es aber nicht nur eine einzige Art und Weise, den Tee aufzugießen. Unter den verschiedenen Methoden erfreut sich bei den Teekennern im Moment eine bestimmte besonderer Beliebtheit, die so genannte »Gongfu«-Methode. Überhaupt hat die Teekultur in China in den letzten Jahren wieder enormen Aufschwung genommen, allerorts entstehen neue Teehäuser sowie Teegeschäfte, unter Letzteren auch große Ketten. In den Teehäusern können wir oben genannte Methode häufig beobachten. Das Wort *Gongfu* ist in unserem Kulturkreis in anderer Schreibweise als Bezeichnung für eine Kampfsportart, »Kungfu«, gut bekannt. Eigentlich bedeutet es lediglich »Kunstfertigkeit« oder »etwas meisterlich beherrschen«. Bei der Teezubereitung ist es ja gleichfalls möglich, es zur Meisterschaft zu bringen. Früher wurden die feinsten Sorten bestimmter Tees als Gongfu-Tee bezeichnet, in europäischer Wiedergabe – wahrscheinlich durch die Aussprache des Wortes in einem chinesischen Dialekt beeinflusst – »Congou« geschrieben. Heute werden hauptsächlich halb fermentierte Oolong-Tees nach dieser Methode zubereitet, doch auch für grüne Tees eignet sie sich hervorragend. Die japanische Art, Sencha zuzubereiten, unterscheidet sich im Grunde nicht von ihr. Beim Verkosten verschiedener Teesorten wird ebenfalls nach ihr verfahren. Überhaupt wird sehr feiner Tee nicht getrunken, er wird gekostet (chin. *pin cha*).

Wichtigstes Utensil für diesen chinesischen Teeweg ist die Teekanne. Kleiner als die uns bekannten Teekannen fasst sie, je nach Personenzahl, nur 80 bis 200 Milliliter und ist aus einem speziellen, unglasierten Steinzeug gearbeitet. Die bekanntesten dieser Teekannen kommen aus der Stadt Yixing in Jiangsu. Um die Kanne anzuwärmen, wird zuerst heißes Wasser hineingegeben und dieses dann zum gleichen Zweck in die Trinkschälchen gegossen. Es werden sehr kleine Schälchen *(pinchabei)* benutzt, die nur etwa zwanzig Milliliter fassen – eben nur zum »Kosten«. Zuweilen kommen noch so genannte Riechbecher *(wenxiangbei)* zur Anwendung. Diese sind zylindrisch, etwas höher und schmaler als die Trinkschälchen und haben ungefähr das gleiche Fassungsvermögen. Der Tee wird nun mit einer kleinen Schaufel in die Kanne gegeben; je nach Teesorte wird sie zu einem Drittel (grüne Tees) oder bis zur Hälfte (Oolong) gefüllt. Danach gießt man heißes, im Falle von Oolong-Tee auch kochendes Wasser hinein. Dieser »erste« Aufguss wird aber sofort wieder weggegossen, ohne dass er getrunken wird. Man nennt dies »den Tee waschen«. Er verliert dabei ein wenig an Gerbstoffen, die den Tee bitter machen würden. Erst der nächste Aufguss wird getrunken. Hierbei wird das Wasser nicht nur in die Kanne, sondern nach dem Schließen des Deckels auch über sie gegossen. Die kleine Kanne wird so von innen und außen erwärmt und das Wasser verliert nicht so schnell seine Temperatur. Für diesen Zweck gibt es ein spezielles »Teetablett« *(chapan)*, welches das abfließende Wasser aufnehmen kann.

Da es sich im Verhältnis um eine große Menge Tee bei wenig Wasser handelt, muss der Tee nur kurz ziehen. Hier spielt Erfahrung eine große Rolle. Je nach Geschmack kann die Ziehdauer bei stärkerem Oolong-Tee kurze fünfzehn Sekunden, bei feinerem Grüntee bis zu eineinhalb Minuten betragen. In dieser Zeit kann das Wasser aus den angewärmten Schälchen geschüttet werden. Der fertige Tee wird jetzt in die Schälchen gegossen, wobei man nicht nacheinander jedes Schälchen für sich, sondern alle nach und nach im Kreis oder in einer Linie hin und zurück füllt. Falls die Kanne mehr enthält, als in die Schälchen passt, wird der Tee zuerst in eine zweite Kanne oder ein offenes Kännchen gegossen und erst damit werden die Schälchen gefüllt. Der Grund hierfür ist, dass kein Wasser auf den Teeblättern zurückbleiben darf, da dies sonst den nächsten Aufguss bitter machen würde. Die Schälchen können nun an die Gäste verteilt werden; dazu stellt man sie auf kleine Untersetzer.

Legt ein Gast besonderen Wert darauf, die Form zu wahren, fasst er das Schälchen mit Daumen und Zeigefinger am oberen Rand und stützt es mit dem Mittelfinger von unten. Zusätzlich legt er den ausgestreckten Zeigefinger der linken Hand unter den Mittelfinger der rechten. Dann führt er das Schälchen von links nach rechts an der Nase vorbei, um den Duft des Tees zu genießen. Erst danach »kostet« er ihn, was trotz der geringen Menge in mehreren Schlucken erfolgen sollte, um das Aroma des Tees auch wirklich genießen zu können.

Es folgen weitere Aufgüsse, wobei man genauso verfährt wie beim ersten, allein die Ziehdauer verlängert sich bei jedem weiteren Aufguss etwas. Bei grünem Tee sind drei bis vier, bei Oolong-Tee auch fünf bis sechs Aufgüsse möglich.

Um den Duft eines Tees zu beurteilen, werden die oben schon erwähnten »Riechbecher« benutzt. Hierbei wird der Tee nicht in die Schälchen, sondern zuerst in die ebenfalls angewärmten Riechbecher gefüllt. Nach einem kurzen Augenblick stülpt man die Schälchen über die Riechbecher, dreht das Ganze mit einem kurzen Schwung um und hebt die Riechbecher heraus, so dass der Tee in das Schälchen gelangt. Da der Riechbecher noch etwas heiß ist, nimmt man ihn zwischen beide flach ausgestreckten Hände und rollt ihn vor der Nase hin und her. Durch seine Form ermöglicht er ein besonders intensives Dufterlebnis. Erst danach wird der Tee »gekostet«.

Anfänglich mag sich dies etwas kompliziert anhören, doch kann alles mit einfachen Mitteln nachvollzogen werden. Eine Thermoskanne tut gute Dienste zur Aufbewahrung des heißen Wassers. Wer keinen geeigneten Untersatz als Teetablett zur Verfügung hat, kann auf das Übergießen der Kanne verzichten, dann ist nur ein Gefäß für das wegzuschüttende Wasser nötig. Einzig eine kleine Kanne ist unverzichtbar, wenn es auch nicht unbedingt eine aus Yixing sein muss. Der chinesische Teeweg ist in solchen Dingen flexibel, sein Hauptanliegen ist einzig die optimale Zubereitung des Tees.

JAPAN

Cha no mi, eine Legende aus dem Land der aufgehenden Sonne

Die Leute von Noma im Lande Chikuzen sind ihrer Einfalt und Torheit wegen überall bekannt und man lacht viel über ihre närrischen Streiche. Einmal übersandte der Fürst von Chikuzen dem Dorfschulzen von Noma den Befehl: »*Go sho cha no mi* – Schicke mir sofort fünf Scheffel Teesamen.«

Der einfältige Dorfschulze aber war ganz aufgelöst, als der Bote des Fürsten vor ihm stand, und hörte nicht genau genug hin, was dieser zu ihm sagte. Daher verstand er fälschlicherweise »*Go sho chanomi*«, weshalb er meinte, er solle dem Fürsten einen Mann, der zehn Liter Tee zu trinken vermöchte, an seinen Hof senden. Überall im Dorf fragte er herum, wie viel Tee jeder Einzelne täglich zu trinken pflegte. Endlich fand er eine Frau, die den Tee über alles liebte und täglich große Mengen davon zu sich nahm. Die brachte er zum Fürsten, und als ihn dieser erstaunt fragte, was er mit der Alten anfangen solle, antwortete ihm der Schulze: »Leider gibt es in meinem Dorf keinen Einzigen, der zehn Liter Tee zu trinken vermag. Diese Alte hier aber kommt immerhin auf achteinhalb Liter täglich, und da hoffte ich, dass Ihr vielleicht auch mit ihr zufrieden sein würdet und meinen guten Willen seht . . .«

Wie der Tee nach Japan kam

Im Zuge des regen Austausches zwischen China und Japan während des 8. und 9. Jahrhunderts gelangte auch der Tee in das Land der aufgehenden Sonne. Damals studierten zahlreiche japanische Mönche im Reich der Mitte die Lehre des Buddhismus und brachten bei ihrer Rückkehr in die Heimat Teeblätter und die Gewohnheit des Teetrinkens mit. Es wurde ja schon angesprochen, dass der Tee in China eine enge Verbindung mit dem Buddhismus eingegangen war. Zwar wird berichtet, dass Kaiser Shômu schon im Jahr 729 n. Chr. hundert Mönche nach dem Rezitieren eines Sutra mit Tee bewirtet haben soll, die erste gesicherte Überlieferung über das Trinken von Tee stammt allerdings erst aus dem Jahre 814 n. Chr. in der Heian-Zeit (794–1185). Der Mönch Kûkai hatte von 804 bis 806 n. Chr. in China esoterischen Buddhismus studiert und brachte bei seiner Rückkehr nicht nur viele Schriften, sondern auch Tee mit nach Japan zurück. In besagter Quelle wird nun berichtet, dass der Kaiser Saga beim Studieren dieser Texte Tee zu sich nahm. In einem anderen Werk wird berichtet, dass Kaiser Saga im Jahr 815 auf einer Reise vom Mönch Eichû Tee serviert bekam. Es ist also wahrscheinlich, dass das Teetrinken damals nicht nur unter den Mönchen, sondern auch bei Hof und Adel verbreitet war.

Ende des 9. Jahrhunderts verschlechterten sich die Beziehungen zwischen den beiden Ländern allerdings derart, dass Tee allmählich aus der Mode kam. Nur die buddhistischen Klöster hielten die Tradition des Teetrinkens aufrecht, da er die Mönche mit seiner wachhaltenden Wirkung bei der Meditation unterstützte. Der Tee der Heian-Zeit war höchstwahrscheinlich Ziegeltee, wie ihn Lu Yu in seinem *Chajing* beschreibt. Während der chinesischen Song-Dynastie (960–1279) verbesserten sich die Beziehungen wieder. Besonders im 12. Jahrhundert reisten erneut viele japanische Mönche nach China, um dort buddhistische Studien zu betreiben. Der Zen-Buddhismus

Zen-Garten des Tempels Rinno Ji von Nikko

(chin. *chan*) fasste damals in Japan Fuß. So wird die Wiedereinführung und Verbreitung des Tees dem Zen-Mönch Eisai (1141–1215) zugeschrieben, der nach seinem zweiten Aufenthalt in China, von 1187 bis 1191, Teesamen mitbrachte. Diese pflanzte er in der Nähe seines Klosters an und gab einige seinem Freund, dem Mönch Myôe, welcher sie in Toganoo, in der Nähe von Kyôto, aussäte. In dieser Gegend befindet sich noch heute das wichtigste Teeanbaugebiet Japans, Uji.

Jetzt war es der zu Pulver gemahlene Tee des Chinas der Song-Zeit, der in Japan Einzug hielt und welcher bis heute bei der Teezeremonie verwendet wird. In der adligen Oberschicht machte Eisai den Tee durch seine Schrift *Kissa Yôjôki*, »Aufzeichnungen über den Teegenuss zur Gesundheitspflege«, populär. Darin preist er besonders die gesundheitsfördernden Wirkungen des Tees. Es wird berichtet, er habe einst dem Shogun Minamoto no Sanetomo Tee gegen zu reichlichen Alkoholgenuss verschrieben – mit großem Erfolg. Während der Tee fester Bestandteil des Tagesablaufs in den buddhistischen Klöstern war, fand er auf diese Weise auch wieder Einzug in die Welt des Adels. Dieser fand Gefallen an so genannten Teewettkämpfen, bei welchen die Teilnehmer zwischen »echtem« Tee, das heißt Tee, der aus Toganoo bei Kyôto stammte, und »unechtem« Tee aus anderen Regionen unterscheiden mussten. Die Gewinner erhielten die unterschiedlichsten Preise. Später wurden eher ungezwungenere Teegesellschaften Mode, die man in Studierzimmern abhielt, welche sich die Adligen nach dem Vorbild der Abtkammer eines buddhistischen Klosters einrichten ließen. Dort konnten sie auch ihre teuren, zumeist aus China stammenden Teeutensilien zur Schau stellen. Diese weltlichen Teezusammenkünfte gingen mit der Zeit eine Verbindung mit dem Ritual und dem Geist der Zen-Klöster ein und sukzessive entwickelte sich daraus die japanische Teezeremonie: *Chanoyu*, wörtlich übersetzt »heißes Teewasser«. Nach so wichtigen Wegbereitern wie Murata Jukô oder Takeno Jôô fand die Teezeremonie ihren Höhepunkt und ihre deutlichste Ausprägung unter dem Teemeister Sen no Rikyû (1522–1591), auf den sich die meisten der heute existierenden japanischen Teezeremonie-Schulen gründen. Sie vereinigt Aspekte der Kunst, Moral, Philosophie wie auch der religiösen Praxis – der »Teeweg«, *Chado*, wurde einer der Wege des Zen-Buddhismus. Durch das Begehen dieses Weges strebt der »Teemensch« nach der Harmonie mit der Natur, ja mit dem Absoluten selbst.

Ende des 16. Jahrhunderts erreichte die chinesische Weiterentwicklung des Blatttees Japan. Diesmal war es ein chinesischer Mönch namens Yinyuan, japanisch Ingen, der diesem zur Popularität verhalf. Er erreichte 1654 Japan und gründete dort eine neue Schulrichtung des Zen-Buddhismus, Ôbaku-Zen, in deren Klöstern ausschließlich Blatttee getrunken wurde. Man bezeichnete den neuen Tee einfach nach der Art seiner Zubereitung als *Sencha*, »gekochter Tee«, denn die Blätter wurden in Kannen mit kochendem Wasser gegeben. Im Umfeld dieser neuen Schulrichtung entwickelte sich eine Subkultur, die ihre Vorbilder in den konfuzianischen Tugenden und daoistischen Ansichten Chinas sah. Sie stellte sich in Opposition zur herrschenden Sitte der Teezeremonie, die sich in der Oberschicht zu einer Art gehobenen Etikette entwickelt hatte und vielfach nur noch der Zurschaustellung des Reichtums in Form der edlen Teegerätschaften aus China diente.

Die Methode des Teeaufgießens, wie wir sie kennen, nämlich einfach heißes Wasser über den Tee zu geben und ihn ziehen zu lassen, wurde erst Mitte des 18. Jahrhunderts bekannt. Wurde zuerst nur Tee aus China auf diese Weise zubereitet, so bediente man sich nach der Einführung des *Gyokuro* im Jahr 1835 auch bei diesem Tee ausschließlich der neuen Art der Teezubereitung. Heute werden sämtliche Blatttteesorten in Japan auf diese Weise aufgebrüht. Mit der Zeit übernahmen die Sencha-Anhänger Anregungen aus dem Ritual der Teezeremonie und es entstanden verschiedene Schulen, die gleichfalls eine ritualisierte Zubereitung des Blatttees lehrten. Einige der Schulen bestehen bis heute.

In Japan werden die verschiedenen Tees heute grob in folgende Arten unterteilt:

Pulvertee, *Matcha*, zermahlener Tee für die Teezeremonie, der vor der Ernte beschattet wird. Die hat zur Folge, dass er reicher an Chlorophyll und Aminosäuren ist, dafür aber weniger Gerbstoffe besitzt.

Gyokuro, wörtlich »Jadetau«, ein Blatttee, der nach dem Vorbild des Matcha ebenfalls im Schatten gezogen wird.

Sencha, eine Bezeichnung für alle normalen japanischen Blatttees.

Bancha, eigentlich auch ein Sencha, der aber meist gesondert genannt wird. Es handelt sich um den einfachsten japanischen Tee, der aus älteren Blättern hergestellt wird und wenig Koffein enthält.

Alle diese Teesorten sind Grüntees. Nach der Ernte werden die Blätter gedämpft, um die Fermentation zu verhindern, dann getrocknet und, abgesehen vom Matcha, gerollt.

Des Kammerjunkers Ujikiyo Teegesellschaft

Zu Beginn des 14. Jahrhunderts waren in Japan Teewettkämpfe nach chinesischem Vorbild sehr beliebt. Um einen der vielen wertvollen Preise zu gewinnen, mussten die Teilnehmer zwischen den verschiedenen Teesorten, die sie probierten, unterscheiden. Es waren meist große Gesellschaften der Oberschicht und des Adels, die mit Prunk und Pomp vonstatten gingen. Die Ausgaben, im Besonderen für die kostbaren Gewinne, stiegen mit der Zeit fast ins Unermessliche, so dass sich Regierung und buddhistische Geistlichkeit zu Kritik genötigt sahen und diese Veranstaltungen als sittenwidrig brandmarkten. Die spätere Teezeremonie übernahm einzig die Form des Ablaufs mit einem leichten Essen zu Beginn, dem Trinken von Sake mit anschließender Zwischenpause, gefolgt vom Trinken des Tees. Eine detaillierte Schilderung einer solchen Veranstaltung findet sich in einem von vier Briefen, welche Anfang des 14. Jahrhunderts geschrieben und unter dem Titel *Kissa-ôrai*, »Briefwechsel zum Teegenuss«, veröffentlicht wurden:

»Über Ihr gestriges Nichterscheinen zur Teegesellschaft war unter viel Bedauern und Beklagen die Enttäuschung aller überaus groß, dass man sich fragt, was wohl der Hinderungsgrund gewesen sein mag. Nun stellen Sie sich aber einmal die Herrichtung der Räumlichkeiten vor: im inneren Empfangsraum hängen gefällige Bambusvorhänge, der davor gelegene große Garten ist mit schönem Kieselsand ausgelegt, die Dachtraufe mit einem Behang umspannt, und an den Fenstern hängen Seidenvorhänge. Die Gesellschaft stellt sich nacheinander ein, und als alle versammelt sind, wird zunächst die Zeremonie des dreimaligen Weinkredenzens vorgenommen, daraufhin werden Fadennudeln und eine Schale Tee genossen und im Anschluss daran Delikatessen aus Meer und Wald serviert. Nachdem man von den Früchten des üppig grünenden Gartens genossen hat, steht man auf und verlässt den Raum, und einige begeben sich ans nördliche Fenster dem Gartenhügel gegenüber, um im Schatten der Bäume die Hitze zu meiden, und einige wiederum betrachten unter dem südlichen Vordach den Wasserfall und lockern ihre Kragen, um die Kühle vom sprühenden Wasser einzufangen. Das Gebäude ist ein herrlicher Pavillon mit zwei aufgesetzten, tribünenartig aufragenden Stockwerken, die der guten Aussicht halber zu allen vier Seiten offen sind. Es ist zwar ein Teepavillon, dient aber auch der Mondschau. Auf der linken Seite hängt feierlich ein farbiges Bild ... des predigenden Shâkyamuni Buddha auf dem heiligen Berge Grdhrakûta und auf der rechten ein Tuschbild des [Bodhisattva[3]] Avalokiteshvara (jap. *Kannon*). Beidseitig sind als deren Begleiter Bilder von [den Bodhisattvas] Samantabhadra und Manjushrî aufgehängt, und Hanshan und Shih-Te[4] schmücken die Vorderseite. Erstere sind wie die Sonne und Letztere entsprechen dem Mond. Die stummen, wie Früchte roten Lippen des Bodhisattva duften stark und die unverwandt schauenden Augen sind zauberhaft wie Lotosblätter. Ständer sind mit Goldbrokat bedeckt und darauf Bronzevasen gestellt, und auf Tische sind Brokatstickereien gelegt. Weihrauchzange und -stäbchen aus Messing sind aufgestellt, aus der Vase ragen Blumen in voller Pracht, und alles ist wie mit tausend Zweigen und zehntausend Blättern des Berges Wu ausgeschmückt. Aus dem Feuerbecken steigt ein herrlicher Weihrauchduft und man möchte meinen, es steige ein leichter Dunst wie am Meeresstrand empor. Auf den Stühlen der Gäste sind Leopardenfelle ausgebreitet. Der Bambusstuhl auf dem Platz des Ehrengastes steht vor einem Goldstaub[wandschirm]. Darüber sind hier und da auf den Schiebetüren allerlei chinesische Bilder gemalt wie die ›Vier Greise vom Berge Shang‹, die dort unter dem Mond in Abgeschiedenheit leben, oder die ›Sieben Weisen vom Bambushain‹, die ihre Gestalt in Wolken verhüllen, oder Bilder, wie der Drache aus dem Wasser zum Himmel emporsteigt, der Tiger am Felsen gelehnt schläft, weiße Reiher unter Bitterlingsblüten kokettieren oder Mandarinenten auf Weidenzweigen spielen. Es sind keine japanischen Bilder, sondern sämtlichst chinesische Malerei. Der Weihrauchständer ist aus graviertem Rotlack und ein Weihrauchkasten aus karminrotem Lack steht daneben. Der Teekrug und die Teebeutel enthalten Takao-Tee aus Toganoo. Vor dem westlichen Vordach sind zwei Schmuckborde aufgestellt mit verschiedenen seltenen Früchten darauf. Unterhalb der Nordwand steht ein Wandschirm, an den allerlei Dinge gehängt zusammengestellt worden sind. Innerhalb des Stellschirms steht ein Teekessel, in dem das Wasser kocht, und umher stehen unterschiedliche Getränke, die mit Tüchern abgedeckt sind. Nachdem die Versammelten der Reihe nach Platz genommen haben, bedient sie der Sohn des Gastgebers mit Teesüßigkeiten und Jünglinge reichen behände die Teeschalen herum. Mit einer Heißwasserkanne in der linken Hand und in der rechten den Teeschläger etwas vor sich haltend, bedienen sie die Gäste vom Ersten bis zum Letzten mit Tee. Dies geht alles in der rechten Reihenfolge vor sich, keiner bittet wiederholt um Tee, und mehrfache höfliche Verbeugungen werden ausgetauscht. Es wird dann nacheinander noch Wein eingeschenkt, aber niemand trinkt mehr davon. Auch das Wettkosten von vier Teesorten zu zehn Schalen oder das Herausschmecken von Teesorten der Hauptstadt oder aus den Provinzen, von guten und schlechten Sorten, trägt nicht nur zur Hebung der Stimmung der Gesellschaft bei, sondern ist unübertrefflich in der Einmaligkeit des Erlebnisses. Einst sagte Lu Tong: ›Wenn wenig Tee in viel Wasser gegeben wird, vergeht der Schaum wie eilig vorüberziehende Wolken, und wenn viel Tee in wenig Wasser getan wird, verdichtet er sich zu dickflüssigem Brei.‹ Das ist äußerst interessant, und wer würde nicht seinen Spaß daran haben. Und als sich schließlich der Tag neigt und das Teeritual zu Ende geht, wird das Teegerät beiseite geräumt, köstliche Speise angerichtet und Wein angeboten und gegenseitig eingeschenkt. In Hochstimmung erörtert man, wer viel und wer wenig verträgt, man spricht dem Wein zu und zecht viel. Die trunkenen Gesichter sind rot wie vom Frost gefärbtes Herbstlaub, und die nur noch verschwommen wahrgenommenen Gestalten schwanken wie im Wind sich wiegende Bäume. Es wird gesungen und getanzt, die Gesellschaft ist in Stimmung, und Musik von Mundorgeln und Flöten schallt in alle Richtungen. Wenn so die Abendsonne hinter den Bergen versinkt, es draußen still wird und die Nacht hereinbricht, werden in der Halle rote Kerzen aufgestellt, und von außerhalb der Bambusvorhänge duftet es vom Thymian herein. Es kann hier nicht alles über den Hergang des Festes gesagt werden. Ausführlicher beim nächsten Wiedersehen. Hochachtungsvoll.

Am 7. des 6. Monats. An den Herrn Disziplinarunterinspektor Kammerjunker Ujikiyo.«

Tee – ein Fenster zur Seele Japans: Teemeister-Geschichten

Murata Jukô

Murata Jukô (1422–1502) wird oft als Begründer des japanischen Teeweges genannt. Er war der Erste, der das Zubereiten von Tee als einen Schulungsweg ansah und damit der Teezeremonie einen neuen Geist und eine neue Ästhetik verlieh, die vom einfachen Leben eines Zen-Mönchs geprägt waren.

Mit zehn Jahren trat er in einen Tempel seiner Geburtsstadt Nara ein, verließ diesen aber zehn Jahre später wieder, worauf er weitere zehn Jahre als Vagabund verbrachte. Nach dieser Zeit besann er sich und wurde wiederum Mönch im Zen-Kloster Daitokuji in der Nähe von Kyôto, wo er unter dem großen Zen-Meister Ikkyû Sôjun studierte. Dieser lehrte, dass alle Lebensbereiche »so, wie sie sind«, der Buddha-Natur gleich seien, das heißt in jeder Situation, in jeglicher Tätigkeit die buddhistische Erleuchtung verborgen liege – so wie auch schon der große Zen-Meister Dôgen (1200–1253) gesagt hatte: »Glaube nicht, dass das tägliche Tun ein Hindernis ist; es gibt keinen Buddhismus außerhalb des tagtäglichen Lebens.« Jukô wandte diese Lehren auf die Zubereitung von Tee an.

Er führte die buddhistische Geisteshaltung unter der Bezeichnung des »kühl Verdorrten« in die Teezeremonie ein, was bedeuten sollte, den Geist in einer Weise zu läutern, dass er von allen Egoismen, Begierden und allem Verhaftetsein befreit werde; alle negativen Geisteshaltungen sollten »abkühlen« und »verdorren«. Die Begriffe stammten aus der Kunst des Kettengedichts, des *Renga*, das eine solche Atmosphäre widerspiegelte. Im Zuge dieses neuen Geistes beschränkte Jukô den Teeraum auf viereinhalb Tatami – im Gegensatz zu den eher prunkvollen Studierzimmern der Adligen. Die Tatami ist eine japanische Reisstrohmatte, mit der fast alle japanischen Wohnräume ausgelegt sind. Mit ihrer Größe von etwa 180 mal 90

Zentimetern, bei einer Dicke von etwa fünf Zentimetern, stellt sie die Grundmaßeinheit japanischer Räume dar.

In einem Brief an einen Schüler formulierte Jukô die fünf Grundlagen für die Ausübung der Teekunst, in denen sich die neue Geisteshaltung ausdrückte:

1 Das Benehmen soll natürlich und unauffällig sein.
2 Die Blumen sollen leicht und in Harmonie mit dem Teeraum sein.
3 Der Duft des Räucherwerks darf nicht zu aufdringlich sein.
4 Die Teegeräte sollen sich danach richten, ob es sich um junge oder alte Menschen handelt.
5 Wenn man in den Teeraum einkehrt, sollen die Herzen von Gast und Gastgeber ganz ruhig werden und sich keinesfalls durch andere Gedanken ablenken lassen. Das ist das Wichtigste: in seinem Herzen zu verweilen und nichts Äußerliches in Anspruch zu nehmen.[5]

Mit der neuen Lehre, die sich vollkommen von den feudalen Teegesellschaften unterschied, wurde Jukô zum Wegbereiter für die Kunst der Teezeremonie. Der spätere Teemeister Takeno Jôô griff auf sie zurück, auch wenn er nie sein direkter Schüler war, und gab sie an Sen no Rikyû weiter, der sie zu ihrer Blüte führte. Seit Jukô trägt die Teezeremonie den schlichten Namen *Chanoyu*, »heißes Teewasser«.

Dieser große Teemeister, Murata Jukô, kam auf sehr sympathische Weise zum Tee. Nachdem er das Leben als Mönch nach seiner Zeit als Vagabund wieder aufgenommen hatte, fiel es ihm sehr schwer, bei der täglichen Meditation und beim Studium der Schriften nicht schläfrig zu werden. Besorgt darüber wandte er sich mit seinem Problem an einen bekannten Arzt und bat ihn um ein Heilmittel. Der Arzt erklärte ihm daraufhin: »Jedes der fünf Organe des Körpers bevorzugt einen bestimmten Geschmack, die Leber das Saure, die Lungen das Scharfe, das Herz das Bittere, die Milz das Süße und die Nieren das Salzige, so steht es in Eisais Werk *Kissa Yôjôki* geschrieben. In unserer Zeit ist es nun häufig so, dass die Menschen an der Schwäche des Herzens leiden. Um es zu stärken, benötigt das Herz den bitteren Geschmack des Tees. Auch deine Schläfrigkeit ist auf ein schwaches Herz zurückzuführen, daher solltest du Tee zu dir nehmen.« Jukô war hocherfreut, ein Mittel gegen seine Müdigkeit gefunden zu haben, ließ sich sofort Tee bringen und trank ihn fortan regelmäßig. Er befasste sich intensiv mit den verschiedenen Abhandlungen über Tee und erhob die Teezubereitung zu einem spirituellen Weg. Mit einem Schmunzeln ließe sich vielleicht sagen, seine Schläfrigkeit habe ihn zu einem der größten Teemeister und Begründer des japanischen Teeweges gemacht, aber das »Wunderelixier« Tee hatte ihn ja von diesem Leiden befreit.

Sen no Rikyû

Sen no Rikyû (1521–1591) gilt als der größte Teemeister und Vollender des Teeweges. Er stammte aus einer Händlerfamilie der Stadt Sakai. Schon früh lernte er nicht nur die Teezeremonie bei verschiedenen Meistern – unter anderem bei dem großen Takeno Jôô –, sondern studierte außerdem die Zen-buddhistischen Lehren. Als der Heerführer Oda Nobunaga (1534–1582) das zerstrittene Land militärisch einigte und sich 1573 zum Herrscher aufschwang, wurde Rikyû als rangniedrigster von drei Teemeistern an seinen Hof berufen. Nach Nobunagas Ermordung übernahm sein Nachfolger Toyotomi Hideyoshi (1536–1598) nicht nur dessen Liebe zum Tee, sondern auch Rikyû als seinen, jetzt ranghöchsten, Teemeister. Damit begann Rikyûs außerordentliche Karriere, denn er allein durfte als Nichtadliger dem Kaiser Tee zubereiten. Er stieg zum engsten Vertrauten und Berater Hideyoshis auf, nicht nur in künstlerisch-ästhetischen Fragen, sondern auch was militärische und politische Strategien betraf. Leider fand Rikyûs Leben ein unglückliches Ende. Auf eine bis heute nicht ganz geklärte Weise hatte er Hideyoshis Missfallen erregt, der ihn dazu zwang, seinem Leben durch den traditionellen Freitod,

Seppuku, ein vorzeitiges Ende zu bereiten. Nach einer letzten Teezeremonie mit Freunden und Schülern kam Rikyû dem Befehl seines Herrschers im zweiten Monat des Jahres 1591 nach.

Rikyû betrachtete die Teezeremonie wie Jukô als einen spirituellen Schulungsweg und legte besonderes Gewicht auf Einfachheit. Er entwickelte den Teestil weiter, den schon sein Lehrer Takeno Jôô und vor ihm Murata Jukô propagiert hatten, und führte ihn zur Vollendung. Zum zentralen Ideal wurde der von Jôô in die Teekunst eingeführte Begriff *Wabi*. Wie Jukôs Ideal des »kühl Verdorrten« stammte dieser aus der Literatur. Er beschrieb dort ursprünglich einen Zustand des Mangels oder Verlorenseins, den die Einsiedler-Poeten in ihrer Zurückgezogenheit erfuhren. Auf die Lehren des Zen bezogen bedeutet *Wabi*, sich durch das Alltägliche oder Ärmliche des vergänglichen irdischen Daseins bewusst zu werden und sich im Geiste von der Anhaftung daran zu befreien, um schließlich die Erleuchtung zu erlangen. In der Teekunst nun entwickelte sich unter verschiedenen Einflüssen wie Zen und Dichtkunst eine *Wabi*-Ästhetik, in der man das Schöne in der Unvollkommenheit, Einfachheit und Natürlichkeit sucht. In der folgenden Teemeister-Geschichte um Rikyû wird dies besonders deutlich:

Shôan fegt den Teegarten

Einst trug Rikyû seinem Sohn Shôan auf, den Teegarten zu fegen. Sein Sohn gab sich große Mühe und der Garten sah bald schon tadellos aus, doch Rikyû sagte zu ihm, dass er nicht rein genug sei, und befahl ihm es nochmals zu versuchen. Erneut machte Shôan sich an die Arbeit. Als es nicht mehr den Hauch einer Verunreinigung gab, wandte er sich wieder an seinen Vater: »Vater, es gibt nichts mehr zu tun, ich habe die Steine zum dritten Male gewaschen, Sträucher und Bäume sind mit Wasser besprengt, Moos und Flechten leuchten in frischem Grün, nicht ein Blatt ist auf dem Boden zu finden.« Aber Rikyû war nicht zufrieden: »Das ist nicht die Art, wie man einen Garten fegt!« Er trat hinaus und schüttelte einen Baum, die Herbstblätter in ihrer roten und gelben Färbung fielen herab und verstreuten sich über das grüne Moos. Erst jetzt strahlte der Garten vollkommene Natürlichkeit aus.

Damit fand jene Lebensanschauung auch in den materiellen Dingen ihren Ausdruck. Die Wabi-Ästhetik der Teezeremonie war von weit reichendem Einfluss auf fast alle japanischen Künste, angefangen bei der Keramik über den Gartenbau bis hin zu Architektur und Inneneinrichtung. Nach diesem Ideal nennt man den Teestil, wie Rikyû ihn vertrat, *Wabicha*, »Wabi-Tee«. Noch heute wird er in den verschiedenen Teeschulen Japans sowie auf der ganzen Welt gelehrt.

Die bescheidene Geisteshaltung, die keine Rangunterschiede kennt, drückt sich in einigen Neuerungen aus, die Rikyû in die Teekunst einführte. So installierte er vor dem Teeraum eine Schwertablage, auf der die Samurai ihre Schwerter zurücklassen mussten, bevor sie eintraten. Er versah den Teeraum mit einem niedrigen Eingang, *Nijiriguchi*, nur etwa neunzig Zentimeter hoch, durch den die Gäste gebeugten Hauptes auf Knien hineinrutschen mussten. Außerdem ließ er noch kleinere Teeräume als die Teemeister vor ihm bauen; manche hatten nur zwei Tatami Ausmaß.

Nach Rikyû sollten vier wichtige Grundsätze beim Ausüben des Teeweges beachtet werden: Harmonie oder *Wa* – zwischen Gast und Gastgeber, aber auch die Harmonie mit der Natur, die zu einem tieferen Verständnis für die Vergänglichkeit der Dinge führen sollte. Hochachtung oder *Kei* gegen Andere, aber auch gegen alltägliche Dinge. Reinheit oder *Sei* – mit der äußerlichen Reinigung sollte auch eine Läuterung des Geistes einhergehen. Und schließlich Stille oder *Jaku* – Ruhe und Gelassenheit gegenüber weltlichen Dingen.

In den vielen Geschichten und Anekdoten aus Rikyûs Leben spiegelt sich seine Auffassung über den Teeweg als Schulung für ein tieferes Verständnis der Welt durch die Beschäftigung mit alltäglichen, unvollkommenen Dingen wider. Diese Auffassung ist es, die für Kakuzo Okakura das zentrale Wesen des Teeweges ausmacht: »Das ganze Ideal des Teeismus ist ein Ergebnis dieser Anschauung des Zen, dass auch in den kleinsten Begebenheiten des Alltagslebens das Große liegt.« Manche der Teemeister-Geschichten über Sen no Rikyû drücken dieses außerordentliche Gefühl für das Schöne und Natürliche auf knappe und prägnante Art aus.

Die Hacke des Dôroku

Als Rikyû einmal den Dôroku in Nara besuchen wollte, war dieser gerade bei der Arbeit auf dem Feld. Zusammen kehrten sie zum Haus zurück, und als sie eintraten, sah Rikyû in der Bildnische eine Hacke stehen, gerade so eine, wie sie Dôroku auf dem Feld benutzt hatte. Es haftete sogar noch etwas feuchte Erde daran. An einem solchen Platz ein derart alltägliches Gerät wie diese Hacke aufzustellen war für Rikyû Ausdruck eines bewundernswerten Geschmacks.

Rikyû und die Pflaumenblüten

Eines Tages ließ Hideyoshi Sen no Rikyû zu sich rufen. Um ihn zu prüfen, stellte er ihm die seiner Meinung nach unlösbare Aufgabe, aus einer mit Wasser gefüllten goldenen Schale und einem einzelnen Zweig roter Pflaumenblüten ein Arrangement herzustellen. Ohne auch nur einen Augenblick zu zögern, ergriff Rikyû den Zweig und streifte die Blüten mit seiner Hand in die Schale ab, so dass sie auf die Wasseroberfläche fielen. Der Anblick der auf dem Wasser schwimmenden Blüten war von einer so bewegenden Schönheit, dass selbst Hideyoshi beschämt seine Bewunderung ausdrückte.

Rikyû und die Teedose

Auch die Teeutensilien sollen den Geist des Wabi ausstrahlen. Ein Teemensch aus der Stadt Sakai kam einmal in den Besitz einer Teedose mit einem bestimmten, in jener Zeit sehr begehrten Muster. Der Eigentümer war besonders stolz auf sie und so lud er den großen Rikyû zum Tee ein, wobei er natürlich diese Dose verwendete. Rikyû aber verlor kein Wort über sie und verließ das Haus, ohne ihr auch nur die geringste Beachtung geschenkt zu haben. Darüber war der Besitzer so aufgewühlt, dass er sie nahm und zu Boden warf, wo sie in viele Stücke sprang. »Was soll ich mit einer Teedose, die nicht einmal Rikyûs Beachtung findet!«, rief er. Ein Freund aber sammelte die Scherben auf und fügte sie mit großer Sorgfalt wieder zusammen. Er fand, dass sie durchaus noch zu gebrauchen war, und lud gleichfalls Rikyû zu sich zum Tee ein, um zu sehen, was er über die so wiederhergestellte Teedose sagen würde. Der erkannte die Teedose auch sofort und sagte: »Habe ich diese Teedose nicht schon bei Ihrem Freund aus Sakai gesehen. So zusammengefügt ist wahrlich ein Stück Wabi aus ihr geworden.« Darüber war der Gastgeber äußerst erfreut, er gab sie ihrem ursprünglichen Besitzer zurück und berichtete ihm Rikyûs Worte.

Nachdem die Teedose durch viele Hände gegangen war, fand sie ihren Weg in den Besitz eines Feudalherren. Als der bekannte Teemeister Kyôgoku Anchi aus Kyôto sie dort sah, fand er über die Maßen Gefallen an ihr. Einer seiner Freunde, der davon erfuhr, ließ bei einem Besuch bei dem Feudalherren Anchis Wunsch, die Teedose zu besitzen, durchblicken. Dieser lachte nur darüber und sagte im Scherz: »Wenn er bereit wäre, zwei Barren Gold dafür zu bezahlen, könnte ich mich davon trennen!« Der Freund berichtete Anchi davon. Der überlegte nicht lange und beauftragte seinen Freund, den Handel mit dem Feudalherren abzuschließen. Doch als der davon erfuhr, war er entsetzt: »Ich habe mich doch nie wirklich von der Dose trennen wollen!« Sie waren in der Zwickmühle. Es entspann sich ein Disput, den alle am Tee interessierten Leute verfolgten. Damit beide Seiten nicht ihr Gesicht verlören, wurde ein Kompromiss ausgehandelt: Der Feudalherr erhielt zwar die zwei Barren Gold, aber nicht als Kaufpreis, sondern als eine Art Spende für die Bedürftigen seiner Ländereien, im Gegenzug übereignete er die Teedose Anchi als Geschenk. Anchi, um zwei Barren Gold ärmer, war sehr zufrieden mit der Lösung, meinte aber, die Restaurierung der Dose könne noch etwas verbessert werden. Er fragte einen anderen großen Teemeister und Gartenarchitekt, Kobori Enshû, um Rat. Dieser aber hatte den wahren Wert der Dose erkannt: »Gerade in dieser Unvollkommenheit liegt ihre Ausstrahlung, für die sie Rikyû so schätzte.«

Lautet doch einer der Verse Rikyûs:

> Ob es vorhanden,
> ob nicht, gutes Teegerät,
> wie unwesentlich!
> Der allein wahre Teeweg
> bedarf nicht dieser Dinge.

Chanoyu – »heißes Teewasser« oder die japanische Teezeremonie

Die Teezeremonie hatte großen Einfluss auf die Entwicklung der Künste und der Ästhetik in Japan und war zu bestimmten Zeiten fester Bestandteil der Etikette des Adels sowie des Kriegerstandes, der Samurai. Allerdings gibt es nicht nur eine einzige Art der Teezeremonie, da sich im Laufe der Zeit verschiedene Schulrichtungen ausbildeten und es innerhalb der Schulen je nach Anlass, Ort, Jahreszeit und Art der verwendeten Gerätschaften wiederum unterschiedliche Formen der Ausführung gibt. Der grobe Ablauf einer Teezeremonie ist dabei jedoch immer der gleiche und lässt sich auf die feudalen Teegesellschaf-

Teetrinken im japanischen Gasthaus

ten zurückführen. Eine gesamte Zeremonie umfasst ein einfaches Tee-Mahl, *Kaiseki*; anschließend wird Sake getrunken und – nach einer kurzen Pause – ein »dicker« Tee, *Koicha*, der, wie der Name schon sagt, dickflüssig und sehr stark ist. Zum Abschluss gibt es den »dünnen« Tee, *Usucha*, der eine für uns Europäer fast normale Trinkstärke besitzt.

Als Erstes betritt man den Teegarten, einen eher kleinen Garten, der große Natürlichkeit ausstrahlt. Im eigentlichen Sinn stellt er einen Weg von der »äußeren« irdischen Welt in die »innere« spirituelle Sphäre des Teeraums dar und dient damit gleichsam der geistigen Reinigung. Da er ursprünglich den Übergang zwischen Stadt und Teehaus darstellte, nannte man ihn »Gasse zwischen den Häusern«, *Roji*. Später wurde das Wort jedoch mit zwei anderen, gleich auszusprechenden Schriftzeichen geschrieben, welche die Bedeutung »taubedeckter Boden« hatten – im buddhistischen Lotos-Sutra eine Bezeichnung für den Ort ohne Begierden. Die Reinigung erfolgt symbolisch durch Spülen des Mundes und Waschen der Hände an einem Wasserbecken aus Stein. Weitere wichtige Elemente des Teegartens sind in den Boden eingelassene Trittsteine, die den Weg markieren, Steinlaternen sowie ein offenes Wartehäuschen. Darin warten die Gäste, bis der Gastgeber sie bittet, den Teeraum durch den niedrigen Eingang, *Nijiriguchi*, zu betreten.

Anfangs waren die Teeräume Bestandteil größerer Gebäude, doch etwa seit der Zeit von Rikyûs Lehrer Takeno Jôôs setzten sich selbstständige Teehäuser durch, die im Stil der Behausungen von Einsiedlern errichtet waren. Daher werden sie *Sôan*, »grasgedeckte Hütten«, genannt und bestehen zumeist nur aus einer kleinen Küche und dem eigentlichen Teeraum. Dieser ist gewöhnlich viereinhalb Tatami groß und besitzt als Einrichtung allein eine Bildnische, *Tokonoma*, und eine in den Boden eingelassene Herdstelle. Alles ist nach dem Wabi-Ideal sehr einfach gehalten. Die Bildnische schmückt eine Bildrolle, beispielsweise eine Kalligraphie buddhistischen Inhalts, sowie meist ein Blumenarrangement. Dieses dient als Symbol für die gerade herrschende Jahreszeit und ist eher schlicht gehalten, denn es sollte natürlich wirken und die Gäste nicht von der eigentlichen Sache, der Teezeremonie, ablenken. In Unterscheidung zur allgemeinen Kunst des Blumensteckens, dem Ikebana, nennt man diese spezielle Form »Tee-Blumen«, *Chabana*.

Im Teeraum hat alles seinen vorgeschriebenen Platz, wie auch der Ablauf und die Bewegungen genau festgelegt sind. Im Winter benutzt man die eingelassene Herdstelle, im Sommer ein tragbares Kohlebecken. Weitere Utensilien sind das Frischwassergefäß, *Mizusashi*, meist aus Keramik, eine Schale für das Spülwasser, *Kensui*, die Schöpfkelle aus Bambus, *Hishaku*, und eine Deckelstütze, *Futaoki*, auf der während der Zeremonie der Deckel des Kessels Platz findet. Unerlässlich ist natürlich die Teeschale, *Chawan*, ebenfalls meist aus Keramik und unregelmäßig gestaltet. Besonders berühmt sind die schwarz glasierten Raku-Schalen, wie sie Rikyû entworfen hat. In der Teeschale befindet sich ein mehrfach gefaltetes, kleines Leinentuch, *Chakin*, das zum Auswischen der Schale dient. Dann ist da noch der Teebesen, *Chasen*, kunstvoll aus einem Stück gespaltenem Bambus hergestellt. Damit wird der Pulvertee mit dem Wasser vermischt und schaumig geschlagen. Und schließlich der Teelöffel, *Chashaku*, ein schmales Stück Bambus, dessen eines Ende rund gebogen wurde, sowie die Teedose. Diese gibt es in den unterschiedlichsten Formen. Generell werden jedoch für »dicken« Tee eher Keramikgefäße mit Holz- oder Elfenbeindeckeln verwandt, *Chaire* genannt, für den »dünnen« Tee Dosen aus Lack, die *Natsume*. Zur symbolischen Reinigung von Teedose und Teelöffel dient ein Seidentuch, *Fukusa* genannt, das der Gastgeber meist am Gürtel trägt und vor dem Gebrauch kunstvoll faltet.

Die Zeremonie beginnt mit einem einfachen Teemahl und anschließendem Trinken von Sake. Danach folgt eine kurze Pause, in der sich die Gäste wieder in den Garten begeben. Beim darauf folgenden »dicken« Tee, *Koicha*, wird nur eine einzige Schale zubereitet, die dann von Gast zu Gast weitergereicht wird. Dies geht auf eine Sitte der Zen-Klöster zurück.

Zum Abschluss bereitet der Gastgeber nacheinander für jeden der Gäste eine Schale »dünnen« *Usucha* zu. Nach dem Trinken können die Gäste die meist alten und wertvollen Gerätschaften betrachten und bewundern und den Gastgeber darüber befragen. Es herrscht eine ruhige Atmosphäre, die nicht durch weltliche Gesprächsthemen gestört wird. Nach dem Betrachten der Gegenstände ist die Teezeremonie beendet, die Gäste werden vom Gastgeber verabschiedet und verlassen das Anwesen wieder durch den Teegarten.

Der oben beschriebene Ablauf entspricht einer formellen Tee-Einladung. Es ist aber durchaus möglich, zu einem weniger formellen Anlass allein zu *Usucha*, »dünnem« Tee, einzuladen und auf das etwas aufwändige Teemahl und den »dicken« Tee zu verzichten. Angesichts der Tatsache, dass »dicker« Tee für uns Westler ohnehin relativ gewöhnungsbedürftig ist und uns das lange Sitzen auf den Fersen sehr zu schaffen macht, scheint es auch eher angebracht, mit einem »dünnen« Tee zu beginnen, denn die meditative Stimmung dabei ist die gleiche. In einer solchen Stimmung sollte auch die folgende persönliche Schilderung der Teilnahme eines der Autoren an einer solchen Zeremonie gelesen werden – in einem Zustand der völligen Ruhe und Gleichmut.

Nur der Weise hat Tee in sich

Ein Stimmungsbild der Teezeremonie

In meinen Händen halte ich eine Schale Tee. Seine grüne Farbe ist ein Spiegel der Natur, die uns umgibt. Ich schließe meine Augen und tief in meinem eigenen Herzen finde ich die grünen Berge und das klare Wasser der Quellen. Ich sitze allein, werde still und fühle, wie all dies ein Teil von mir wird. Teile ich diese Schale Tee mit anderen, werden auch sie eins werden mit ihr und der Natur. In uns selbst und in der Gesellschaft Anderer eine lebendige Stille und einen dauerhaften Frieden zu finden, das ist CHADÔ – der Teeweg.

Sen Sôshitsu XV, derzeitiger Großmeister der Urasenke-Tradition in der 15. Generation seit Sen no Rikyû

Durch den niedrigen Eingang rutsche ich auf Knien in den Teeraum. Ganz unaufdringlich ist er vom zarten Duft des Räucherwerks erfüllt. Als Erstes gehe ich zur Bildnische, *Tokonoma*, um Bildrolle und Blumenarrangement zu betrachten. Ich knie nieder und zeige meinen Respekt, indem ich mich vor und nach dem Betrachten davor verneige. Das Bild, schwarze Tusche auf weißem Papier, zeigt eine Schale mit Essstäbchen und einige Schriftzeichen daneben. Es ist die bildliche Wiedergabe des folgenden Kôan: Zhaozhou wurde einmal von einem Schüler gefragt: »Was ist der wahre Sinn des Buddhismus?« Der Meister fragte zurück: »Hast du schon gegessen?« – »Ja!« Darauf der Meister: »Dann geh und spüle deine Reisschale!«

Das Blumenarrangement besteht einzig aus wenigen Schneeglöckchen, den ersten Blumen des nahenden Frühlings. Auch den Kessel betrachte ich aufmerksam. Nachdem alle Gäste nacheinander diese Dinge angeschaut haben, begeben sie sich auf ihre vorgeschriebenen Plätze.

Stille kehrt ein. Die gedämpfte Atmosphäre lässt meinen Geist ruhig werden. Jetzt ist der Zeitpunkt, an dem der Gastgeber mit einem Teller voller Süßigkeiten den Teeraum betritt, ihn vor mir als erstem Gast abstellt und wir uns gegenseitig wortlos verneigen. Er verlässt den Raum wieder, und als er das nächste Mal kommt, begrüßt er alle Gäste mit einer tiefen Verbeugung. Nach und nach bringt er auf diese Weise die Utensilien in den Teeraum und stellt sie an die vorgeschriebenen Plätze. Alles geschieht in ruhigen, quasi »runden« Bewegungen, eine jede genau vorgeschrieben, trotzdem erscheinen sie natürlich und erfüllen in vollkommener Weise ihren Zweck. Da ist zum einen der Frischwasserbehälter, die Teedose aus schwarzem Lack mit dem Pulvertee darin und die Teeschale, in der sich ein kleines Leinentuch, der Teebesen aus kunstvoll gespaltenem Bambus und der Teelöffel, ebenfalls aus einem Stück Bambus, befinden. Schließlich folgt eine etwas größere Schale für das Spülwasser, in ihr eine »Deckelstütze« für den Deckel des Kessels und darauf liegend der Schöpfer aus Bambus.

Als er alle Gerätschaften bereitgelegt hat, beginnt der Gastgeber mit der symbolischen Reinigung der Teegeräte. Mit kunstvollen Bewegungen faltet er ein kleines, violettes Seidentuch, das er am Gürtel trägt, ergreift die Teedose aus Lack, um andeutungsweise den Staub von ihr zu wischen. Nochmals faltet er das Tuch, ergreift den Teelöffel, reinigt ihn ebenfalls und legt ihn auf der Teedose ab. Danach wird der Teebesen an seinen Platz gestellt. Nun öffnet er den Deckel des Kessels und legt ihn auf der Deckelstütze ab, das Leinentuch aus der Schale findet seinen Platz auf dem Deckel. Dampf steigt aus dem summenden Kessel empor und zum ersten Mal schöpft der Gastgeber Wasser in die Teeschale. Das Singen des Kessels war bis jetzt fast das einzige Geräusch im Raum, alles geschah leise, ohne die Stille zu zerstören. Plötzlich aber wird mein Geist vollkommen eingenommen von dem Plätschern, mit welchem sich das Wasser in die Schale ergießt. Danach wieder Stille. Klack ... Klack ... Klack ... Der Gastgeber lässt den Teebesen beim Inspizieren ganz leicht gegen den Rand der Schale fallen, während er mit ihm das Wasser kräftig durchrührt. Dieses »Spülwasser« wird sodann weggegossen und die Schale mit dem Leinentuch ausgewischt. Damit ist die symbolische Reinigung beendet. Der Gastgeber ergreift den Teelöffel und fordert mich mit einer Verbeugung auf, von den Süßigkeiten zu essen, wofür ich mich bedanke. Er nimmt die Teedose, öffnet sie und gibt zwei Löffel des gemahlenen, in hellem Grün strahlenden Tees in die Schale. Klack, der Löffel wird einmal an der Schale abgeklopft, bevor beides, Teedose und Löffel, wieder an ihren Platz gestellt bzw. gelegt werden. Noch einmal plätschert das Wasser aus der Kelle in die Schale, Dampf steigt auf. Mit dem Teebesen schlägt er den Tee schließlich schaumig und sein feines Aroma erfüllt den Raum. In der Zwischenzeit habe ich von den Süßigkeiten gegessen, mich zuvor allerdings mit einer Verbeugung beim nächsten Gast entschuldigt, dass ich vor ihm davon nehme. Ich hole nun die Schale mit dem Tee beim Gastgeber, entschuldige mich nochmals beim nächsten Gast, bedanke mich bei Ersterem und bezeuge mit einer weiteren kurzen Verbeugung meine Demut vor Buddha. Dann trinke ich. Auf meiner Zunge entfaltet sich ein wunderbar süßlicher Geschmack. Es herrscht wieder vollkommene Stille, die erst durch das sanfte Schlürfen unterbrochen wird, mit dem ich den letzten Schluck aus der Schale trinke.

Nach kurzem Betrachten der Schale – ich halte sie dabei in beiden Händen, die Ellenbogen auf die Beine gestützt – bringe ich sie dem Gastgeber zurück, der sie reinigt und auf die gleiche Weise wie zuvor dem nächsten Gast eine Schale bereitet. Langsam spüre ich die Wirkung des Tees. Er belebt meinen Geist ohne jedoch die Ruhe zu vertreiben. Meine Sinne sind derart geschärft, dass ich den weiteren Verlauf der Zeremonie in ihrer ganzen Schönheit und Natürlichkeit wahrnehme. Ich bin hellwach, aber kein störender Gedanke trübt meinen Geist. Ich habe das wohlige Gefühl, vollkommen eins zu sein mit dem Moment, mit der Zubereitung des Tees, mit Gastgeber und Gästen. In diesem Augenblick verstehe ich Rikyûs Vers:

> Die Kunst des Tees,
> muss man wissen,
> ist nichts anderes
> als Wasser kochen,
> Tee zubereiten und trinken.

Nachdem alle Gäste eine Schale getrunken haben, fordere ich den Gastgeber auf, die Zeremonie abzuschließen. Nochmals reinigt er Teebesen und Teelöffel, legt sie an ihren ursprünglichen Platz in und auf der Schale zurück, füllt den Kessel mit Wasser aus dem Frischwasserbehälter auf und schließt beides wieder. Bevor er beginnt, die Utensilien wieder hinauszutragen, bitte ich ihn darum, Teedose und Teelöffel betrachten zu dürfen. Beides ist von einer schlichten Schönheit, die Teedose ganz aus schwarzem Lack und der Teelöffel ein schmales Stück Bambus, das am Ende rund gebogen wurde. Er besitzt sogar einen poetischen Namen, »Frühlingssehnen«. Die Konversation beschränkt sich allein auf Dinge, die den Tee oder die Utensilien betreffen. Nachdem auch die anderen Gäste beides betrachtet haben, bringe ich sie dem Gastgeber zurück. Die anderen Gerätschaften hat dieser in der Zwischenzeit schon hinausgetragen, zum Abschluss nimmt er nun auch Teedose und -löffel mit, dreht sich außerhalb der kleinen Schiebetür nochmals um, kniet nieder und verabschiedet uns mit einer langen, tiefen Verbeugung. Dann schließt er die Schiebetür. Tief beeindruckt davon, welche Wirkung diese Teezeremonie auf mich hat, mit erfrischtem Geist und einem Gefühl tiefer Zufriedenheit verlasse ich schließlich den Teeraum.

Sencha-Meister Baisaô, der »alte Teeverkäufer«

Als Opposition zur japanischen Teezeremonie entstand die ursprünglich ebenfalls auf ein spirituelles, religiöses Leben ausgerichtete Tradition des Sencha. Einer der Ersten, der sein Leben diesem Tee widmete, war Baisaô (1675–1763), wörtlich übersetzt: »der alte Teeverkäufer«.

Schon in jungen Jahren verpflichtete sich Baisaô, der eigentlich den Familiennamen Shibayama trug, dem Zen-Buddhismus und studierte bei verschiedenen Meistern. Außerdem unternahm er weite Pilgerreisen durch ganz Japan. Da er nie das Gefühl hatte, die buddhistische Lehre vollkommen durchdrungen zu haben, nahm er kein höheres Amt in der Klosterhierarchie an. Später erfüllte ihn das Leben im Kloster nicht mehr, so dass er – bereits in etwas fortgeschrittenem Alter – beschloss, den Rest seines Lebens als Teeverkäufer zu verbringen. Er ließ sich in Kyôto nieder und besaß lediglich ein Gestell aus

Bambus, in welchem er die Utensilien mit sich trug, um seinen Tee an den verschiedensten Orten anzubieten. Manchmal suchte er sich einen Platz in der Natur, manchmal einen in der Nähe eines Klosters, um seinen kleinen Ofen aufzustellen und mit seiner Kürbiskelle Wasser aus einem reinen, klaren Bach zu schöpfen. Es dauerte nicht lange, da köchelte schon der Tee in seiner Kanne. Die Vorbeikommenden, welche die schöne Landschaft genossen, lud er durch ein Schild zu einer Tasse Tee ein, worauf stand:

»Gebt mir für meinen Tee jede Summe, die ihr wollt, von einem halben Mon bis zu hundert Goldstücken, es liegt bei euch; oder trinkt ihn umsonst, für weniger kann ich ihn leider nicht anbieten.«

Seine Sammelbüchse bestand aus einem einfachen Stück Bambusrohr, das er neben das Schild stellte. Seinem Stand gab er den Namen »Pavillon am Weg zu den Unsterblichen«, eine Anspielung auf Lu Tongs »Teelied«. Überhaupt sah er in dem chinesischen Dichter wohl sein Vorbild. Er führte zwar ein ärmliches Leben, manchmal fehlte ihm sogar das Geld für Reis, aber es war für ihn die Erfüllung seines religiösen Lebens, einfach jeden Tag Tee zuzubereiten. Auch hier ist der Tee also wieder ein »geistiges« Getränk, das dabei hilft, die irdische Realität hinter sich zu lassen.

Mit siebzig Jahren gab er seinen Status als buddhistischer Mönch endgültig auf und wählte sich den weltlichen Namen Kô Yûgai. Er pflegte viele Freundschaften mit Künstlern und Literaten seiner Zeit. Selbst war er ebenfalls literarisch tätig und die meisten seiner Gedichte atmen den Geist seines bescheidenen Daseins als Teeverkäufer. Unter diesem Namen wurde er auch bekannt: Baisaô, der alte Teeverkäufer. Als er gegen Ende seines Lebens das Gestell mit den Teeutensilien nicht mehr tragen konnte, verbrannte er es samt der Gerätschaften, damit kein Teeliebhaber später sein Herz daran verlöre, denn das hätte dem eigentlichen Ziel seiner Anschauung widersprochen: sich von den Anhaftungen an weltliche Dinge zu befreien. Die letzten acht Jahre seines Lebens verbrachte er in

Zurückgezogenheit, bis er mit achtundachtzig Jahren verstarb. Die folgenden, leider nur laienhaft übersetzten Gedichte sollen einen kleinen Einblick in das Werk und den Geist eines wahren Teemenschen geben.

Tee aufbrühen mit Baches Wasser, auf dem Ofen aus Porzellan,
'nen Umhang trag' ich und 'nen zerbeulten Hut, die braun sind von Teeflecken und Rauch,
denkt nicht, ich wär 'n alter Opa, mit 'ner verquasten Liebe zum Tee,
mein Ziel ist es, euch zu erwecken, aus eurem weltlichen Schlaf.

Mache meinen Stand am Rengeo-in (Lotoskönigtempel) auf

Diese meine Heimstatt so arm, oft geht mir gar das Wasser aus,
doch biet' ein Elixier ich an, das trifft euch bis ins Mark,
ihr findet mich zwischen den Kiefern, bei der Halle der tausend Buddhas,
kommt trinkt 'nen Schluck, wer weiß, vielleicht erlangt ihr selbst Unsterblichkeit.

An einem Sommertag unter den Kiefern Tee aufbrühen

Allein liebe ich die Muße langer Sommertage, einen duftenden Kessel neben mir,
unter zehntausend Kiefern, die drückende Schwüle der irdischen Welt reicht nicht bis hier,
noch brauche ich zu suchen, nach den seltnen Landschaften des Reichs der Unsterblichen,
ich schöpfe aus reiner Otowa-Quelle,[6] mein Tee wächst in China, ich lass ihn mir schicken,
des Lebens größte Freude, ist frei zu sein von Sorgen,
und doch lacht die Welt über die Verrücktheit meines Geistes.

Gedicht an meine Sammelbüchse aus Bambus

Ich fächle den Wind in den Kiefern,
koche Tee Tag für Tag,
erquicke damit der Menschen Geist,
führe sie auf den Weg der Unsterblichen.
Wünschst du zu verstehen
des Lu Tongs wahren Sinn,
so leere erst deine Börse
in dieses Stück Bambusrohr.

Worte, geschrieben, auf dass ich Senka dem Feuer übergebe

Senka [»Versteck der Unsterblichen«] ist der Name des Bambusgestells, in dem ich meine Teeutensilien verstaue, wenn ich von Ort zu Ort ziehe.
Einsam bin ich gewesen und arm für eine lange, lange Zeit. Besaß niemals Land, nicht mal genug, um einen Stock hineinzustecken. Senka, dank deiner Hilfe habe ich dies hohe Alter erreicht. Wir waren zusammen in den Frühlingsbergen, an den Herbstströmen, haben Tee unter Kiefern verkauft und im Schatten der dichten Bambushaine. Du hast es mir ermöglicht, mich mit ein paar Körnern Reis bis ins Alter von achtzig Jahren durchzuschlagen. Aber jetzt bin ich alt und schwach. Ich besitze nicht mehr die Kraft, dich zu tragen. Meine restlichen Jahre werde ich damit beenden, mich »im großen Bären zu verstecken«.[7] Ich schaudere bei dem Gedanken, dass du durch weltliche Hände entweiht werden solltest. Daher preise ich dich und übergebe dich dem Feuer-Samadhi [Versenkung]. Begebe dich nun in die Flammen und durchlebe die große Wandlung. So du das tust, welche Worte kann ich finden, um des Ereignisses zu gedenken? Lass mich überlegen. Ja, jetzt hab' ich's:
Nach dem Zeitalter des Weltendes werden alle Dinge vom Feuer verschlungen. Werden die grünen Hügel dann immer noch nicht zu den weißen Wolken emporsteigen?
Mit diesen zwei Zeilen der Widmung übergebe ich dich den Flammen. Am vierten Tag des neunten Monats im fünften Jahr der Ära Hôreki (1755).

Kô Yûgai, im Alter von achtzig Jahren

Tanaka Kakuô und das Wasser aus dem Westsee

Tanaka Kakuô (1782–1848) war ein bekannter Sencha-Teemeister und Gründer der ersten Sencha-Teeschule. Die Kagetsuan-Teeschule ist nach der strohgedeckten Teehütte benannt, die sich Kakuô in seinem Garten errichtete, die »Blumen- und Mondschein-Klause«. Sein Garten trug den Namen »Meister Tanakas Jadefluss-Garten«, Letzteres eine Anspielung auf Lu Tongs Pseudonym.

Er war der Sohn eines berühmten Reiswein-Brauers in Ôsaka, dessen Ebisudai-Sake bis nach Edo, der damaligen Hauptstadt Japans, verkauft wurde. Mit sechzehn Jahren übernahm er das Geschäft seines Vaters und versuchte daraufhin ständig die Qualität seines Sakes zu verbessern. Er erkannte, dass das Wasser der entscheidende Faktor war, und suchte nach einer geeigneten Quelle, die er schließlich auf seinem eigenen Grund und Boden fand: den »Chrysanthemen«-Brunnen. Dieser wurde von der weithin bekannten Quelle *Kiyomizu*, dem »reinen Wasser«, gespeist. Diese große Aufmerksamkeit für die Wasserqualität, ursprünglich ja zur Herstellung von Reiswein, hat ihm, so sagt man, später dazu verholfen, ein großer Teemeister zu werden.

Kakuô war außerdem bekannt für seine extravaganten Einfälle. Aus Hochachtung vor den chinesischen Teemeistern wie Lu Yu oder Lu Tong strebte er danach, seinen Tee so chinesisch wie möglich zuzubereiten. Da er besonderen Wert auf das Wasser legte, gedachte er seinen Tee mit Wasser aus dem Westsee – wo der berühmte Drachenbrunnentee herstammt – aufzubrühen. Leider hatte er selbst keine Möglichkeit, nach China zu reisen. Er kam auf die Idee, den Behörden in Nagasaki seinen fast aussichtslos erscheinenden Wunsch mitzuteilen. Nagasaki war damals ein Zentrum von in Japan lebenden Chinesen und damit die wichtigste Handelsstadt für den Austausch mit China. Ein Jahr später erhielt der völlig überraschte Kakuô die Nachricht, dass drei Flaschen mit jeweils achtzehn Litern Westsee-Wasser via Nagasaki in Ôsaka angekommen seien. Gleich rief er zehn seiner besten Freunde zusammen, um mit ihnen den Schatz zu teilen und Tee daraus zu bereiten. Als sie beisammensaßen, kam es ihnen jedoch sehr egoistisch vor, dieses Wasser ganz allein zu genießen, und sie überlegten sich daraufhin einen Plan, um es mit der gesamten Bevölkerung der Stadt teilen zu können. Sie wollten das Wasser in einem großen Keramikkrug mit einer sehr kleinen Öffnung am Oberlauf des Yodo-Flusses, der Haupttrinkwasserquelle Ôsakas, begraben, so dass es sich ganz allmählich in den Fluss ergoss und so von allen in winzigen Dosen genossen werden konnte. Aoki Mokubei, einer der Freunde Kakuôs und ein bekannter Keramiker, sollte den Krug anfertigen. Als die Behörden jedoch Wind von der Sache bekamen, erhoben sie zuerst Einwände, da sie fürchteten, das Wasser könne den Fluss vergiften. Erst nachdem sie vom Gegenteil überzeugt werden konnten, wurde der Plan dann tatsächlich am 15. Tag des achten Monats im Jahr 1833 durchgeführt.

KOREA

Meditation und Pflege der Freundschaft

Teetrinken im Land der Morgenstille

Feiner Regen tanzt im Wind. Auf die gekräuselte Wasseroberfläche des Teiches, in dem sich die schlichten Formen eines strohgedeckten Pavillons spiegeln, fallen langsam rosafarbene Azaleenblüten herab. Der Wind bewegt die kleinen Glöckchen an den Ecken der nahen Tempelhalle und lässt sie hell durch den Nebel der im Tal wabernden Regenwolken klingen. Kaum ist der Gedanke gedacht, dass jetzt ein schöner warmer Tee das Richtige gegen die feuchte Kälte wäre, die bereits durch alle Schichten der Kleidung kriecht, öffnet sich auch schon knarrend eine Tür.

Barfuß kommt ein grau gewandeter Mönch auf die unerwarteten Gäste zu, auf uns, die wir uns noch so spät am Nachmittag aufgemacht haben, durch die Bergwälder zur buddhistischen Einsiedelei Choui Sonsa hoch oben in den Bergen hinaufzusteigen. Der idyllische, ja fast mystische Flecken nahe der koreanischen Südwestküste ist benannt nach dem Zen-Meister und Teeliebhaber Choui (1786–1866), der Mitte des 19. Jahrhunderts hier lebte. Die letzten vierzig Jahre seines Lebens hatte er in diesen Bergen verbracht. Er errichtete die Einsiedelei, um sich neben der Meditation dem Anbau von Tee und der Dichtkunst zu widmen. Nicht selten hatte er Besuch von seinem Freund, dem konfuzianischen Gelehrten Kim Chonghi, mit dem er sich bei zahllosen Tassen Tee über akademische und künstlerische Themen austauschte.

Auch der Mönch, der uns willkommen heißt, scheint die seltene Gelegenheit zu einem Gedankenaustausch sehr zu begrüßen und führt uns in seine Kammer, wo er sich sogleich an die Zubereitung von *Nokcha* – grünem Tee – macht. Dies ist die Gelegenheit, um mehr über das Teetrinken in Korea zu erfahren, wo dieses Getränk im Vergleich zu den beiden Landesnachbarn China und Japan scheinbar nicht so in Ehren gehalten wird oder in Vergessenheit geraten ist. In Korea werden traditionelle heiße Getränke generell *Cha*, Tee, genannt, während der »echte« grüne Tee *Nokcha* heißt. Das durch Aufgießen getrockneter Teeblätter mit heißem Wasser zubereitete Getränk fand zusammen mit dem Buddhismus um die Mitte des ersten Jahrtausends seinen Weg ins »Land der Morgenstille« – wie *Choson*, ein früherer Name des fernöstlichen Landes, oft übersetzt wird.

»In Asien«, so erzählt uns der ehrwürdige Mönch Yoyon, »sind Philosophie und grüner Tee eng miteinander verflochten. Es sind die spezifischen Wirkungen des grünen Tees, die ganz wesentlich dazu beigetragen haben, dass sich das Denken in Ostasien in genau der Weise entwickelt hat, wie wir es heute kennen.«

Andererseits haben auch die Philosophen und Dichter in China, Korea und Japan den grünen Tee dafür geadelt und, so erfahren wir weiter, dafür Sorge getragen, dass aus einem bloßen Heilmittel und Getränk eine Kraft wurde, die in hohem Maße den Geist schulte und die ostasiatische Kultur förderte. Das Denken in China, Japan und Korea wäre ohne den grünen Tee nicht vorstellbar, ebenso wenig wie der grüne Tee ohne die fernöstliche Philosophie denkbar wäre.

Ihren Höhepunkt hatte die Teekultur im Land der Morgenstille während jener Dynastie erlangt, von der wir Europäer die Landesbezeichnung ableiteten: Koryo (918–1392). Es war die Zeit der Blüte des Buddhismus, der wie schon in China und Japan die Teekultur besonders pflegte. Im Süden des Landes entstand im Gebirge Chiri San ein Teedorf, in dem Tee angebaut und verarbeitet wurde, und man importierte feinste Tees aus dem China der Song-Herrscher. Der Königshof ließ sich eine Teekammer einrichten, in der Tee aufgebrüht und serviert wurde. Während der landesweiten Zeremonien – wie *Yondunghoe* beispielsweise, dem Lichterfestival am 15. Tag des ersten

Mondmonats, bei dem Buddha Wünsche dargebracht wurden, und *Palgwanhoe*, dem »Fest der Acht Eide«, wenn örtlichen Göttern Dank gesagt wurde – sind Teeriten durchgeführt und Erfrischungstische eingerichtet worden.

Diese Art von Teekultur wurde bald institutionalisiert. Es wurde sogar eine spezielle mobile Abteilung, die *Hanguk tadam kunsa*, gegründet, die ausschließlich dafür zuständig war, Tee zu bereiten und ihn dem König während seiner offiziellen Reisen zu servieren – sozusagen die »schnelle königliche Tee-Eingießtruppe«. Mit dieser Teekultur entwickelte sich selbstredend auch die Herstellung von Süßigkeiten und Gebäck als Beilagen. Noch viel bedeutender allerdings war die Entwicklung der entsprechenden Keramik, die künstlerisch hochwertiges Teegeschirr für das Teezeremoniell bei Hofe und für die Ahnenopfer hervorbrachte. Von diesem waren die japanischen Eroberer unter Hideyoshi im höchsten Maße angetan, welche von 1592 bis 1598 über die koreanische Halbinsel herfielen und damals Hunderte von koreanischen Töpfern nach Japan verschleppten. Koreanische Historiker halten es jener Invasion ihrer Heimat zugute, dass im Land der aufgehenden Sonne anschließend der Grundstein für dessen moderne Keramikindustrie gelegt wurde und der heute als japanische Teezeremonie berühmt gewordene Teeweg seinen Aufschwung nahm.

In Korea selbst konnte sich im Anschluss an die Hideyoshi-Invasion, die das Land wirtschaftlich ausblutete, kaum noch jemand Tee leisten. Aber nicht allein deshalb ging das Teetrinken zurück. Mit der über 500 Jahre währenden Choson-Dynastie, dem letzten koreanischen Königshaus, wurde der Konfuzianismus zur Staatsdoktrin erklärt und mit der Verdrängung des Buddhismus nahm auch die Verbreitung des grünen Tees wieder ab. Dafür erfreuten sich nun ein Aufguss von angebranntem Reis, *Sungnyung*, und fermentierter Reiswein, *Makkolli*, wachsender Popularität. Seit einiger Zeit jedoch nimmt der grüne Tee in Korea wieder an Bedeutung zu und immer mehr Leute beginnen wieder, ihn regelmäßig zu trinken. Dennoch ist es erstaunlich, dass das von typischen Teetrinker-Nationen umgebene Korea insgesamt ungleich viel weniger echten Tee verbraucht als die Nachbarn. Viel üblicher sind »unechte«, also nicht von der Teepflanze stammende Tees. Dabei spielen weniger Kräutertees, wie wir sie in Europa kennen, eine Rolle, sondern vielmehr Aufgüsse aus Getreide. Zu diesem Zweck werden beispielsweise Gerste, brauner Reis oder wilde Sesamsaaten geröstet und anschließend mit heißem Wasser aufgekocht.

In Korea sind es überwiegend die buddhistischen Mönche, die heutzutage noch regelmäßig grünen Tee trinken. Im Gegensatz zu Japan wird er aber meist ohne großes Zeremoniell zubereitet. Dennoch gehört die Teezubereitung zu den wichtigsten alltäglichen Verrichtungen, welche die Novizen in den buddhistischen Tempeln Koreas drei Monate lang für die gesamte Mönchsgemeinschaft zu erledigen haben. Natürlich gehört neben Arbeiten im Gemüsegarten des Tempels und dem Vorbereiten der Altaropfergaben auch das Wasserholen dazu, das meist aus einer der kristallklaren Quellen geschöpft wird, aus denen im Land der Morgenstille so herrlich erfrischendes und oft süßlich schmeckendes Wasser sprudelt.

Yoyon, der seinen Tee wie einst schon sein Meister Unsong

Buddhistischer Mönch bei einer Teezeremonie

hier oben in den Bergen selbst anbaut und verarbeitet, gießt zunächst kochendes Wasser zum Abkühlen in eine Schale. Inzwischen lässt er die Teeblätter über kurze Bambusspitzen in eine zuvor bereitgestellte Kanne gleiten. Nun erst gießt Yoyon das Wasser aus der Schale in die Kanne zurück.

In Korea dient das Teetrinken noch immer zum Kultivieren wertvoller Tugenden wie Gleichmut, Ruhe, Harmonie, Reinheit, Klarheit, Schlichtheit und Maßhalten. Das Beachten von Vorschriften zu einer Teezeremonie, die in Japan wegen seiner den Menschen disziplinierenden Wirkungen so geschätzt wird, ist in Korea weniger wichtig, da nach den Vorstellungen der Koreaner eher der Zusammenhang von grünem Tee und Meditation dominiert. Für die Mönche ist es ein unverzichtbares Getränk, weil es sie geistig anregt und gleichzeitig erfrischt. »Ich liebe den Geisteszustand, in dem ich mich befinde, wenn ich Tee bereite und trinke«, erzählt Yoyon, »und noch viel mehr, wenn ich ihn mit Leuten, die diese Liebe mit mir teilen, trinken kann. Ich fühle mich dann rein und friedvoll und ich kann die Dinge viel klarer und intensiver erfassen.«

Der koreanische Philosoph Popchong Sunim hat die frühere Haltung seiner Landsleute zum Teetrinken mit weisen Worten auf den Punkt gebracht: »Tee gilt als ein Weg *(Dao)*, weil er zu den Dingen gehört, die man über das Gefühl und nicht durch verbale Instruktionen zu würdigen lernt. Nur wer einen Zustand von Gelassenheit bewahren kann, wird auch fähig sein, die dem Tee inne wohnende Ruhe zu würdigen. Ein aufgeregter Mensch wird niemals die Stille des Tees erkennen. Aus diesem Grunde heißt es: Tee und Meditation haben denselben Geschmack.«

Weil der grüne Tee in Korea heute nicht mehr sonderlich stark verbreitet ist, hat unser Gastgeber Yoyon 1981 die Teegesellschaft koreanischer Collegestudenten gegründet. Sie soll dafür sorgen, dass in der jüngeren Generation wieder ein Bewusstsein für die historische und kulturelle Bedeutung und für den Wert der Teetradition entsteht. Die koreanische Tradition des Teetrinkens betone die Natürlichkeit, die in der schnellen

Entwicklung vom Agrarland, das Südkorea noch in den 1960er Jahren war, zur heutigen Industriegesellschaft verloren zu gehen drohte. Die Rückbesinnung auf die alte Teetradition Koreas ist nach Yoyons Meinung daher umso wichtiger, zumal sie älter ist als die japanische.

TEE SCHREIBT GESCHICHTE

Macht Tee rebellisch?

Schon Marco Polo berichtete, dass ein Finanzminister während der Herrschaftszeit der Mongolen in China darüber stürzte, dass er die Teesteuer erhöht hatte. Die berühmte Boston Tea Party, die so gemütlich klingt, jedoch nichts anderes war als der Auftakt der Auflehnung gegen die Kolonialmacht England und für den nordamerikanischen Befreiungskampf, ist als einer der großen symbolischen Akte in die Weltgeschichte eingegangen. »Macht Tee rebellisch?«, könnte man sich also fragen. In China selbst hatten die Opiumkriege nicht allein mit Opium zu tun, sondern sehr viel mehr mit Tee, als man bei uns gemeinhin denkt. Deshalb wollen wir diese beiden geschichtlichen Ereignisse einmal kurz betrachten und uns fragen, welche Rolle denn der Tee dabei spielte.

Wie gemütlich war die Bostoner Teeparty?

Die Überseebesitzungen der europäischen Mächte in Nordamerika orientierten sich vor ihrer Unabhängigkeit bezüglich ihrer Sitten und Gebräuche verständlicherweise noch in hohem Maße an jenen in der Heimat. Die frühen Siedler, vor allen Dingen die aus England, Irland, Schottland, Holland und anderen westeuropäischen Regionen, frönten damals noch dem Teegenuss, worüber der Umstand, dass die USA heutzutage ein Land von Kaffeetrinkern sind, gerne hinwegtäuscht. Böse Zungen behaupten allerdings, die Farbe des amerikanischen Kaffees erinnere noch immer an Tee, denn er wird so dünn getrunken, dass er oft nicht schwarz ist und daher eher an das Aussehen des grünen Tees erinnere. Das scheint ein altes Problem in Amerika zu sein, wird doch Abraham Lincoln der Satz nachgesagt:

> »Kellner, falls dies Kaffee ist, bringen Sie mir lieber Tee; falls dies aber Tee ist, bringen Sie mir lieber Kaffee!«

Das Vorspiel zur Boston Tea Party begann im britischen Parlament in London, das der East India Company, der englischen Ostindischen Handelsgesellschaft, 1773 das Recht und Monopol gewährte, Tee direkt an die Kolonien in der Neuen Welt zu liefern, ohne amerikanische Importeure daran beteiligen zu müssen. Die East India Company konnte mit gutem Grund als weltweit größter Tee-Monopolist bezeichnet werden, der so mächtig war, dass es ihm gelang, das britische Volk in der Heimat in einem Zeitraum von nur wenigen Jahren von potenziellen »Kaffeetanten« in ein Volk von Teetrinkern zu verwandeln. In gewisser Weise nahm dies vorweg, was wir in unserer modernen Zeit oft erleben können, wenn unabhängige Kaufleute mittelständischer Unternehmen im Wettbewerb gegen einen multinationalen Konzern, der zudem ein Monopolist ist, bestehen müssen ...

Eine solche Situation konnte verständlicherweise nicht ohne Wirkung auf die englischen Kolonien in Nordamerika bleiben. In Europa hatte der Siebenjährige Krieg, in dem die Engländer die Preußen unterstützt hatten, einen Sieg über Österreich und Frankreich gebracht und dies wiederum die französischen Kolonien in Amerika unter die Herrschaft der britischen Krone. Solch ein Krieg kostete sehr viel Geld und auch die Sicherung der kolonialen Westgrenze gegen die bedrängten Indianerstämme verschlang Unsummen, so dass Großbritanniens Staatsschulden im Jahr 1763 auf über 130 Millionen Pfund Sterling angewachsen waren. Wie überall auf der Welt waren auch im damaligen britischen Königreich neue Steuern und Abgaben die üblichen Mittel, um die Staatsschulden abzutragen. So wurde 1764 ein Gesetz erlassen, demzufolge die Bewohner der amerikanischen Kolonien auf die aus dem Mutterland eingeführten Genussmittel und Luxusgüter Einfuhrzölle entrichten sollten. Das brachte die Kolonisten auf, die forderten, dass sie über von ihnen selbst gewählte Abgeordnete ihre Steuern festlegen könnten.

Immer wieder neu ersonnene und aufgrund der Widerstände ganz oder teilweise wieder abgeschaffte Steuergesetze ließen Amerika nicht zur Ruhe kommen. Einer der Gründe war, dass seinen Bewohnern – den Eingewanderten wohlgemerkt, von den Einheimischen, den Indianern, war ja ohnehin nicht die Rede – die Mitwirkung im englischen Parlament konsequent verwehrt wurde. Aus diesem Grund sahen die Kolonisten in Steuern und Gesetzen, an deren Erlass sie in keinster Weise mitwirken durften, diktatorische Eingriffe in ihre Freiheiten. So riefen sie zum Boykott englischer Handelsgüter auf. In nur einem Jahr, von 1768 auf 1769, sanken die englischen Einfuhren fast auf die Hälfte ihres vorherigen Wertes und der britischen Regierung blieb nichts weiter übrig als das umstrittene Steuergesetz aufzuheben.

Lediglich der Tee war mit drei Pence pro Pfund weiterhin zollpflichtig geblieben. Die amerikanischen Kolonisten verweigerten sich dieser von London festgesetzten Teesteuer jedoch und deckten ihren Teebedarf durch preiswertere Schmuggelware aus holländischen Quellen. Die East India Company, die in einer Finanzkrise steckte und auf einem in ihren Lagern angewachsenen »Teeberg« von rund 17 Millionen Pfund Tee sitzen zu bleiben drohte, wandte sich in der Hoffnung, den Ruin abzuwenden, an die Regierung und erbat sich deren Eingreifen. Um die Handelsgesellschaft zu retten, wurde ihr erlaubt, Tee wieder aus England zu exportieren. Ein 1773 erlassenes »Teegesetz« gab ihr das Recht, ihren Tee ohne Einbeziehung englischer Exportkaufleute und amerikanischer Importeure unmittelbar in die Neue Welt zu liefern.

Damit wurde der Tee der East India Company konkurrenzlos billig, weil er von der hundertprozentigen Teesteuer befreit war. Vom Einfuhrzoll in die Kolonien war er allerdings noch immer nicht befreit – jenen drei Pence pro Pfund, die die amerikanischen Siedler so aufgebracht hatten. Obschon Tee inzwischen unschlagbar billig geworden war, beruhigten sie sich nicht. Mit dem Einfuhrzoll auf Tee blieb das Symbol ihrer Unterdrückung bestehen. Im Oktober 1773 wurde er auf einer Großveranstaltung in Philadelphia angeprangert »als eine schlecht verschleierte Form illegaler Besteuerung der Kolonisten durch ein Parlament, in dem sie nicht vertreten waren«.

Zwei Monate später liefen im Schutz der Dunkelheit, trotz des Boykotts durch die Kronkolonien, drei Schiffe der East India Company in den Hafen von Boston ein. Nun war unter den Neuweltsiedlern kein Halten mehr und ihr Unmut entlud sich. Fünfzig bis neunzig Männer verkleideten sich als Indianer und kletterten an Bord der Schiffe. Sie warfen 342 Kisten mit chinesischem Tee ins Meer, die im Schlamm des Bostoner Hafens versanken. Weitere Vorfälle dieser Art wiederholten sich in rascher Folge in den Städten New York, Philadelphia und Annapolis. Damit hatte, so wissen wir heute, der amerikanische Unabhängigkeitskrieg begonnen, denn die als »Boston Tea Party« bezeichnete offene Rebellion konnte die britische Regierung nicht ungeahndet lassen.

London entsandte eine Strafexpedition, die in den unvermeidlichen Krieg mündete, und dieser wiederum endete bekanntermaßen mit dem Sieg der Kolonisten. Damit waren die britischen Territorien in der Neuen Welt selbstständig geworden und gründeten die Vereinigten Staaten von Amerika. Zu verdanken hatten die neu geborenen Amerikaner dies – neben der Hilfe des preußischen Generals Steuben – der Leistung eines begeisterten Teetrinkers: George Washington, der sie in der Schlacht von Lexington zum Sieg geführt hatte und ihr erster Präsident wurde.

Der Tee blieb für Generationen von Amerikanern das Wahrzeichen der Unterdrückung, obwohl auch andere US-Präsidenten wie Benjamin Franklin, Abraham Lincoln, Theodore Roosevelt und John F. Kennedy eingefleischte Teetrinker waren. Ihre Boston Tea Party aber blieb das Symbol der errungenen Freiheit. Nach diesen Ereignissen konnte das einstige Mutterland selbstverständlich nicht mehr als Lieferant auftreten. Das Handelsmonopol der britischen East India Company war gebrochen, daher konnte nun der Konkurrent Kaffee, den die Holländer schon seit einiger Zeit erfolgreich in ihren eigenen Kolonien anbauten, in den USA den Markt erobern.

Der Teeverbrauch in den jungen Vereinigten Staaten war deutlich zurückgegangen. Gleichwohl waren einige dem Tee treu geblieben, auch wenn er in Nordamerika nie mehr dieselbe Bedeutung wie in England oder anderen Teilen Europas erreichte. Aber etwas anderes, was wir lange Zeit fast ausschließlich mit Teetrinken verbanden, geht auf einen Amerikaner zurück: der Teebeutel.

Im Jahr 1904 ist nämlich der amerikanische Händler Thomas Sullivan auf die Idee gekommen, seinen Kunden Teeproben in kleinen Seidensäckchen zukommen zu lassen. Die Idee, den Tee mit solchen vorgefertigten Portionen aufzubrühen, erwies sich bei den praktisch veranlagten und geschäftstüchtigen Amerikanern als so erfolgreich, dass der Teebeutel einen Siegeszug um die ganze Welt antrat. Allerdings widerspricht er doch in vielerlei Hinsicht dem echten Teegenuss. Nicht nur, weil er nicht mit den Ritualen und Zeremonien seiner Zubereitung in Ostasien und anderen Teekulturen vereinbar ist, sondern auch weil diese Art des Teeaufbrühens viele medizinisch wirksame Stoffe daran hindert, sich im Wasser zu lösen. Zudem sind es in aller Regel nicht unbedingt die besten Teesorten, die sich in den Beutelchen finden – so dass wir nicht ohne Berechtigung den Vergleich ziehen können, der Teebeutel verhalte sich zur echten Teekultur wie der Schnellimbiss zu einem Feinschmecker-Restaurant.

Es war also, so können wir hier feststellen, nicht der Tee, der rebellisch machte, sondern vielmehr der Umstand, dass er so schwer zu bekommen sein sollte. Der spätere zweite Präsident der USA, John Adams, lobte in seinem Tagebuch die Boston Tea Party als eine großartige Aktion und schon an dem Abend, als die offene Rebellion ausbrach, hatte er erkannt:

»Die Vernichtung des Tees ist eine so kühne, entschlossene, furchtlose und kompromisslose Tat, und sie wird notwendigerweise so wichtige und dauerhafte Konsequenzen hervorrufen, dass ich sie als Epoche machendes Ereignis betrachten muss.«

Knapp 70 Jahre später fanden sich im südchinesischen Hafen Kanton ebenfalls kühne, entschlossene und furchtlose Menschen zusammen und setzten den Befehl eines gebildeten chinesischen Beamten in die Tat um. Wieder war es die Weltmacht England, gegen die sich die kompromisslose Tat richtete. Diesmal war es jedoch Opium, das kistenweise im Meer versenkt wurde; und dieses Mal war es den sich Auflehnenden nicht gegönnt, den Sieg im darauf folgenden Konflikt davonzutragen. Außerdem ist das gleichermaßen Epoche machende Ereignis an den Toren Chinas von den Europäern nie in einem ähnlichen Umfang gewürdigt worden wie die amerikanische Revolution.

Darstellung der verschiedenen Phasen der Teeproduktion in China

Was der Opiumkrieg mit Tee zu tun hat

Der Westen, der heutzutage gewohnt ist, Handel nach eigenem Gutdünken in möglichst freier Art und Weise zu treiben, war in China nicht erst seit der kommunistischen Revolution von 1949 in seine Schranken verwiesen worden. Bis weit ins 17. Jahrhundert hinein war es europäischen Schiffen nicht einmal gestattet, Häfen an der chinesischen Küste überhaupt anzulaufen.

Um 1702 unterstand der gesamte chinesisch-europäische Teehandel auf Erlass der kaiserlichen Regierung Chinas einem einzigen Makler und dreizehn einander abwechselnden Kaufleuten im südchinesischen Kanton. Daraus entwickelte sich ein System, das unter dem Namen »Co-Hong« bekannt wurde und sich wohl von der englischen Verballhornung des chinesischen Begriffs *Guanhang*, »staatliche Korporation«, ableitete. Jener Makler besaß ein absolutes Monopol für alle Geschäfte mit Ausländern. Zwar war er ferner für die Begleichung ihrer Abgaben verantwortlich und dafür, dass sie die chinesischen Gesetze und Vorschriften beachteten, doch wurde das Gewicht der Verantwortung durch die Möglichkeit, die Preise für sämtliche Importe und Exporte allein festzusetzen, sicher erleichtert.

Die Exporte Chinas nach Europa umfassten damals zu etwa 70 Prozent Tee, während sich der Rest auf Rohseide, Textilien, medizinische Kräuter und Mineralien sowie kunsthandwerkliche Produkte verteilte. Der Kanton-Handel war vor allem durch die steigende Teenachfrage in Europa in Schwung gekommen und die Chinesen reagierten auf die gestiegene Nachfrage schon damals damit, dass sie die Produktion auf bemerkenswerte Art und Weise ausdehnten. Auf Kosten anderer Nutzpflanzen, wie beispielsweise Baumwolle, die billiger aus Indien importiert werden konnte, wurden die Anbauflächen für den Gewinn bringenden Teeanbau ausgeweitet. Die Geschichte hat gezeigt, dass trotz der Monopolstellung der staatlich monopolisierten Teehändler die gesteigerte Nachfrage durchaus nicht mit Wucherpreisen geahndet wurde. Dennoch gerieten die europäischen Staaten, allen voran England, wegen ihres hohen Teebedarfs in eine Lage, die heutzutage als »massives Außenhandelsdefizit« gegenüber China bezeichnet würde.

Mit anderen Worten: Es floss erheblich mehr Silber nach China hinein als von dort heraus. Die Briten zerbrachen sich den Kopf darüber, wie sie diesen Prozess umkehren könnten. Der Kern ihres Problems lag darin, dass die Europäer den Chinesen und Japanern, von denen sie Tee bezogen, wenig zu bieten hatten. Nicht nur kulturell, sondern auch wirtschaftlich genügten diese beiden fernöstlichen Länder sich selbst und waren kein Absatzmarkt für europäische Fertigprodukte. Allenfalls Metalle wie Blei, Zinn und Kupfer fanden in China begrenztes Interesse, und nachdem der steigenden Nachfrage wegen der Teeanbau ausgeweitet wurde, importierte man gar die billigere Baumwolle über die Engländer. Das änderte jedoch nichts an dem Umstand, dass die Chinesen ihre Einfuhren durch einen geringen Teil ihrer Exporte decken konnten, während die Europäer fast alles mit Gold und Silber bezahlten. Lag der Gold- und Silberabfluss von Holland nach Fernost im 17. Jahrhundert zwischen einer halben und einer Million Gulden im Jahr, war er um 1700 bereits auf vier Millionen Gulden gestiegen. Das nahm ohne Frage umso mehr zu, je populärer Tee und Kaffee in Europa wurden.

Was die Engländer damals als Methode ersannen, um die Unmengen Gold und Silber wieder aus China herauszubekommen, würde heutzutage jedes Land auf lange Zeit nicht nur in Misskredit bringen, sondern sicher zu Sanktionen durch die Weltgemeinschaft führen: Sie förderten den Anbau von Opium und verkauften es in wachsender Menge an die Chinesen. Früher wurde Opium in China zu medizinischen Zwecken verwendet, doch mit den wachsenden Importen nahm sein Missbrauch zu. Die Einfuhr von Opium war in China bereits 1729 durch ein Edikt des chinesischen Kaisers verboten worden, was die East India Company nicht daran hinderte, das

Rauschgift weiterhin ins Reich der Mitte zu schmuggeln. Das Opium wurde auf eigenen Plantagen der britischen Handelsgesellschaft in Indien produziert, um es dann zur chinesischen Küste zu verschiffen und dort meist an chinesische Rauschgifthändler zu verkaufen. Mit dem Schmuggelgeld wurde in Kanton dann der Tee bezahlt. Nachdem die East India Company 1813 das Indien-Monopol abgeben musste, bedeutete das weiter keinen Einschnitt in diese profitablen Geschäfte, denn da die politische Verwaltung Indiens noch immer in ihren Händen lag, wurden einfach die unterworfenen indischen Fürsten zu Opiumlieferungen verpflichtet. Als die East India Company 1833 dann noch ihr China-Monopol verlor, setzte ein Run englischer Kaufleute auf den chinesischen Markt ein, die die einträgliche Finanzierungsmethode der Company munter kopierten. Der Teehandel in China war geprägt durch ein massives Aufgebot europäischer Rauschgifthändler, die kein Mittel scheuten, um an Tee zu kommen, allen voran die noblen Briten, deren Gentleman-Image bis ins 20. Jahrhundert dadurch nie gelitten hat.

Nun setzten auf chinesischer Seite gewaltige finanzielle Verluste ein; ab 1825 wurde Chinas Handelsbilanz negativ. Darüber hinaus wurden zunehmend Armee und Verwaltung des Landes lahm gelegt, da gerade dort ein immer größerer Teil der Chinesen opiumabhängig wurde. Noch größer war allerdings die zunehmende Korruption der Beamtenschaft, die am Opiumschmuggel mitverdiente. Das konnte der kaiserlichen Regierung kaum gefallen, zumal der Import des Rauschgiftes schon lange verboten war. Der Kaiser entsandte daher einen Kommissar mit besonderen Vollmachten nach Kanton, Lin Zexu mit Namen. Bereits drei Tage nach seiner Ankunft im Frühjahr 1839 gab Lin folgenden Erlass heraus, den wohl auch heute noch jede verantwortungsvolle Regierung gutheißen würde:

»Es ist eine wohl bekannte Tatsache, dass die Schiffe, die zum Tauschhandel nach Kanton kommen, großen Nutzen davon ziehen. Das zeigt sich schon daran, dass die Schiffe, die sonst kaum zu zehn waren, seit einigen Jahren hundertweise eintreffen ... Wenn unsere Häfen euch einmal verschlossen blieben, was würde aus euren Gewinnen werden? Was würdet ihr ohne unseren Tee anfangen, ohne den ihr ja nicht leben könnt? ... Warum führt ihr uns Opium zu, das in euren eigenen Ländern nicht in Gebrauch ist, und veranlasst so der Menschen Tod und Verderben? Ihr habt das Volk im Reich der Mitte seit zehn Jahren verleitet und dabei in ungerechter Weise ungeheure Summen gewonnen. Ein solches Benehmen muss jedermann empören und ist vor den Augen der kaiserlichen himmlischen Vernunft gar nicht zu entschuldigen ... Nun höre ich, dass die Schiffe, welche in Lintin vor Anker liegen, viele Tausend Kisten Opium an Bord haben, die ihr einzuschmuggeln beabsichtigt. Vernehmt meine Befehle, und mögen die fremden Kaufleute eilen ihnen nachzuleben. Sie müssen der Regierung das Opium, das sie auf ihren Schiffen haben, bis auf die letzte Kiste ausliefern, ohne auch nur ein Stäubchen davon zu unterschlagen.«

Lin Zexu bewies die Entschlossenheit, mit der er vorgehen wollte, durch die Hinrichtung eines chinesischen Opiumschmugglers. Er fand Unterstützung in der Bevölkerung von Kanton, die die europäischen Niederlassungen umzingelte. Ohne chinesische Dienerschaft, ohne Lebensmittel und im Angesicht von so viel Gegnerschaft blieb den Briten keine andere Wahl, als sämtliche in den Faktoreien lagernden Opiumvorräte – 20283 Kisten und 2119 Säcke – herauszugeben. Sie wurden konfisziert und am Strand von Humen bei Kanton verbrannt.

Das wollten sich die englischen Kaufleute nicht bieten lassen. Ihre Geschäftspartner zu Hause wurden bei der Regierung in London vorstellig. Die tatsächlichen Ereignisse in Kanton wurden über die Maßen entstellt und durch systematische Propaganda übertrieben, so dass man von der britischen Regierung verlangen konnte, Vergeltungsmaßnahmen gegen China zu ergreifen. Nur die überzeugende Demonstration militärischer Macht und die Besetzung eines guten Handelsplatzes an der Küste Chinas könnten zukünftig noch den Chinahandel sichern, wurde argumentiert.

So kam es 1840 zum Ausbruch des berühmten Opiumkrieges, dessen Ursache die Weigerung Chinas war, sich im Austausch für den wundervollen Tee zu einem Volk von Rauschgiftsüchtigen erniedrigen zu lassen. 1842 endete dieser erste Opiumkrieg mit einer demütigenden Niederlage für China. Mit dem so genannten Frieden von Nanjing hatte sie die Abschaffung des Kanton-Systems im Handel, die Abtretung Hongkongs an England, die Öffnung weiterer Häfen und – welch ein Hohn – Reparationszahlungen Chinas an England in Höhe von 21 Millionen Silberdollar zur Folge. Ganz nebenbei wurde China immer weiter geschwächt, was nicht verwundert angesichts des Umstandes, dass sich der chinesische Opiumkonsum bis 1850 auf das rund Siebzigfache des Verbrauchs von 1767 erhöhte.

So verdeckt der Name Opiumkrieg – ein zweiter mit ähnlich desaströsem Ausgang wurde 1856–1860 geführt – den Umstand, dass es der europäische Bedarf an Tee war, der dessen Ursprungsland China in immense Schwierigkeiten brachte. Tee war damit zu einem Antriebsrad der Weltgeschichte geworden.

TEEHANDEL UND TEEKLIPPER

Tee segelt über die Weltmeere

Der Fernhandel, und schon gar der mit Asien, war für den größten Teil Europas eine Angelegenheit von Seefahrern, die über die Weltmeere segelten. Einzig die Russen, deren Reich von kontinentalen Ausmaßen sich bis tief nach Asien hinein erstreckte, handelten chinesische Waren lange Zeit auf dem Landweg über die Mongolen ein. Westeuropa, allen voran Großbritannien und Holland, und später auch die Amerikaner transportierten ihre Handelswaren und den Tee mit den herrlichen Windjammern über die Meere. Die Fernostsegler der Briten wurden von ihnen stolz als ihre »East Indiamen« bezeichnet. Es waren vorwiegend imposante Dreimaster, die sich mit zwei Dutzend Kanonen der zunehmenden Piraterie zu erwehren suchten. Zu Beginn des Chinahandels machten überwiegend Seidenballen, goldene Intarsienarbeiten und Pfeffer das Gros der Güter aus. Tee folgte, nachdem er ursprünglich so gut wie keine Rolle gespielt hatte, erst um 1700 an vierter Stelle. Das sollte sich bald massiv ändern, denn kaum ein Jahrhundert später gingen über achtzig Prozent des Handelsumsatzes in Kanton auf das Konto des Tees.

Aus den Teeanbaugebieten am Jangtse und in Südchina trugen Kulis jährlich zwanzig Millionen Pfund Tee auf ihren Schultern über die Berge, um dann auf Flüssen und Kanälen nach Kanton transportiert zu werden. Nach dem Opiumkrieg, in dem die Chinesen gezwungen wurden, weitere Häfen für den Überseehandel zu öffnen, verlagerte sich der Teehandel in den Hafen von Fuzhou. Die südostchinesische Küstenstadt liegt etwa auf halbem Wege zwischen Kanton und Shanghai und damit viel näher an den wichtigsten Teeanbaugebieten. Sie erlangte große Bedeutung, als die verschiedenen Tee-Handelsgesellschaften gegeneinander in den Wettkampf traten. Da jeweils der erste Tee eines Jahres, der in Europa angelandet wurde, die besten Preise erzielte, war jeder bestrebt, möglichst frühzeitig mit der Ware in See stechen zu können, den Transport schnell abzuwickeln und als Erster den europäischen Markt zu bedienen. Ein günstiger »Nebeneffekt« war, dass der Tee durch die schnelleren Transporte weniger lange unter den Einflüssen der Seereise litt und daher von besserer Qualität blieb.

Zwei Umstände bestimmten den Fahrplan der »East Indiamen«, der britischen Großsegler, ganz wesentlich. Zum einen natürlich der Rhythmus der Tee-Ernten im Reich der Mitte, zum anderen aber auch der jahreszeitliche Wechsel der Monsunwinde, die für die Reisegeschwindigkeit der Schiffe von zentraler Bedeutung waren. So kam ein Fahrplan zustande, der sie beispielsweise im Dezember oder Januar von England aus in See stechen ließ, damit sie im August oder September in Kanton eintrafen. Zu dieser Zeit etwa erreichte auch der über Land transportierte Tee, der im April oder Mai geerntet worden war, die Hafenstadt.

Nach Ankunft der Schiffe wurden sie von einem chinesi-

Tee wird im Hafen von Kanton auf Boote verladen

schen Beamten ausgemessen, um die Höhe der Abgaben an den Kaiserhof zu bestimmen. Dann erst konnten die Verhandlungen mit den chinesischen Teemaklern aufgenommen, die Schiffe beladen und etwa um die Jahreswende wieder die Anker gelichtet werden. So gelangten die Seefahrer mit dem Nordwest-Monsun in den Indischen Ozean und konnten unter normalen Umständen im nächsten Herbst den Hafen von London erreichen. Verpassten sie den Monsun, weil sich die Abreise aus welchen Gründen auch immer verzögert hatte, dann mussten sie die nächste Monsunzeit abwarten. Damit konnte sich die ohnehin schon zwei Jahre dauernde Seereise schlimmstenfalls um ein weiteres Jahr verlängern. Das sollte sich Mitte des 19. Jahrhunderts dramatisch ändern, als 1850, ein Jahr nach der Abschaffung der alten britischen Navigationsakte, die für den Überseeimport nach Großbritannien nur britische Schiffe zugelassen hatte, das erste ausländische Schiff – der amerikanische Segler Oriental – in London festmachte.

Die Teeklipper und ihre »Teerennen«

Es war der Tee, der das letzte große Kapitel in der Geschichte der Segelschifffahrt einläutete. Um die Mitte des 19. Jahrhunderts entstand in Amerika und Europa eine enorme Nachfrage nach Tee. Dieser musste aus China importiert werden, da die Briten in Indien damals noch nicht so viel produzierten, um den Bedarf decken zu können. Es galt: Je frischer ein Tee war und je kürzer er unter den Bedingungen einer Seereise gelitten hatte, umso höhere Preise erzielte er. Daher waren die Reeder darauf bedacht, besonders schnelle Schiffe bauen zu lassen. In der Folge wurde in den 40er Jahren des 19. Jahrhunderts in Amerika ein neuer Schiffstyp entwickelt, der Klipper, nach seinem Haupttransportgut auch »Teeklipper« genannt. Er zeichnete sich durch seine besondere Schnelligkeit aus, die zum Teil auf eine neue Rumpfform zurückzuführen war. Mit seinem eher schmalen Rumpf besaß der Klipper einen spitz zulaufenden Bug, der scharf durchs Wasser schnitt und sich nicht wie der abgerundete Bug der älteren Schiffe mit den Wellen auf und ab bewegte. Zum anderen resultierte sein enormes Tempo aber auch aus der ungeheuer großen Segelfläche, die er zu tragen imstande war. An den Rahen waren weitere Stengen befestigt, die man bei Bedarf seitwärts ausfuhr, um daran zusätzliche Segel, die so genannten »Leesegel«, zu befestigen. Die auf diese Art voll getakelten Schiffe boten einen majestätischen Anblick.

Ursprünglich wurden die Klipper für den Teehandel zwischen China und New York gebaut. Nachdem in Kalifornien und Australien aber Gold gefunden wurde, setzte man sie hier ebenfalls für den Transport von Handelsgütern ein. Auch die Engländer machten sich die neue Schiffstechnik bald zunutze. Allerorts wurden neue Schiffe gebaut, zu Dutzenden durchpflügten die Klipper damals die Weltmeere. In der Bevölkerung entwickelte sich eine glühende Leidenschaft für diese Schiffe, sie verfolgten gespannt ihre immer schnelleren Fahrten zwischen den Kontinenten. Es entstanden regelrechte Wettfahrten, bei welchen die mit dem frischen Tee beladenen Klipper gleichzeitig von China aus in See stachen. Als Anreiz setzten die Teehändler eine Prämie von zehn Schilling pro Tonne Tee für das Schiff aus, welches den ersten Tee des Jahres nach London brachte. Manches Seemannsgarn wird darüber erzählt, welcher Kniffe und Tricks sich die Kapitäne bei diesen Rennen zu bedienen wussten. Eines der spannendsten und knappsten war das »Great Tea Race« des Jahres 1866 von Fuzhou nach London. Fuzhou, in der Provinz Fujian gelegen, war einer der fünf Häfen, die nach dem Opiumkrieg für den Überseehandel geöffnet worden waren, und der Hauptumschlagplatz für chinesischen Tee. Schon das Beladen der Schiffe war eine Kunst. Jeder Winkel wurde mit Teekisten ausgefüllt, selbst in der Kapitänskajüte wurden sie gestapelt. Da der Tee zu leicht war, musste man zusätzlich noch Ballast mitführen, meist Eisen oder Steine, damit das Schiff gut im Wasser lag.

Am 28. Mai 1866 war es so weit. Tag und Nacht waren die Klipper beladen worden, sechzehn Schiffe lagen auf der Pagoda-Reede vor Fuzhou. Die Ariel, ein schlankes Schiff von 853 Tonnen, beladen mit 1 108 000 Pfund Tee, lichtete zuerst den Anker. Erst ein Jahr alt, war sie einer der Favoriten und besaß darüber hinaus so viele Messingteile an Bord, dass vier Mann sie täglich von morgens bis abends putzen mussten. Gesteuert wurde sie von Kapitän John Keay. Zu den Favoriten zählten auch die Taeping unter Kapitän Donald McKinnon, die Fiery Cross, die Taitsing und die Serica. Kapitän Keay, der als Erster für die 13 200 Seemeilen lange Reise die Anker gelichtet hatte, konnte sich nicht lang darüber freuen. Er erwischte den schwerfälligsten Schlepper, der ihn den gewundenen Lauf des Min-Flusses hinunterziehen sollte. Zu allem Unheil kenterte auch noch das Boot, welches den Lotsen an Bord bringen sollte. Und so musste er gleich zu Beginn zusehen, wie die anderen Schiffe an ihm vorbeizogen.

Die Strecke von der Mündung des Min bis zur Sunda-Straße zwischen Sumatra und Java war die schwierigste. Sturm und Flaute wechselten sich ab, der Monsun aus Südwesten frischte auf. Die Ariel machte gute Fahrt, denn Kapitän Keay hatte den Trimm seines Schiffes noch verbessern lassen, indem er Teekisten, Ankerketten und anderes schweres Zeug nach achtern bringen ließ. Beim Durchqueren der Sunda-Straße hatte es Kapitän Keay so eilig, dass er nicht einmal auf die Signale vom Land wartete, die ihm mitgeteilt hätten, dass die Fiery Cross sie schon einen Tag zuvor passiert hätte. Die Taeping, die Serica und die Taitsing folgten der Ariel mit nur kurzem Abstand. Die Nachricht wurde natürlich sofort nach England weitergegeben, wo das Publikum die Wettfahrt erwartungsvoll verfolgte. Nun lag das schönste Stück vor ihnen; unter tropischer Sonne, mit dem stetigen Passatwind aus Südost flogen die Schiffe buchstäblich über den Indischen Ozean auf Kurs zur Insel Mauritius, bevor es um das Kap der Guten Hoffnung in den Atlantik ging. Das Schiff wurde aufs Äußerste gefordert; trotz des kräftigen Windes wurden alle

Segel gesetzt. Unter diesen Belastungen ging so manches in der Takelage zu Bruch. Deswegen wurde die Geschwindigkeit aber keineswegs gedrosselt. Bei voller Fahrt mussten die Matrosen die betroffenen Teile reparieren oder austauschen. Die Kapitäne befanden sich in ständiger Ungewissheit über ihre Position im Rennen, da die Schiffe meist außer Sichtweite voneinander fuhren. Nach der Umrundung des Kaps der Guten Hoffnung ging es weiter Richtung Norden, an der Küste Afrikas entlang.

Am vierten August überquerte die Ariel, zur selben Zeit wie die Fiery Cross und die Taeping, den Äquator, ohne dass jeweils die eine von den beiden anderen wusste. Noch einen ganzen Monat dauerte es, bis die Ariel an den Azoren und dem Golf von Biskaya vorbei in den Ärmelkanal einfuhr und die Leuchtfeuer Bishop und St. Agnes an der Südküste Englands zu Gesicht bekam. Eine kräftige Brise aus Westsüdwest trieb sie dem Ziel entgegen, jeder Fetzen Segel wurde gesetzt; sie bot ein großartiges Schauspiel, wie sie so in voller Takelage durch die Wellen glitt. Am 5. September, bei immerhin 14 Knoten Fahrt, machte Kapitän Keay querab an Steuerbord einige Segel über dem Horizont aus. Er sollte mit seiner Vermutung, dass es sich um die Taeping handelte, Recht behalten. Diese beiden Klipper sollten also das Rennen unter sich ausmachen. Schon ließen sie die Isle of Wight hinter sich, als die Nacht einbrach. Morgens gegen vier Uhr erreichte die Ariel als erste Dungeness, wo sie ihren Lotsen aufnehmen sollte, doch die Taeping traf nur kurze Zeit später ein. Als Kapitän Keay erkannte, dass sie näher an Dungeness heranfahren wollte, um ihren Lotsen früher an Bord nehmen zu können, ließ er kurz entschlossen noch einmal Segel setzen und schnitt ihr den Weg ab.

Kaum waren die Lotsen an Bord, ging es schon weiter, die Ariel voran, dicht gefolgt von der Taeping. Das Rennen war erst entschieden, wenn das erste Schiff am Pier in London festmachen würde. Für die Fahrt die Themse hinauf benötigten die großen Segler wiederum einen Schlepper. Kapitän Keay hatte zwar, wie schon am Anfang der Reise, das Glück, den ersten zu ergattern, aber wiederum war es der schlechtere und die Taeping konnte an ihnen vorbeiziehen. Keay rechnete sich hingegen aus, dass beide Klipper Gravesend bei Niedrigwasser erreichen würden und dort auf die Flut warten müssten. Daher entschied er sich etwas zurückzubleiben, um einen zweiten Schlepper anzufordern. Wie er es erwartet hatte, ankerte die Taeping bei Gravesend, als er, pünktlich mit auflaufendem Wasser, an ihr vorbeischoss. Jetzt wähnte er sich schon fast des Sieges sicher, da er zudem noch den Vorteil besaß, dass sein Ziel, das East India Dock, sich weiter flussabwärts befand als das London Dock, an dem Kapitän McKinnon anlegen musste. Aber welch ein Schock, als die Ariel um 21 Uhr ihr Dock erreichte: Der Wasserstand war noch zu niedrig und sie musste über eine Stunde warten, bevor sie anlegen konnte. In dieser Zeit zog die Taeping mit ihrem niedrigeren Tiefgang an ihr vorbei und machte am 6. September genau um 22 Uhr an ihrem Pier fest. So musste sich Kapitän Keay, der den Sieg schon fast in der Tasche hatte, doch noch geschlagen geben.

Trotz allem konnte sich McKinnon nicht richtig über seinen Sieg freuen. Die Teepreise waren gefallen und die voraussichtliche Ankunft so vieler Teeladungen ließ die Händler um ihren Profit bangen. Die Besitzer der zwei Schiffe fürchteten nun, dass die Teehändler für den Fall, dass es Streit um den wahren Gewinner des Rennens gab, ihre Prämie einfach streichen würden. Daher trafen sie insgeheim die Vereinbarung, sich den Preis zu teilen und denjenigen zum Sieger zu erklären, der die erste Kiste Tee auf den Pier auslud. So mussten sich beide Kapitäne mit nur der Hälfte der Prämie zufrieden geben. Die Ankunft der weiteren Schiffe ließ die Teepreise noch weiter sinken und in den folgenden Jahren setzten die Teehändler keine Prämie mehr aus.

Das glorreiche Zeitalter der Segelschiffe ging bald zu Ende. Als einer der letzten lief 1869 der wohl bekannteste Teeklipper vom Stapel, die Cutty Sark. Im selben Jahr wurde der Suez-Kanal eröffnet, der Dampfschiffen den Umweg um das Kap der

Guten Hoffnung ersparte und den Seeweg von China nach England um rund 3400 Seemeilen verkürzte. Für Segelschiffe war der Kanal zu schmal. Die Dampfschifffahrt gewann schließlich die Vorherrschaft. Als letzte und einzige Erinnerung an die große Zeit der Teeklipper liegt die Cutty Sark heute zur Besichtigung im Hafen von Greenwich.

INDIEN

Wie die Teepflanze nach Assam kam …

In den Bergen des nordostindischen Assam-Himalaja lebte einst ein Fabelwesen mit dem Namen Kebo-Akbo. Es war einer der so genannten Wiyu-Geister, die in der Mythologie der in den Dschungeln lebenden Shimong-Bergstämme eine große Rolle spielen. Dieser Kebo-Akbo hatte die Gestalt eines Yaks, jenes Hochlandrindes, das in Tibet und dem höheren Himalaja als das wichtigste Haustier gilt. Er lebte weit oben in den nördlichen Bergen, dort, wo Sonne und Mond geboren wurden. Als aber Sonne und Mond eines Tages aus ihrem Haus traten, packte Kebo-Akbo das blanke Entsetzen. In überstürzter Flucht stürmte er davon und gelangte so nach Assam, wo er bald darauf starb.

Als Kebo-Akbo im Todeskampf lag, konnte er weder seinen Samen noch seinen Urin zurückhalten. Beides ergoss sich aus seinem Körper in die umliegende Erde. Aus seinem Samen wuchs der Mohn, der als Opium den Menschen als Trost für ihr hartes Leben in den Bergen gegeben wurde; aus Kebo-Akbos Urin aber spross die Teepflanze hervor. Das ist der Grund, warum all jene in den Bergen Assams, die Opium rauchen, immer auch eine große Menge Tee zu trinken pflegen.

Die spannende Entdeckung einer in Indien heimischen Teesorte

Wer einmal aus der brütenden Sommerhitze Indiens in die Berge des östlichen Himalaja hinaufgefahren ist, der kann verstehen, warum die englischen Kolonialherren gerade hierher in die Sommerfrische zu reisen pflegten. Nach der Schwüle in der Ganges-Ebene mussten die frischen grünen Hügel und die angenehme nächtliche Kühle den Briten, die die Hitze nicht gewohnt waren, wie ein Paradies erscheinen. Den Ruf besonderer Schönheit genießt das über 2000 Meter hoch gelegene Darjeeling, dessen Name sich vom tibetischen Dorje Ling, »Kloster des Diamantzepters«, ableitet. Darjeeling ist nicht nur ein beliebter Ferienort, sondern war während der Kolonialzeit auch der Sommersitz der britischen Verwaltungsbehörde von Bengalen. Wurde es einst von unterschiedlichen Völkerschaften bewohnt und von unabhängigen Rajas regiert, so bemächtigten sich die Briten bald des so genannten »Aussichtsplatzes Indiens für den Himalaja«. Sie rodeten die Wälder, terrassierten die Berghänge und legten einen idyllischen Ort mit vielen Treppen und engen verwinkelten Gassen an.

Kein Besucher sollte es versäumen, in den frühen Morgenstunden auf den nahe gelegenen Tiger Hill zu steigen. Dort bietet sich dem wackeren Frühaufsteher ein unvergleichliches Schauspiel. Die aufgehende Sonne taucht die bizarren schneebedeckten Gipfel des Kanchenjunga, des dritthöchsten Bergmassivs der Welt, in ein zauberhaftes Licht. Strahlend wie ein gewaltiges Juwel erhebt es sich über der sanften Hügelwelt Darjeelings. Hier in dieser Bilderbuchlandschaft fanden die Briten nicht nur ein herrliches Erholungsgebiet, sondern auch ideale Anbaubedingungen für ihr neues Nationalgetränk, den Tee.

Wer an Indien denkt, verbindet es meistens auch mit ausgedehnten grünen Teeplantagen, auf denen die berühmten Assam- oder Darjeeling-Tees angebaut werden. Doch obwohl Indien und Tee so eng miteinander verknüpft scheinen, hat das anregende Getränk hier keine sehr lange Tradition. Erst im 19. Jahrhundert, als die Briten auf den Genuss von Tee nicht mehr verzichten und die teuren Einfuhren aus China einschränken wollten, begannen sie, in den von ihnen kontrollierten Gebieten Ausschau nach geeigneten Anbaugebieten zu halten. Der Plan, in Indien Tee anzubauen, wurde trotz viel versprechender Aussichten zuerst nur zögerlich verfolgt. Der Grund dafür lag in den wirtschaftlichen Interessen der East India Company, die im lukrativen Teehandel mit China das Monopol besaß und nicht an Konkurrenz aus den eigenen Reihen interessiert war.

Die Versuche der Briten, Teekulturen anzulegen, waren am Anfang allerdings auch nicht sehr viel versprechend. Nach zahlreichen kostspieligen Misserfolgen mussten sie erkennen, dass es nicht genügte, Teepflanzen aus China zu importieren, sondern dass viele weitere Faktoren berücksichtigt werden mussten und vor allem Know-how zu einer erfolgreichen Teeproduktion gehörte. Es fehlte nicht nur an geeigneten Anbaugebieten; die komplizierte Weiterverarbeitung der Teeblätter scheiterte immer wieder an den mangelnden Kenntnissen der einheimischen Arbeiter und britischen Produzenten. Der Wunsch, eine eigene Teeproduktion aufzubauen, blieb in einigen Kreisen jedoch ungebrochen. 1825 schrieb die Londoner Society of Arts einen Wettbewerb aus, in dem derjenige, der als Erster 20 Pfund Tee von guter Qualität in einer britischen Kolonie anbaute und erntete, eine Goldmedaille oder 50 Guineas erhalten würde. Doch erst als chinesische Teebauern mit ihrer erfahrenen Pflanz- und Verarbeitungstechnik angeworben und nach Indien gebracht wurden, erzielten britische Teeproduzenten erste Erfolge.

Im Jahr 1815 erregte ein Bericht von Colonel Latter Aufsehen, in dem er schilderte, dass die Bewohner von Assam eine ganz eigene Art der Teezubereitung kannten, bei der sie Teeblätter zusammen mit Öl und Knoblauch wie eine Suppe aufkochten. An diese würzige Teesuppe erinnert bis heute die Vorliebe vieler Teepflückerinnen dieser Region, den Tee gesalzen zu trinken. Da sich die Briten daraufhin von dieser Region gute Anbaumöglichkeiten versprachen, geriet der Nordosten Indiens damit in das Visier der Kolonialherren und weckte deren Begehrlichkeiten. 1823 befand sich der Amateurbotaniker und Oberst der britischen Armee Robert Bruce auf einer Jagdexpedition in den Regenwäldern von Manipur, zwischen Assam und Burma. In diesem schwer zugänglichen und schwer zu kontrollierenden Gebiet entdeckte er zu seiner großen Freude eine Pflanze, die er als wild wachsenden Teebaum klassifizierte. Seiner Begeisterung wurden indessen bald Grenzen gesetzt, da die Entdeckung auf große Skepsis stieß. Eine wahre Untersuchungsodyssee begann. Proben von Samen und Blättern wurden zwischen Fachleuten und Institutionen hin und her geschickt. Aber nichts geschah, bis schließlich im Jahr 1841 Leutnant Charlton ebenfalls an die Fachwelt herantrat und eine zweite in Assam gefundene Probe vorlegte. Wider besseres Wissen behauptete er, dass er die Pflanze entdeckt habe, und erhielt tatsächlich die Anerkennung, die seinem Vorgänger versagt geblieben war. Thea assamica, wie die neu entdeckte Pflanze damals genannt wurde, wurde in späteren Jahren auch noch andernorts gefunden. Manche glaubten, dass der im unkultivierten Zustand 30 Meter hoch wachsende Teebaum die Urpflanze aller Teearten darstellte.

In Kalkutta begann nun ein emsiger Wettstreit zwischen den Teezuchtvereinen. Die einen versuchten es mit aus China eingeführten Stecklingen, die anderen favorisierten die einheimische Sorte. Gleichzeitig setzte sich die Diskussion fort, wo denn nun die besten Anbaugebiete seien. Die einen plädierten für den Sub-Himalaja, wo bereits Tee wuchs, die anderen für Südindien, wo die Briten mehr Einfluss und wirtschaftliche Macht besaßen. 1835 wurde schließlich eine Zuchtstation in Assam eingerichtet. Unternehmungslust und Pioniergeist kollidierten jedoch mit Skepsis und reinem Profitdenken – ein Konflikt, der sich im damals kursierenden Schlagwort manifestierte: »Teekultur in Assam heißt Geld in den Brahmaputra werfen.« Trotzdem konnte drei Jahre später zum ersten Mal eine Tee-Ernte eingebracht werden. Als der kostbare Tee aus dem kühlen Assam in das schwülheiße Kalkutta gebracht wurde, verdarb unglücklicherweise ein Gutteil der nur unzureichend verpackten Ware. Gerade zwölf Kisten fanden ihren Weg ins ferne England und wurden auf einer Teeauktion zu Höchstpreisen versteigert. Zwar wies der eigenständig produzierte Tee nicht die gewohnte Qualität auf, aber er stieß auf größtes Interesse und gab den wesentlichen Anstoß dafür, dass kurz darauf die Assam Company gegründet wurde.

Bislang waren immer noch chinesische Teepflanzen verwendet worden, deren Aufzucht manchmal so schwierig war, dass die Briten mutmaßten, die Samen seien von den Chinesen abgekocht und somit nutzlos geworden. Mit der Entdeckung einer eigenen indischen Teepflanze ließ man von den importierten Sorten ab und konzentrierte sich auf Camellia assamica. Eine robuste und ertragreiche Sorte wurde gezüchtet, die bis zu 15 Meter hoch werden kann und mit 25 Zentimeter Länge doppelt so große Blätter hat wie die chinesische Camellia Sinensis. Außerdem hat der indische Tee einen höheren Gerbstoffgehalt und einen wesentlich kräftigeren Geschmack. Heutzutage werden in vielen Regionen bevorzugt Kreuzungen aus der widerstandsfähigen Camellia Sinensis und der tropischen Camellia assamica angebaut.

Nachdem die Entscheidung zugunsten des indischen Tees gefallen war, galt es Anbaugebiete zu erschließen. Oberst Bruce, von wahrem Pionier- und Abenteuergeist beseelt, unternahm gefährliche und anstrengende Expeditionen in die unwegsamen Bergländer mit ihren dichten und für Europäer ungesunden Dschungeln. 120 geeignete Regionen machte er ausfindig und nahm es auf sich, mit den örtlichen Herrschern, den Rajas, zu verhandeln. Nach und nach setzten die Briten ihre wirtschaftlichen Interessen gegen alle Widerstände durch und nahmen die Gebiete für sich in Anspruch. Als einen »großen, schicksalhaften Augenblick in der Geschichte des Tees« bezeichneten die Engländer die Ereignisse, mit denen sie das Teemonopol der Chinesen brachen. Inzwischen sind Teeplantagen aus Nordindien nicht mehr wegzudenken.

Erstaunlicherweise jedoch ist Tee bei weitem nicht das wichtigste Getränk in Indien. Noch immer bevorzugen die Menschen in Südindien einen starken, gesüßten Kaffee, und die Nordinder mögen gerne süßen Milchtee. 400 verschiedene Arten der Zubereitung soll es geben, von denen viele für den europäischen Gaumen ungewohnt, wenn nicht gar ungenießbar sind.

Für Touristen zählen die allgegenwärtigen Teeverkäufer in Indien zu den bleibenden Erinnerungen. Wann immer ein Zug in einen der zahllosen Bahnhöfe Indiens einfährt, erschallt sofort der Ruf *»chai garam, garam chai«* und verkündet dem durstigen und müden Reisenden, dass er sich hier mit einem Tee, *chai*, stärken kann. Er wird in kleinen, aus Ton gefertigten, liebevoll dekorierten Bechern verkauft, die als Einmalgefäße dienen. Sind sie geleert, so darf man sie herzhaft und mit Schwung auf die Schienen oder einen Scherbenhaufen schleudern. Ein Spaß, den sich nur wenige entgehen lassen. Tee bedeutet in diesem Falle freilich etwas anderes als im Westen. Wer einen guten aufgebrühten Tee mit extra gereichtem Zucker und Milch trinken möchte, der sollte sich nicht auf der Straße versorgen, sondern dorthin gehen, wo sich die reicheren Inder treffen, und einen *Tray Tea* bestellen.

Der normale Tee, wie er von einfachen Indern getrunken wird, ist ein *Mixed Tea*, der schon manchen westlichen Teeliebhaber geschmacklich überfordert hat. Dafür wird kaltes Wasser mit viel Tee, reichlich Milch und viel Zucker in einem Topf zum Kochen gebracht. Nachdem er eine Weile gezogen hat, ist daraus ein milchig-trübes Gemisch entstanden, das warm gehalten wird und so jederzeit zum Verkauf bereitsteht. Mancherorts wird der starke Tee noch mit Gewürzen versetzt. Besonders beliebt ist der so genannte Kashmir-Tee, der mit zerstoßenen Mandeln und Kardamom gewürzt und dann mit kochender Milch gemischt wird. So haben sich die zahlreichen Völkerschaften Indiens ein Getränk, das eigentlich von den ungeliebten Kolonialherren eingeführt wurde, zu Eigen und zu etwas typisch Indischem gemacht.

Süßes Leben und bitterer Tee

Teeplantagenbau in Indien

»In England würde ich dieses Leben als unerträglich empfunden haben, aber hier gewöhnte ich mich daran, nur nass, nass, nass zu sein, trotz Schirm und Ölhaut, und es störte mich bald kaum mehr.«

Teepflückerinnen auf einer Plantage in Assam kehren von der Arbeit heim

Mit diesen Worten beschrieb ein Teepflanzer zu Beginn des letzten Jahrhunderts sein Leben auf einer der Teeplantagen Indiens. Besonders in den südlichen Anbaugebieten litten die europäischen Pflanzer, die als »eine sonderbare Mischung von pensionierten oder gefeuerten Heeres- und Marineoffizieren, Medizinern, Ingenieuren, Veterinären, Dampferkapitänen, Apothekern, Geschäftsleuten aller Art und was es sonst noch in den Kolonien gab«, dargestellt wurden, unter den schwierigen Lebensumständen. Nicht nur die Anreise mit Schiffen und unzulänglichen Ochsenkarren oder Sänften waren sehr beschwerlich, sondern vor allem die überaus einfachen Wohnverhältnisse, mit denen die Männer der ersten Stunde vorlieb nehmen mussten. Harte Arbeit bestimmte das tägliche Einerlei. Mühsam und mit Hilfe von Elefanten mussten der dichte Urwald gerodet und danach die neuen Pflanzen vorbereitet, eingepflanzt und hochgepäppelt werden. Hinzu kam, dass diese Pioniere ständig von wilden Tieren, Krankheiten wie Malaria, Gelbfieber und Cholera sowie von heftigen Regenfällen, gefolgt von Überschwemmungen, und angriffslustigen Bergstämmen bedroht waren. Die schlechten Transportmöglichkeiten und fehlende Arbeitskräfte machten die Erschließung der Teeanbaugebiete zu einem gewagten Abenteuer. Von morgens bis abends drehte sich alles um den Tee und die Pflanzer waren in fast allen Belangen auf sich selbst gestellt. Ein gesellschaftliches Leben gab es praktisch nicht und nur selten gab es eine Abwechslung.

Nach und nach entspannte sich die Situation jedoch. Die primitiven Bambushütten wurden durch bequemere Bungalows ersetzt und die ersten Ehefrauen folgten ihren Männern in die neue Heimat. Mit ihnen begann das gesellschaftliche Leben und die berühmten britischen Clubs wurden eingerichtet. Hier trafen sich deren Mitglieder am Sonntag, um Bridge oder Billard zu spielen oder sich beim Tanztee zu amüsieren. Die Jagd, Angelwettbewerbe und gepflegter Müßiggang machten das »High Life« der Kolonialherren und ihrer verwöhnten Frauen angenehm und luxuriös.

Mit dem Ausbau der Infrastruktur und einem regelmäßigen Schiffs-, Straßen- und Eisenbahnverkehr verbesserten sich die Absatzmöglichkeiten und der Vertrieb des Tees. Nicht nur das Leben, auch die Produktionsbedingungen wurden zunehmend leichter. Bald wurden die Plantagen ausgedehnt und es wurden immer mehr Arbeitskräfte benötigt, um sie bewirtschaften zu können. Alles hatte sich nun verändert. Die britischen Pflanzer mussten nun nicht mehr selbst körperlichen und gefährlichen Einsatz bringen, um das Bestehen und den Ertrag der Plantage zu sichern. Jetzt wurden von überallher Arbeitskräfte angeheuert, deren Mühsal das süße Leben der weißen Herrschaft ermöglichte.

Preiswerte und willige Arbeitskräfte fanden sich nicht nur in Indien; auch in den Nachbarländern folgten viele den Versprechungen der Kolonialisten. Mehr als eine Million Menschen strömten ab 1840 nach Assam. Sie hofften, dem Elend und Hunger in Bengalen zu entfliehen und eine sichere Existenz zu finden. Doch die Versprechungen der skrupellosen Anwerber waren oft falsch und viele Zuwanderer starben, bevor sie die Teegärten überhaupt erreichten. Auf den Plantagen erwartete sie dann ein elendes Leben. Ihre miserablen Behausungen standen nicht selten in moskitoverseuchten Sümpfen, die Ernährung war mangelhaft und von medizinischer Versorgung keine Rede. Pausenlos musste gearbeitet werden, selbst während des regenreichen Monsuns. Die unerträglichen Bedingungen forderten ihren Blutzoll – bis 1866 sollen insgesamt 30 000 Arbeiter zugrunde gegangen sein.

Ab 1860 wurde den schlimmsten Zuständen ein Ende gemacht und Gesetze zwangen die Plantagenbesitzer zur Garantie minimaler Arbeitsrechte, einer medizinischen Grundversorgung, eines Mindestlohns und menschenwürdiger Unterbringung. Die Befolgung dieser Gesetze wurde allerdings nicht selten unterlaufen. Hinzu kam, dass die neuen Regelungen nur für männliche Arbeitskräfte und nicht für Frauen und Kinder galten. Die wilden und ausbeuterischen Zeiten dauerten bis in die 30er Jahre des 20. Jahrhunderts an, als endlich verbindliche und für alle geltende Gesetze sowie strenge Kontrollmaßnahmen die Situation der Teepflücker wesentlich verbesserten. Heute sind gesicherte Arbeitsverhältnisse, Unterkunft, Alters- und Krankenvorsorge sowie Schulbildung Standard in den Teeplantagen. Die Arbeitgeber sind daran interessiert, ihre Pflücker so gut wie möglich zu versorgen, damit sie die geforderte Qualitätsarbeit leisten können.

Wer bei indischen Teeplantagen nur idyllische Landschaften mit bunt gekleideten exotischen Menschen, die den Tee von

Anfang bis Ende von Hand verarbeiten, vor Augen hat, der täuscht sich gleichwohl gewaltig. In Indien hat sich eine regelrechte Teeindustrie entwickelt, die sich schon früh von China und seinen Anbaumethoden emanzipierte.

Lange Zeit waren die Menschen des Abendlandes der Ansicht, dass grüner und schwarzer Tee von zwei verschiedenen Pflanzen geerntet würde. Doch schon bald bemerkten sie, dass der Unterschied in der Verarbeitung liegt. Im Gegensatz zum Grüntee, der nur getrocknet und geröstet wird und dabei seine grüne Farbe behält, wird der Schwarztee einem Fermentationsprozess ausgesetzt. Dieser Vorgang vermindert den Gerbstoffgehalt auf ein Drittel, was den schwarzen Tee weniger bitter als den grünen Tee macht. Außerdem verändert er den Gehalt an Tein, das im Übrigen nichts anderes ist als Koffein. Die Aromastoffe verändern sich dabei ebenfalls.

Schon lange sind die Zeiten vorbei, in denen das Pflückgut zum Welken auf runden Bambussieben in die Sonne gestellt wurde. Heute blasen große, lärmende Maschinen heiße Luft über und unter die Blätter, die in gewaltigen Trögen lagern. Anschließend werden die Teeblätter von einfach konstruierten Maschinen in mehreren Arbeitsgängen gerollt, bevor sie in den klinisch sauberen Fermentationsraum gebracht werden. Dort liegen sie etwa zehn Zentimeter hoch geschichtet auf Aluminiumtabletts. Bald setzt die Oxidation ein und die Blätter verfärben sich kupferrot. Ein »Teamaker« überwacht den Fermentationsprozess sorgfältig und muss anhand von Geruch und Farbe beurteilen, wann der Prozess beendet ist. Bis heute gibt es keine wissenschaftliche Bestimmung des richtigen Zeitpunktes – allein die Erfahrung des Teamakers gibt hierbei den Ausschlag und ist entscheidend für die Qualität und den optimalen Geschmack des Tees. Nach einem nochmaligen Trocknungsprozess ist die Fermentation nach rund drei Stunden abgeschlossen und die Teeblätter werden abgekühlt. In einem letzten Arbeitsgang laufen die unterschiedlich großen Blätter über mechanische Rüttelscheiben, wodurch sie nach Größe sortiert werden.

Trotz aller maschinellen Produktion verhält es sich mit dem Tee wie mit einem guten Wein. Nur durch sorgfältigste Arbeit, detaillierte Kenntnisse und großes Fingerspitzengefühl kann ein köstliches Ergebnis erreicht werden, das vom Kenner nach Anbauregion und Pflückzeit (beim Tee unterscheidet man nicht nach Jahrgang, ein Tee, der älter ist als ein Jahr, ist schon zu alt) unterschieden wird. Und schließlich liegt es am Käufer und seiner Zubereitungsmethode, dass ein sorgfältig hergestellter Tee die ganze Fülle seines Aromas entfaltet und sein Genuss wirklich zu einem Erlebnis der Sinne wird.

Teeauktion in Kalkutta

Ein ganz eigenes Kapitel im Teehandel ist der Einkauf des frisch geernteten Tees. Während in China die Vermarktung des Tees in der Hand von großen Export-Korporationen liegt, die seine Qualität überwachen, werden die Tees in Südasien vorwiegend über Auktionen gehandelt. Sri Lanka, das alte Ceylon, das über gewaltige, einst von den Engländern angelegte Tee-Monokulturen verfügt, hat beispielsweise staatliche Einschränkungen im Handel verfügt, die dafür sorgen, dass die gesamte Produktion dieses zweitwichtigsten Tee-Exportlandes per Auktion verkauft wird.

Historisch gesehen war London neben China lange Zeit der bedeutendste Handelsplatz für Tee. Die europäische Metropole hat ihren führenden Rang jedoch verloren, nachdem die Tee produzierenden Länder vor einem halben Jahrhundert selbstständig geworden sind und ihre Ware nun selbst vermarkten. Nur für den afrikanischen Markt, auf dem Kenia mit einer Produktion, die etwa einem Drittel jener Indiens entspricht, führend ist, hat die Londoner Teebörse heute noch größere Bedeutung. Sowohl für den internationalen als auch den binnenländischen indischen Markt kann fraglos die bengalische

Großstadt Kalkutta als wichtigstes Handelszentrum für Tee angesehen werden. Zwar gibt es in Indien inzwischen auch kleinere Auktionszentren, die näher bei den entsprechenden Teeplantagen liegen – wie beispielsweise das Wirtschaftszentrum von Assam, Gauhati –, doch werden auf der wöchentlich in Kalkutta abgehaltenen Auktion noch immer die meisten der teuersten und besten Tees der Welt verkauft.

Auf solchen Auktionen treffen die Verkaufsmakler der einzelnen Teeplantagen auf die professionellen Einkäufer der berühmten und einflussreichen Tee-Handelshäuser. Die zur Versteigerung anstehenden Tees müssen schon Wochen vor der eigentlichen Auktion verfügbar sein, denn beeidigte Lagerhausfirmen lassen sich Muster aus einer größeren Zahl von Teekisten geben. Nicht anders als bei Auktionen von Antiquitäten werden hierfür Kataloge erstellt, die man in die ganze Welt verschickt. Sie geben detailliert Auskunft über die Gesamtzahl der vom jeweiligen Tee angebotenen Kisten, über den Blattgrad, die Plantage, auf welcher der Tee geerntet wurde, über die Erntewoche, wer der Verkäufer bzw. Makler ist und dergleichen mehr.

Auf der Teeauktion ist vom Tee selbst eigentlich überhaupt nichts mehr zu sehen, denn gekauft und ersteigert wird anhand von langen Listen, auf denen ein wildes Gewirr aus Zahlen und Abkürzungen auf die einzelnen Teepartien hinweisen. All das ist nur dem Kenner verständlich, wie die gesamte Stimmung auf der Teeauktion in Kalkutta auch weniger der eines orientalischen Markts gleicht als vielmehr den Eindruck erweckt, dass hier nur Eingeweihte das fast schon konspirativ Angebotene zu erwerben verstehen. Ein Zeitungsbericht aus den sechziger Jahren, der von einem ostfriesischen Tee-Einkäufer verfasst wurde, vermag ein wenig von dieser Stimmung wiederzugeben:

»In Kalkutta besuchte ich befreundete Teefirmen, mit denen unser Haus seit Jahren in Geschäftsbeziehung steht. Wöchentlich nahm ich an der Kalkutta-Teeauktion teil, der größten Auktion im internationalen Teehandel. An drei Tagen jeder Woche kommen dort bis zu 80 000 Kisten Tee unter den Hammer, das sind bis zu 400 000 Kilogramm ... Muster der zum Verkauf angebotenen Partien werden eine Woche vorher verteilt und somit dem Handel vorgestellt. Die interessierten Käufer versuchen zu einem möglichst niedrigen Preis das Lot zu ersteigern. Dabei muss man höllisch aufpassen, um nicht auf einer Partie sitzen zu bleiben, denn das Ganze spielt sich unter sehr schnell sprechenden, in geheimer Zeichensprache gestikulierenden Leuten ab. Ein kleiner Seitenblick auf den Angebotskatalog des Nachbarn kann eine verpasste Gelegenheit bedeuten. Besonders interessant ist der Tag, an dem für den internen indischen Bedarf gekauft wird. Dann finden sich viele Käufer des Kalkutta-Basars im Auktionsraum zusammen und beherrschen mit ihrem indischen Element das Geschehen. Die Atmosphäre ist orientalisch und aufregend. Sehr lautstark handeln die manchmal mit Turban bedeckten, bärtigen Inder, springen auf, fluchen, singen, kurz: Man gibt seinen Gefühlen freien Lauf.«

TIBET

Söcha, das Nationalgetränk der Menschen im Schneeland

Berühmt ist die tibetische Küche für Dinge, an die sich Fremde nur selten gewöhnen können oder wollen: Yakbuttertee und Tsampa, der typische »Gerstenbrei«, der über weite Teile Tibets das wichtigste Grundnahrungsmittel ist. Berühmt-berüchtigt ist Söcha – gesalzener Buttertee. Traditionell wird für dieses Nationalgetränk der Tibeter der chinesische Ziegeltee verwendet. Die hinzugefügte Butter – bei uns hat sich die Bezeichnung »Yakbutter« eingebürgert, obwohl Yak eigentlich das männliche Tier bezeichnet – liefert den Tibetern mit dem Fett ausreichend Kalorien, um die in der Höhe wichtige Nährstoffverbrennung zu gewährleisten. Sodasalz, das dem Tee ebenfalls zugesetzt wird, lässt ihnen die zum Überleben notwendigen Mineralien zukommen. In vielerlei Hinsicht ist der Buttertee, der den Vergleich mit einer dünnen Fleischbrühe nicht scheuen muss, etwas ganz Besonderes, was sich in der nachfolgend erzählten alten Legende aus Tibet niedergeschlagen hat. Das Teetrinken insgesamt spielte schon seit Jahrhunderten eine solch eminente Rolle im gesellschaftlichen Leben der Menschen im Schneeland, dass sich während der letzten beiden chinesischen Kaiserdynastien eine höchst interessante machtpolitische Vorstellung entwickelte: Wenn man den Export von chinesischem Tee in die Gebiete der Tibeter und Mongolen verhindere, so glaubten Strategen des kaiserlichen Hofstaates, dann ließen sich diese Völker leichter kontrollieren. Diese Vorstellung wurde letztlich auch auf die westlichen Barbaren übertragen, was so weit führte, dass man in China schließlich glaubte, die Briten gerieten in höchste Schwierigkeiten, wenn sie nur einige Tage ohne chinesischen Tee und Rhabarber existieren müssten ...

Wie der gesalzene Buttertee entstand

In großen Höhen muss der Mensch wegen des unmittelbaren Wasserverlusts über die Haut, der so genannten Dehydratation, erheblich mehr Flüssigkeit zu sich nehmen als in niedrigeren Lagen. Wohl aus diesem Grunde haben sich die tibetischen Bauern und Nomaden angewöhnt große Mengen ihres gesalzenen Buttertees zu trinken. Jeder Gast, der das Haus oder Zelt betritt, wird ohne Zögern als Erstes aufgefordert, seine Trinkschale auszupacken, die jeder Tibeter ständig mit sich trägt. Im Nu wird ihm Buttertee in die üblicherweise aus gedrechseltem Holz gearbeitete schöne Schale gegossen. In aller Regel kostet es die Gastgeber wenig Mühe ihre Landsleute zum Trinken aufzufordern; bei Ausländern hingegen, denen der Geschmack des Buttertees häufig mehr als gewöhnungsbedürftig erscheint, sieht das im Allgemeinen anders aus. Und der Nachschub folgt auf dem Fuße, denn wenn etwas im Haus, im Zelt oder in der Klosterküche wirklich stets vorhanden ist, so ist es frischer Buttertee. Durst mag hierfür der Hauptgrund sein, vielleicht aber auch, wie der Tibet-Reisende Ernst Schäfer vermutete, ein wenig die Solidarität für jene beiden Kinder tibetischer Stammesführer, von denen eine Legende berichtet, dass sie nicht zueinander finden konnten.

Der Überlieferung nach wohnten beidseits eines großen Flusses, der durch die weite Steppenlandschaft des tibetischen Hochlandes strömte, zwei verschiedene Nomadenstämme. Sie waren miteinander verfeindet, doch allein die verstorbenen Ahnen kannten dafür noch den Grund. Der Stamm der Sha wurde von einer rücksichtslosen Frau angeführt, die eine sehr anmutige und liebenswerte Tochter hatte, die Memetsog hieß. Die Nu dagegen wurden von einem Stammeshäuptling beherrscht, dessen Rang dem mancher europäischen Fürsten des Mittelalters vergleichbar war. Er zog einen stattlichen Sohn namens Wendampa auf.

Beide Stämme mussten ihr Trinkwasser aus demselben Fluss

Tibeter bei der Zubereitung von Buttertee im Butterfass

schöpfen, der ihre Weidegebiete voneinander trennte. Von Kindheit an hütete Wendampa die Schafe seines Vaters am Flussufer und oft gewahrte er auf der anderen Seite des gleichmäßig dahinströmenden Wassers ein lebhaftes und hübsches Hirtenmädchen. Wie die Jahre vergingen und die beiden erwachsen wurden, lernten sie einander gut kennen und fanden Gefallen aneinander, obwohl sie noch immer durch den Fluss getrennt waren. Memetsog wusste genau, wie viele Schafe Wendampa hütete, und der junge Mann merkte sich sogar die Schafe der jungen Hirtin beim Namen. Mit der Zeit erwuchs Liebe aus ihrem Zusammensein, ohne dass einer von beiden davon zu sprechen wagte. Lange Zeit blieb es jedem von ihnen ein Geheimnis, was der andere für ihn empfand. Eines Tages jedoch, als sie wieder ihre Schafe ans Flussufer trieben, hob Wendampa zu einem gefühlvollen Lied an:

»Auf dem westlichen Ufer wächst das Gras so grün –
Wollen deine Schafe vielleicht über den Fluss?
Saftig wachsen die Gräser auf dem Ufer im Osten –
Können meine Rinder und Pferde dorthin zum Weiden?
Das klare und kühle Wasser des Flusses strömt endlos dahin,
Vielleicht mögen unsere Tiere gemeinsam davon trinken?«

Als Memetsog seinem Gesang lauschte, begann ihr Herz laut zu klopfen und sie erwiderte ihm mit ähnlichen Worten. So ging dies einige Male hin und her, her und hin. Wieder klang die Stimme des jungen Hirten von der anderen Flussseite herüber und drang an ihr Ohr:

»Könnte das Tsampa aus unser beider Taschen nicht zwischen uns geteilt werden?
Könnte man nicht Tee in einem statt in zwei Kesseln kochen?
Können wir nicht Armreifen und Ringe miteinander tauschen?
Und können nicht auch ein langer Hüftgürtel gegen bestickten Schuhbesatz ausgetauscht werden?«

Ohne zu zögern antwortete ihm das Mädchen mit der Strophe:

> »Muss ich mein Tsampa alleine verspeisen, dann ist es ohne Geschmack,
> Doch ist es süß, wenn zwei es gemeinsam essen.
> Allein am Tee zu nippen ist, als ob ich kaltes Wasser tränke,
> Doch zu zwein schmeckt er wie süße Milch.
> Armreifen und Ringe können zwei Liebende miteinander tauschen,
> Doch ein langer Hüftgürtel und bestickter Schuhbesatz beschwören Verdruss, wenn sie gesehen werden.«

Von nun an trieben die beiden ihre Tiere durch eine seichte Stelle im Fluss und weideten sie gemeinsam. Während die Schafe sich über das saftige Gras hermachten, spielten Wendampa und Memetsog miteinander, neckten sich und saßen bis zum Sonnenuntergang beisammen.

Eines Tages aber stieg Unheil herauf. Als nämlich Memetsog sich zu Hause die Hände wusch, bekam ihre Mutter den Armreif, den sie mit ihrem Geliebten getauscht hatte, zu Gesicht. Sie ließ in ihrem Fragen nicht nach, bis sie die Wahrheit erfuhr, und wurde fürchterlich wütend, als sie vernahm, dass ihre Tochter mit dem Sohn des feindlichen Stammesführers eine Liebelei angefangen hatte. Ohne jedoch viel zu ihr zu sagen, hieß sie das Mädchen ruhig ins Zelt gehen und einige andere Arbeiten verrichten. Die naive Memetsog glaubte daher, die Mutter billige ihre Liebe insgeheim. Sie sollte sich täuschen, denn kaum hatte sie am nächsten Morgen das Lager verlassen und war mit ihren Schafen davongezogen, da rief die Anführerin des Sha-Stammes ihren ältesten Sohn zu sich und gab ihm mehrere vergiftete Pfeile. Mit diesen sollte er den Geliebten von Memetsog erschießen und den blutgetränkten Pfeil wollte sie am Nachmittag aus seinen Händen zurückerhalten.

Der Junge war völlig verstört, als er die giftigen Pfeile in seinen Händen hielt, denn es war ihm unmöglich, den Geliebten seiner Schwester anzurühren. Schweren Herzens ging er davon und grübelte, was er tun sollte. Schließlich erschoss er eine Krähe, damit er seiner Mutter nicht ohne Blut an einem der

Pfeile unter die Augen trete. Sie warf den blutigen Pfeil in einen Topf mit frischer Milch, und als sich diese nicht schwarz färbte, schloss sie daraus, dass kein Menschenblut daran war. Mit bösen Worten jagte sie ihren ältesten Sohn davon und ließ nun den Zweiten ihrer Söhne rufen. Ihm trug sie dasselbe auf. Auch er brachte es nicht übers Herz, der Schwester ihren Schatz zu nehmen, und so tauchte er den Pfeil ins Blut einer Elster. Sein Betrug blieb der bösen Mutter ebenfalls nicht verborgen und sie bestrafte seinen Ungehorsam mit wütenden Schlägen. Am nächsten Tag schickte sie ihren Jüngsten mit Pfeil und Bogen auf die Weide und befahl auch ihm: »Geh, und erschieße den Wendampa! Geh!«

Der Kleine war so sehr verängstigt, dass er tat, was ihn die Mutter geheißen hatte. Getroffen brach Wendampa zusammen und sank ins Gras. Die Tat blieb nicht lange unentdeckt, denn Memetsog war in der Nähe. Als sie nach ihrem Geliebten suchte, fand sie ihn mit dem Pfeil in der Hüfte. Er war noch am Leben und so half sie ihm auf sein Pferd und brachte ihn ins Lager seines Stammes. Eine Weile noch schien es, dass er von der Wunde genesen würde, doch nach einigen Tagen tat das Gift seine Wirkung und Wendampa starb. Seinen Tod konnte Memetsog nicht verwinden und so stürzte sie sich in die Fluten des nahen Flusses, um ihrem Leben ebenfalls ein Ende zu setzen.

Die Götter aber, die dem menschlichen Treiben nicht immer mit Wohlgefallen zugesehen hatten, verwandelten die Seelen der beiden Liebenden in zwei kleine Vögel, die sich von einem Ufer zum anderen hinüber die süßesten Lieder vorsangen und ihrer innigen Liebe aufs Neue Ausdruck gaben. Als die böse Mutter erkannte, dass sie nicht vermocht hatte, ihre Tochter auf Dauer vom Jüngling des verfeindeten Stammes zu trennen, dingte sie sich einen Jäger, der die beiden unschuldigen Vöglein erschoss. Die beiden liebenden Seelen aber verwandelten sich erneut, diesmal in zwei Weidenbäume, die einander an den beiden Flussufern gegenüberstanden, grünten und kräftig gediehen. Schließlich wuchsen sie in der Mitte des Flusses sogar zusammen, ihre Äste und Zweige verschlangen sich innigst, so wie sich Liebende im Arm halten. Wieder hatte die böse Mutter eine schmähliche Niederlage erlitten. Da griff die unversöhnliche Frau zur blitzenden Axt und befahl einem der Ihren, die Weiden zu fällen und das Holz zu verbrennen.

In der Erkenntnis, in ihrem Heimatland niemals in Ruhe beieinander sein zu können, beschlossen die beiden liebenden Seelen, in die Ferne zu reisen, um der Rachsucht der bösen Mutter endlich zu entkommen. Das Mädchen begab sich nach China und verwandelte sich dort in den Teestrauch. Der junge Mann dagegen floh weit hinauf in den Norden Tibets, in die ureinsamen Steppen des Changthang-Hochlandes, wo seine Seele zu jenem Salz erstarrte, das dort überall auf den trostlosen Steppenböden zu finden ist. Es ist das Salz, das die tibetischen Hirten jahrhundertelang abgebaut und mit dem sie überall auf dem Hochland gehandelt haben. Immer, wenn sich die Tibeter nun eine Tasse ihres liebsten Getränkes – des gesalzenen Buttertees – eingießen, finden die beiden Liebenden wieder zusammen; und da die Tibeter große Mengen Buttertee trinken, sind sie häufiger beieinander als jemals zuvor.

Der Teehandel der Tibeter

Als Luxusware war Tee für die meisten Tibeter nur in minderer Qualität erschwinglich. Für diesen Tee werden nicht allein die Blätter von den feinen Ästen des Teestrauches abgezupft, sondern die Sträucher selbst geschnitten. Kleine Zweige werden mitsamt den Blättern abgetrennt. Getrocknete Teeblätter sind daher teilweise noch mit Holzresten der Teesträucher vermengt und werden mit diesen zu harten Teeziegeln gepresst. Für Tee von schlechtester Qualität werden die Sträucher noch weiter unten abgezwickt, weshalb sich unter Umständen noch eine rechte Menge Astholz im Tee finden kann. Da solch mindere Qualität über Jahrhunderte nach Tibet verkauft und dort getrunken wurde, ist das tibetische Empfinden der Qualität von Tee ein anderes als das der meisten übrigen Teetrinker – ganz abgesehen davon, dass es wenigen Teetrinkern einfallen würde, denselben mit Butter und Salz zu vermengen.

Die berühmte Tibet-Reisende Alexandra David-Neel berichtete einst, dass Händler drittklassige Teequalität oft als solche zweiter Klasse anboten, ja dieser in den Teestuben gar als solcher serviert wurde. Obschon die meisten Käufer auf diese Betrügerei nicht wirklich hereinfielen, hielt das die Tibeter nicht davon ab, dasselbe nur allzu gerne mit ihren Gästen anzustellen, die letztlich gute Miene zum bösen Spiel machen mussten. Die Etikette tibetischer Höflichkeit verlangt nämlich, dass diejenigen, die den ihnen gereichten Tee trinken, so tun, als ob sie die Mittelmäßigkeit des Getränks, das man ihnen serviert hat, nicht bemerken würden ...

Der von den Tibetern verwendete Tee ist grüner Tee, wird also nicht wie unser Schwarztee fermentiert. In Schuppen oder anderen Räumlichkeiten der chinesischen Produzenten werden die Teeblätter getrocknet und erst nach dem Trocknen maschinell in harte Blöcke gepresst. Auf den langen Wegen, auf denen er in dieser Form von China nach Tibet gebracht wurde, verpackte man ihn zudem in lange Bambuskörbe, die bis ins 20. Jahrhundert hinein auf Menschenrücken von der chinesischen Stadt Yazhou in Sichuan über die Berge transportiert wurden. Wichtigster Handelsplatz für die Verbreitung des Tees in Tibet war Dartsedo, auch Tachienlu genannt, das am Ostrand des tibetischen Hochlands liegt. Dort wurden die Bambuskörbe, die für die nähere Umgebung bestimmt waren, auf Yaks umgeladen und in wenigen Tagen oder Wochen an ihr Ziel gebracht. Für längere Strecken aber, wie ins ferne Lhasa in Zentraltibet, nahmen die Händler den Ziegeltee aus den Bambuskörben heraus und nähten ihn eng in frische Häute ein. Da sich die Häute, während sie langsam trockneten, weiter zusammenzogen, wurden sie auf diese Weise zu einer Verpackung, die nicht nur so fest wie eine Holzkiste war, sondern darüber hinaus den Tee vor den verschiedenen Witterungen schützte. Das war besonders wichtig, als das Wetter im Hochland oft in kürzester Zeit umschlagen kann und Regen, Sonne, Trockenheit und Feuchtigkeit die Qualität des Tees schnell hätten verderben können. In diese Häute eingenäht aber machte ihm selbst eine mehrmonatige Reise wenig zu schaffen.

Butterfass und Teeziegel

Die Zubereitung des Buttertees

Die teilweise noch mit Holzresten versetzten harten Teeziegel liegen in einem tibetischen Haushalt immer parat. Nach Bedarf – und der ist groß – werden zur Teebereitung Stücke davon abgebrochen und in siedendes Wasser geworfen, das man längere Zeit kochen lässt. Auf diese Weise erhält man einen Teesud, der fast so dunkel ist wie schwarzer Kaffee. Deshalb wird er später mit heißem Wasser verdünnt; außerdem wird ihm Salz (Soda) beigegeben. Dadurch wird er etwas heller und nimmt die Farbe verwelkter Rosen an. Das ganze Gemisch gießt die Hausfrau – zuweilen aber auch der Gatte – in ein zylindrisches Butterfass. Darin wird es zusammen mit einigen Stücken »Yakbutter« so lange gerührt, ja fast schon gestampft, bis sich Tee und Butter gut vermengt haben. Schließlich sind keine festen Butterstückchen mehr in der Flüssigkeit zu finden, dafür schwimmen, nachdem man das Getränk durch ein Sieb gegossen hat, um es von Blattresten zu befreien, Fettaugen auf der gelbbraunen Brühe.

Brühe ist das richtige Wort für den Söcha, denn tatsächlich erinnert der Buttertee weniger an den klassischen Tee als vielmehr an eine leichte Fettbrühe. In aller Regel sind die ersten Schlucke für Europäer ungewohnt, doch ist der Buttertee gut zu trinken, wenn er mit frischer und nicht mit ranziger Butter angerührt wurde – was einem zwar hin und wieder unterkommen mag, aber nicht regelmäßig. Die oft geäußerte Behauptung, Tibeter würden ihren Buttertee vornehmlich mit ranziger Butter trinken, beruht zumindest nicht auf der Realität. Dass es dennoch vorkommt, liegt allenfalls daran, dass Butter im überaus sonnigen Hochland aus witterungsbedingten Gründen schneller ranzig wird – vor allem im Sommer, wenn es sogar in den über 4500 Meter hoch gelegenen Steppenweiden des Changthang tagsüber richtig heiß werden kann. Mit der Butter im Tee hat der fleißige Teetrinker nicht nur Kalorien zu verbrennen, sondern auch ständig eingefettete Lippen, was in der trockenen Höhe von großem Vorteil ist.

Der Teesud wird den ganzen Tag über in einer Herdnische oder auf einem zum Abstellen von Kesseln geeigneten Abzugsrohr bereitgehalten. Man bringt den Tee nicht mehr zum Sieden, sondern hält ihn bloß warm, weil er sonst an Geschmack verlieren würde. Sobald überraschend Gäste kommen, werden diese zum Sitzen eingeladen, gleich ob in einem reichen Bauernhaus oder einem ärmlichen Nomadenzelt. Und noch bevor Besucher und Gastgeber die ersten Neuigkeiten ausgetauscht haben, ist die Frau oder Tochter des Hauses dabei, den Teesud zusammen mit Wasser, Salz und Butter im Butterfass zu vermischen und im Nu zu servieren. Die tibetische Gastfreundschaft erlaubt es nicht, dass ein Gast vor einer leeren Teeschale sitzt. Immer und ständig wird ihm nachgegossen, und sollte er einmal für eine Weile das Trinken vergessen, so wird ihm seine eigene Schale freundlich gereicht, damit er trinke und es möglich wird, sie erneut aufzufüllen.

Wer sich an den Buttertee gewöhnt hat, der schätzt diese Sitte sehr, denn Trinken kann man in der großen Höhe nie zu viel und gut tut der Buttertee dem Körper allemal. Wer ihm hingegen nicht so viel abgewinnen kann, der möge sich lieber zum süßeren Tee der Hui-Muslime retten … im nächsten Kapitel.

ZENTRALASIEN

Sanbaotai – der »Schatztee« der Hui-Muslime

Es ist schon erstaunlich: Bereits vor über zwei Jahrtausenden fand ein reger Warenaustausch zwischen Ostasien und dem Mittelmeerraum statt, der beträchtliche Mengen Seidenstoffe in unsere Breiten führte, während römische Münzen bis nach China gelangten. Wie wir schon vernommen haben, erreichte uns die erste Kunde vom Tee durch arabische und venezianische Kaufleute im Mittelalter. Der Tee selbst aber fand seinen Weg noch lange nicht nach Europa, schon gar nicht auf dem Landweg, und das obschon die Menschen in Zentralasien entlang des alten Handelsweges, den wir die Seidenstraße nennen, durchaus gerne und viel Tee zu trinken gewohnt sind.

Vielleicht liegt es aber gerade daran: Diese Völker lieben den Tee so sehr, dass er in historischer Zeit fast ausschließlich in ihre eigenen Teekessel und Trinkschalen wanderte und man nichts davon für den Transport in den fernen Westen erübrigen wollte. Bis in die mittelasiatischen Regionen und nach Persien reichte es gerade noch, dann jedoch war Schluss mit den Vorräten. So gewagt und letztlich unwahrscheinlich solche Mutmaßungen auch sind – diese Gedanken können einem durchaus kommen, wenn man liest, welche großen Mengen Tee in Zentralasien verbraucht werden. In der Volksrepublik China sind die Tibeter in ihrem unzugänglichen Hochland die Teeverbraucher Nummer eins, denn im Jahresdurchschnitt konsumiert jeder Bewohner des Schneelandes rund 15 Kilogramm der grünen Blätter aus dem Reich der Mitte. Ihre Seelenverwandten in den mongolischen Steppen folgen ihnen mit acht Kilogramm dicht auf den Fersen, mit gar 15 Kilogramm in üppigen Jahren. Bei ihnen war das Angebot an Tee vermutlich gerade noch groß genug, um eine gewisse Menge an die Russen weiterzugeben.

Nun ist der Lebensraum von Tibetern und Mongolen dünn besiedelt, während wir entlang der Seidenstraße eine erheblich dichter gedrängt lebende muslimische Bevölkerung vorfinden, obschon sie sich in den fruchtbaren Oasen inmitten weitläufiger Wüstenlandschaften konzentriert. Doch die Wüste macht Durst und der wird hier nun einmal am besten mit Tee gelöscht. Dafür spricht der Pro-Kopf-Verbrauch der Hui-Muslime, deren Lebensraum sich über ganz Nordwestchina – vom nordchinesischen Lössbergland über Nordosttibet und die Süd-Gobi bis Xinjiang (früher Chinesisch-Turkestan genannt) – erstreckt. Immerhin ein Kilogramm Tee wandert jeden Monat in die Teeschalen erwachsener Hui. Allerdings sind unter ihnen unzählige Gasthausbesitzer, die ihren Gästen im Restaurant reichlich Tee ausschenken. Als Muslime halten sich die meisten an das Alkoholverbot des Propheten Mohammed und so reihen sich in den Regalen und Schankvitrinen der Hui-Wirte dicht an dicht die Teeschalen.

Es ist ein ganz besonderer Tee, den die Hui uns servieren. Er wird *Sanbaotai* genannt, was so viel bedeutet wie »Terrasse der drei Schätze«. Der Begriff Terrasse bezieht sich dabei auf die dreiteilige Porzellanschale, in der dieser Tee serviert wird. Mit Schätzen sind die sonst beim Tee eher ungewöhnlichen Zutaten gemeint, die da sind: ein mächtig großes Stück Kristallzucker, das sich im aufgegossenen heißen Wasser langsamer auflöst als Streuzucker; Trockenfrüchte wie Drachenaugen (*Longyan*), Aprikosen oder Chinesische Datteln und Rosinen, Bocksdorn, Mandeln oder Walnusskerne. Haben alle diese Zutaten ihren Weg in die Schale gefunden, dann wird daraus gar ein wahrer Wundertee, der *Babao Gaiwancha*, »Deckeltassen-Tee der acht Schätze«, genannt wird. Gewöhnlich rufen die Gäste aber nur nach *Wanzi*, »Schälchen«, und jeder weiß sofort, dass nur dieser Wundertee gemeint sein kann.

Wie über drei Stufen kommen wir an die köstliche Flüssigkeit, wenn wir den Untersetzer in die Hand nehmen, um uns nicht die Finger an der heißen Teeschale zu verbrennen, den Deckel der Schale leicht kippen und den Tee geräuschvoll aus der so entstehenden Ritze schlürfen. Dabei sollte der Deckel nicht von der Schale genommen werden, weil nur so sich der Tee daraus schlürfen lässt, ohne dass Teeblätter oder andere Zutaten mit in den Mund geraten. So klein die Schale ist, sollte sie doch nicht in einem Zug ausgetrunken werden. Stattdessen gießt man sich nach der Hälfte neues Wasser nach und kann auf diese Weise weitertrinken, ohne den Tee lange ziehen zu lassen, da sich in der Schale ja noch kräftiger Tee befindet, der sich mit der frisch aufgegossenen Flüssigkeit optimal vermischt. So löst sich auch das gewaltige Stück Kristallzucker nach und nach auf, ohne den Tee zu süß werden zu lassen. Nur wer die Schale ganz austrinkt, empfindet den Tee als zu bitter, weil er dem Zuckerstück und den getrockneten Früchten zu wenig Gelegenheit gegeben hat, ihre wunderbare Süße und ihr feines Aroma langsam zu entfalten.

Die Hui sind als leidenschaftliche Teetrinker unter den muslimischen Völkern Zentralasiens nicht allein. Auch die Uiguren Xinjiangs, die Kasachen und Tadjiken halten den grünen Aufgusstrank in Ehren. Bei den Uiguren heißt es in einem Sprichwort sogar: »Lieber einen Tag ohne Essen als einen Tag ohne Tee!« Entsprechend vielfältig sind ihre »Teerezepte«, doch auch sie lieben den Sanbaotai, den »Schatztee« der Hui-Muslime, über alles.

Eine mongolische Tee-Anekdote

Gemäß einer Anekdote sollen sich die Mongolen die unterschiedliche Wirkung von Tee, der kurz, und solchem, der lange gezogen hat, zunutze gemacht haben, als sie vor knapp acht Jahrhunderten ins Reich der Mitte einfielen. Mit Macht stürmten die Mongolen damals gegen das Chinesische Reich an, doch der Kaiser stellte ihnen ein Riesenheer in den Weg. Obwohl die Reiterhorden aus den zentralasiatischen Steppen von allen Seiten in sein Reich strömten, war noch nichts entschieden. Die Chinesen wehrten sich tapfer.

Allmählich jedoch rückte die alles entscheidende Schlacht näher. Hin und her wogte der Kampf, bis – so heißt es – der Gong zur Teepause ertönte. Einige Zeit später entbrannte der Kampf erneut. Während die Mongolen nun immer wilder, immer tatendurstiger voranstürmten, schien der Kampfgeist ihrer chinesischen Gegner, die sich bislang tapfer gewehrt hatten, auf einmal nicht mehr auszureichen. Sie verloren die Schlacht und der nächste Kaiser auf dem Drachenthron wurde ein Mongolen-Khan.

Der Überlieferung nach soll der Sieg der Mongolen nur durch Verrat, durch eine Kriegslist gelungen sein. Und zwar hatten die Mongolen die chinesischen Teeköche bestochen, damit sie den Tee, der den kaiserlichen Truppen in der Kampfpause gereicht wurde, viel länger als üblich ziehen ließen. Die Mongolen selbst hingegen bereiteten sich einen kräftigen kurz gezogenen Tee, der ihre geistigen Kräfte neu belebte und die Tatkraft anregte. Da bei den Chinesen nun die beruhigende Wirkung überwog, war der Kampf für sie verloren.

So soll also der Tee auch Kriege entschieden haben.

Über den mongolischen Milchtee

Vom süßen Sanbaotai der Hui gestärkt können wir uns bei den Vieh züchtenden Bewohnern der Mongolei wieder auf eine ähnliche Geschmacksrichtung wie bei den Tibetern einstellen. Ihr Tee schmeckt nach Salz und der Weite der Steppe, er ist von der zugefügten Milch weiß und durch ein Stückchen Butter fett. Deswegen stillt er nicht nur den Durst, sondern macht auch satt. Das brauchen die mongolischen Hirten auch, denn wenn sie den ganzen Tag bei ihren Tieren auf der Weide verbringen, kommen sie selten zu einer Mahlzeit. Dann muss ihnen der Tee über ein etwaiges Hungergefühl hinweghelfen, bis sie am Abend im Kreis der Familie beim Essen zuschlagen können. Daher gibt es den mongolischen Milchtee, den *Süüteizai*, morgens, mittags, nachmittags und abends.

Für die Mongolen ist der Milchtee der einzig gute Tee auf dieser Welt. Ihre Sprache unterscheidet ohnehin nur zwischen zwei Teesorten: ihrem *Süüteizai*, dem Milchtee, und dem *Charzai*, dem schwarzen Tee. Letzterer wird nur ungern getrunken und auch nur dann, wenn gerade keine Milch greifbar ist. Salz gehört jedoch immer dazu. Ob Milch- oder Schwarztee – Tee ohne Salz ist für die einstigen Reiterkrieger aus der Steppe nicht denkbar. So kann er bei Bedarf leicht in eine Suppe umgewandelt werden, in der man Käse und Brot aufweicht oder die man kombiniert mit Nudeln und Reis verzehrt. Hirse geben Mongolen ebenfalls gerne mit hinein, das gibt Kraft.

Der *Süüteizai* ist für das Leben in der Steppe eine unverzichtbare Notwendigkeit, ein Mittel zum Überleben. Kopfschmerzen würden sie bekommen, wenn sie keinen Milchtee trinken, sagen die Mongolen, haben dabei aber vielleicht schon den vielen Schnaps vergessen, der am Tag zuvor ebenfalls in großer Menge die Kehle hinunterfloss. Auf jeden Fall braucht es auch dafür wieder viel Tee, damit die Wirkung des Alkohols verfliegen kann ...

Die Zubereitung des Milchtees ist ein festes Ritual. Er wird vor den Augen der Gäste stets frisch zubereitet, und dies ist auch das Erste, worum sich eine mongolische Hausfrau kümmert, wenn Besuch kommt. Schließlich freut man sich in der einsamen Weite der Steppe über jeden Besucher! Bei der Ankunft von Gästen wird sofort Wasser auf dem Herd aufgesetzt und diesem Salz und Tee beigefügt. Sobald das Teewasser kocht, kommen Milch und zum Schluss ein Stück Butter hinein. Immer wieder wird mit einer Kelle umgerührt und alles schließlich durch ein Sieb in einen Teekessel gegeben. Aus ihm wird der Hausherr, oder besser der Herr der Jurte, grundsätzlich als Erster bedient und dann erst die Gäste. Wem der Tee zu dünn – also nicht fettig genug – sein sollte, darf sich aus der vor die Gäste gestellten Butterschale selbst bedienen.

Für den Milchtee wird wie bei den Tibetern Ziegeltee verwendet, der in der Mongolei heute nicht mehr nur aus China, sondern auch aus Russland kommt. Er ist wie ein Backstein so fest zusammengepresst, dass man einen kleinen Hammer benötigt, um ein paar Stücke davon abzubrechen. Ziegeltee und Hammer sind daher unverzichtbare Utensilien, die jeder Mongole immer zusammen in einem Lederbeutelchen aufbewahrt und bei sich trägt. Denn Tee trinken möchte er überall.

»*Süütei zai oo* – Milchtee trinken«, dieser kleine Satz kommt in der Mongolei einem Gruß gleich, bedeutet er doch die freundliche Aufforderung, in die Jurte einzutreten und sich darin als Gast wohl zu fühlen. Geselligkeit und Gastfreundschaft werden in Zentralasien immer mit Tee verbunden.

RUSSLAND

Tschaj – der Russen liebster Trank

Keine Bewirtung kommt ohne Tee aus. Mit Tee beginnt man, wie es sich gehört, und damit endet es meist auch beim Aufbruch. Die Hausleute waren soeben fertig mit dem Teetrinken, da erschienen Sie, als man den Samowar bereits vom Tisch geräumt hatte. Aber das hindere ihn nicht, erneut mit seinem Summen zu beginnen und zur Versüßung der Unterhaltung beizutragen. Und Sie werden nicht allein trinken müssen, sondern die Liebenswürdigkeit der Hausleute wird Ihnen entgegenkommen. Keinerlei Ausreden können Sie von der Verpflichtung befreien, sich beim Samowar niederzusetzen.

Iwan T. Kokorew, ›Tee in Moskau‹, 1848

In Russland gehören Teetrinken und Samowar zusammen. Der Name und die Bedeutung dieser Apparatur war jedoch bei uns lange Zeit nicht sonderlich geläufig. So berichtet der deutsche Slawist Joseph Schütz in seinem Bändchen über diese so typisch russische Einrichtung für den Teegenuss, dass Samoware zu seiner Zeit ein beliebtes Dekorationsstück in Schaufenstern von Läden darstellten, die Orientteppiche verkauften. Zu welch merkwürdiger gedanklicher Verknüpfung das selbst bei den Angestellten im Laden führen konnte, zeigt seine Geschichte von dem Kunden, der ein solches Geschäft betrat und nachfragte, ob sie auch Samoware auf Lager hätten. Der Verkäufer deutete daraufhin lässig auf einen Berg von importierten Teppichen und meinte: »Wenn, dann müsste hier einer dabei sein!«

Den Russen selbst war der Samowar natürlich etwas Selbstverständliches, so selbstverständlich, dass die ›Große Sowjetenzyklopädie‹ noch in ihrer dritten Auflage von 1978 gänzlich auf dieses bedeutende Stichwort verzichtete. Unverzichtbar dagegen war er im russischen Alltag, was den russischen Fürsten Wjazemskij zu dem Vers inspirierte: »Der irdischen Dinge Anfang und Ende ist der brodelnde Samowar.« Und mit ihm der Tee.

Die Geschichte des Tees in Russland beginnt im Jahr 1638, als der Mongolenfürst Altyn Khan dem russischen Zaren als Zeichen seiner Wertschätzung vier Pud (65 Kilogramm) chinesischen Tees überreichen ließ. Das Geschenk erwiderte der Zar mit Zobelpelzen, die in den kalten zentralasiatischen Gebieten sicher Freude bereiteten. Bis heute unbekannt ist aber geblieben, wie denn die Russen bei Hofe diesen ersten nachweislich erhaltenen Tee, der ja etwas völlig Neues für sie war, zubereiteten. Sollten sie das Rezept der Mongolen übernommen haben, jenes Rezept mit Milch und Butter, das wir im vorigen Kapitel kennen gelernt haben und von dem wir wissen, dass Europäer oft große Mühe damit haben?

Wie auch immer, der Tee wurde gegen Ende des 17. Jahrhunderts zu einem der wichtigsten Handelsgüter, die von China über die Mongolei und Sibirien bis nach Moskau gelangten. Nur wenige Jahre oder Jahrzehnte nachdem der Tee auf dem Seeweg in Europa eingetroffen war, gelangte er auf dem anstrengenden Landweg per Karawane in die russische Hauptstadt. Anders als der lose grüne Tee, den die Holländer und Engländer mit ihren Seglern übers Meer transportierten, war es im Zarenreich der Ziegeltee, den sie über die Mongolen aus dem Reich der Mitte erwarben. Sperrige Kisten waren für den Transport auf Kamelrücken wenig geeignet, während der in Würfel- oder Ziegelform gepresste Tee keine Probleme auf der Reise bereitete. Zwar war der Landweg um einiges beschwerlicher – wobei sich der Tee am wenigsten daran gestört haben dürfte –, doch musste er dabei nicht wie sein zur See reisender Kollege monatelang in salziger Luft und in muffigen Laderäumen lagern. Sein Geschmack war daher ein deutlich anderer, wobei dem Karawanen-Tee nachgesagt wird, er habe seinen rauchigen Geruch und Geschmack von den zahllosen Lagerfeuern angenommen, die seine monatelange Wanderung durch die zentralasiatischen Wüsten und Steppen begleiteten.

Um 1870 wurde Hamburg für fast ein halbes Jahrhundert zum wichtigsten Umschlagplatz für Tee nach Osteuropa und Russland. Nun löste der lose grüne Tee den in Ziegeln angelieferten Karawanen-Tee in seiner Bedeutung ab. Damals begannen die Russen auch selbst mit dem Teeanbau, vor allem am Nordostufer des Schwarzen Meeres, an den lieblichen Küsten Georgiens, wo einst die Seefahrer der griechischen Argonautensage nach dem Goldenen Vlies suchten. Georgische Teegärten beliefern seither das gesamte Riesenreich Russland mit schwarzem und grünem Tee. Da er dort jedoch maschinell und nicht mühsam in erfahrener Handarbeit geerntet und verarbeitet wird, entspricht seine Qualität nicht annähernd jener der guten Tees aus China, Japan oder Indien. Die mindere – und damit billigere – Qualität des georgischen Tees hat allerdings dazu beigetragen, das Teetrinken wirklich der gesamten russischen Allgemeinheit zukommen zu lassen.

Überall, sogar in den Zügen der Transsibirischen Eisenbahn, sind daher die *Kipjatoks*, die großen dampfenden Wasserbehälter, zu sehen, die jedem ständig und überall einen Teeaufguss erlauben. Mit dicken Gläsern in der Hand streben die Babuschkas und Großväterchen dem Kipjatok zu, lassen sie für einen symbolischen Geldbetrag füllen und kehren wieder in den Kreis ihrer im Waggon versammelten Familie und Freunde zurück. Dort hat man längst den in Papier gewickelten Tee und ein paar Stück braungelben Hutzucker aus den Taschen hervorgeholt. Wie nebenbei wird der Tee bei eifrigem Geplauder bereitet und doch merkt ein jeder, wie zeremoniell mit ihm umgegangen wird. Manch einer mag mit seinen kräftigen Zähnen ein Stück vom Zucker herunterbeißen und im Mund behalten, um langsam und genüsslich Tee daran vorbeizuschlürfen. Oder aber die Hausfrau packt eine der köstlichen Tschaj-Marmeladen aus, die sie aus den verschiedensten Früchten, die der sibirische Wald hervorbringt, zubereitet hat. Diese ersetzt dann den Zucker, vor allem wenn man einen lieben oder wichtigen Gast bewirtet. Der nimmt einen Löffel von der fruchtig-süßen Marmelade in den Mund und trinkt dann Schluck für Schluck von dem bitteren, kräftigen Tee. Wer die köstlichen Himbeeren aus den russischen Wäldern kennt, der kann sich gut vorstellen, wie schwer es fällt, das immer wieder neu gefüllte Glas endlich umgekehrt auf den Tisch zu stellen, damit die Gastgeber wissen, dass man genug Tee getrunken hat.

Tee ist Alltag in Russland und früher spielte er die zentrale Rolle, um einem Gast seine ganze Wertschätzung auszudrücken. Wo andernorts nach Bakschisch gefragt wurde, da bat man in Russland *na tschaj* – »um Tee«. Die Bedeutung wandelte sich indessen im Lauf der Zeit. So konnte die Wendung einem notorischen Trinker gegenüber nicht nur beschönigend, sondern ironisch gemeint sein. Die Bedeutung von *Natschaj* als Trinkgeld verbreitete sich bis nach Deutschland ins Rotwelsche, konnte dabei aber durchaus auch den Sinn von »Schweigegeld« annehmen. Ob das Natschaj-Teegeld damit bei der berüchtigten Russen-Mafia ebenfalls Eingang gefunden hat, wird sich uns hoffentlich niemals eröffnen.

Der irdischen Dinge Anfang und Ende ist der brodelnde Samowar ...

In der Zarenzeit hieß es, die Petersburger hätten sich ihre Zeit beim Kaffee vertrieben, während sich die Moskauer leidenschaftlich dem Tee hingaben. »Unter den Moskauern«, berichtete Iwan T. Kokorew (1826–1853) in einer Erzählung, »findet man selten einen so armen Teufel, dass er keinen Samowar besitzt. Er hat in seinem engen Kämmerchen nicht einmal einen zerbrochenen Stuhl, aber der leuchtend geputzte Samowar strahlt am besten Platz im Raum und ist womöglich das einzige wertvolle Ding, über das der Bewohner verfügt. Der Moskauer

Kraantje und Samowar, die zwei Formen von Teewasser-Kesseln, haben sich in völlig unterschiedlichen Weltgegenden – Ostfriesland und Russland – auf ganz ähnliche Weise entwickelt.

ist eher bereit, auf eine andere Bequemlichkeit im Leben zu verzichten, etwa feiertags keine Piroggen zu backen, als nicht wenigstens einmal am Tag Tee zu trinken.«

Wenn das Leben in Russland beschrieben werden soll, darf der Samowar – und mit ihm der Tee – nicht fehlen. Er gehört nicht nur zur russischen Häuslichkeit, er ist geradezu ihr Inbegriff, wie auch der der Gastlichkeit und friedfertigen Muße – im Unterschied zum in Russland ebenfalls allgegenwärtigen Wodka, dessen zerstörerische Auswirkungen im diametralen Gegensatz zu den positiven des Teetrinkens stehen. Der Samowar ist stets dabei, wenn in Ruhe wichtige Familiengespräche stattfinden oder leidenschaftlich gedankenvolle Debatten geführt werden, um der Welt, in der Hoffnung, sie zu verbessern, ein Fünkchen Wahrheit und Vernunft zu vermitteln. Zwar wurde mit der kommunistischen Revolution und der von ihr betriebenen Modernisierung des von den Zaren ausgebeuteten Riesenreiches die Gemütlichkeit samt ihrem Samowar zunächst in den Hintergrund gedrängt. In der Mitte des 20. Jahrhunderts jedoch erlebte der Samowar eine Renaissance, wohl weil er die abhanden gekommene, friedfertig-vertrauliche Geselligkeit zu schaffen und eine genüsslich schöpferische Muße auszulösen vermag.

In einem gemütlichen russischen Heim entsteht all dies im Angesicht des Samowars. Der »Selbstkocher«, wie sein Name besagt, ist ein dickbauchiges Gefäß aus Messing und Kupfer, manchmal gar aus Silber, der in seinem heizkesselartigen Aufbau fast unwillkürlich an die frühe Zeit der Dampfmaschine und die ersten Eisenbahnfahrten erinnert. Mit Henkelgriffen zu beiden Seiten, die einem das Tragen erleichtern, steht er imposant im Raum und strahlt namentlich im Winter ein Höchstmaß an Behaglichkeit aus, wenn an den Glasfenstern der sibirische Frost Blumen aus Eis auf die Fenster malt.

Im Innern hat der Samowar ein Heizrohr für die Holzkohle, der über eine schornsteinartige Verlängerung Sauerstoff zugeführt wird. Den ganzen Aufbau trägt ein Podest mit einem Aschenbehältnis unter dem Rost und einem durchlöcherten

Ring für die Zugluft. So bringt die im Innern des Samowars glühende Holzkohle das kalt eingefüllte Wasser nach und nach zum Kochen. Wenn die Holzkohle allmählich verglüht und kein Rauch mehr aus dem Heizrohr aufsteigt, wird die Verlängerung abgenommen und stattdessen der so genannte »Komfort« aufgelegt; ein kronenartiger Aufsatz, auf das ein Kännchen oder Kessel mit Tee-Extrakt gestellt wird. Der sich entwickelnde Wasserdampf steigt in einen Heizkragen hinauf, der den unteren Teil der auf dem Samowar sitzenden Teekanne umschließt und so den Teesud erhitzt bzw. heiß hält. Von diesem starken Tee-Extrakt schenkt die Gastgeberin zuerst in die Tassen, in die anschließend aus einem Wasserhahn am bauchigen Samowar heißes Wasser gefüllt wird. Nicht nur dass das Wasser so immer wohl temperiert ist, sondern jeder kann sich nach seinem persönlichen Geschmack einen unterschiedlich starken Tee aufgießen und trinken.

Es versteht sich von selbst, dass sich beim »Summen« des im Kessel befindlichen Wassers gemütlich abwarten und Tee trinken lässt.

> Und es sank der friedliche graue Tag dahin,
> Während im Hause, das wie ein Grab so still,
> Die Einsamkeit und der melancholische Schatten
> Des Klaviers stumm umherwandelten.
> Es sang der Samowar und lautlos sprach zu mir
> Das Zimmer: »Es ist öde hier, Bruder, und langweilig.«
>
> *Iwan A. Bunin (1870–1953)*

Alle Russland-Reisenden beschrieben einst, dass die russische Gastfreundschaft fest mit dem Teetrinken verknüpft ist, denn in vornehmem Hause eingeladen zu sein bedeutete so viel wie »des Nachts in weichen Betten schlafen, des Morgens ein Dutzend Gläschen Tee trinken«. Teetrinken war nicht an eine bestimmte Tageszeit gebunden, es war immer und überall statthaft. »Wer sagt das, sich eine Stunde zum Teetrinken auszusuchen?«, hieß es, denn »fragt dich die Kälte, wann sie dich plagen soll? Nun gut, frage auch nicht, trinke den heißen Tee!«

Tee bot in Russland nicht nur Anlass und Möglichkeit zur Kommunikation, Teetrinken *war* Kommunikation. Das ging über alltägliches Geplauder weit hinaus, denn die Ruhe, die der wummernde Samowar ausstrahlte, konnte auch Subtileres vermitteln, wie B. Sadowskoj dies in seinem Gedicht »An eine kluge Frau« (1914) beschrieb:

Sprich nicht von Shakespeare,
Ich glaube es: du hast Talant,
Und in einem geistigen Turnier
Bist du erfahrener als George Sand.

Durch natürliche und künstliche Schönheit
Bist du vor mir erblüht,
Als wir beide in der Stube
Allein beim Teetisch saßen.

Und erstmalig habe ich dich
Beim Samowar kennen gelernt und dich begriffen:
Als sich aus der Teekanne in weitem Bogen
Der Strahl plätschernd ergoss.

Mit seelenruhiger Hingabe
Hast du den Hahn bedient
Und mit vorsichtigem Lächeln
Mir das Teeglas gereicht.

Von den zarten Schultern, vom lieblichen Hals
Atmete es vor Glück und Wärme.
Über dir kreiste still ein Engel
Und schlug mit den verliebten Flügeln.

Könnte ich, den Reizen erliegend,
Unversehens die Bücher vergessen,
Und du würdest mir hier und ewiglich
Aus diesem Samowar Tee eingießen!

Selbst Boris Pasternak lässt uns in seinem Roman ›Doktor Schiwago‹ (1956) im Vestibül eines Hotels noch immer dem Wallen des kochenden Wassers im Samowar lauschen, wenn der Portier dort vom Geräusch des eigenen Schnarchens erwacht ...

Samowar und Tee spielten im alten Russland eine heute kaum mehr nachzuvollziehende zentrale gesellschaftliche Rolle. Das drückte sich selbstverständlich auch in Handel und Wirtschaft aus. Bereits in der ersten Hälfte des 19. Jahrhunderts gab es allein in Moskau über hundert Teegeschäfte und mehr als dreihundert Teestuben. Sie brachten es auf bis zu sieben Millionen Silberrubel jährlichen Umsatz. Ihr Anteil an der Popularisierung des Getränks war sicher enorm, so dass sich die Teeimporte Russlands nach einem Jahrhundert – von 1801 bis 1901 – auf das Fünfzigfache vermehrt hatten. Der Pro-Kopf-Verbrauch war dagegen von 61 Gramm im Jahr 1840 nur auf 409 Gramm im Jahr 1900 gestiegen, die größere Teemenge verteilte sich also auf breitere Bevölkerungsschichten.

Nachdem Tee im 19. Jahrhundert zum russischen Nationalgetränk avancierte, stieg die Nachfrage nach Samowaren an, so dass sich sogar Gold- und Silberschmiede ihrer Fertigung annahmen. Zentrum der Samowar-Herstellung wurde die westrussische Stadt Tula, die schon lange vorher für ihre geschickten Metall verarbeitenden Handwerker bekannt war. Ihnen wurde nachgesagt, dass sie nicht nur Pferdehufe, sondern auch Flöhe beschlagen könnten. Da Tula als Stadt der Samoware weit über russische Grenzen hinaus bekannt war, kann es nicht verwundern, dass die russische Entsprechung für »Eulen nach Athen tragen«, also eine wenig sinnvolle Sache zu tun, folgende war: »Wer reist schon mit seinem Samowar nach Tula!« Im Jahr 1902 soll es in Tula 38 aus Stein oder Ziegeln erbaute orthodoxe Kirchen gegeben haben, dagegen aber über 50 Fabriken zur Herstellung von Samowaren. Das Teetrinken im alten Russland war fast schon mit der Gläubigkeit seiner Menschen zu vergleichen.

Wo das Geschäftsleben pulsierte, da trank man noch mehr Tee als sonst. Allein in den genannten dreihundert Teestuben Moskaus überstieg 1847 der Verbrauch 20 000 Pfund Tee. Am wärmenden Samowar haben die Russen damals alle Geschäftsabschlüsse besiegelt, über die sie tagsüber verhandelt hatten. Hieß es erst einmal »Lasst uns zusammen Tee trinken!«, dann war der Handel perfekt. Dass ein deutscher Reisender schrieb, der russische Kaufmann kenne nur zwei Hauptvergnügen, den Handel und das Teetrinken, braucht uns daher nicht zu verwundern: »Den ganzen Tag über handelt er, was ihm die größte Genugtuung gewährt, und des Abends trinkt er Tee, was ihm als die schönste Belohnung erscheint.« Aber nicht nur Kaufleute, auch Bauern, die auf dem Markt ein größeres Geschäft tätigten, ließen sich zu dessen Abschluss den Samowar bringen, »wie es sich gehörte«.

Die Tragehenkel am Samowar hatten mithin ihren guten Grund. Die massigen, dickbauchigen Gefäße wurden durchaus nicht nur innerhalb des Hauses herumgetragen, sondern auch zum sonntäglichen Picknick ins Grüne mitgenommen. Freilich machte sich nicht jede Familie solche Umstände, gab es doch ein Kleingewerbe, auf das man sich verlassen konnte und das dafür sorgte, dass Tee selbst in der freien Natur zu haben war. Vergnügungsparks und Promenaden seien nicht nach dem Geschmack der russischen Menschen, bekundete der große russische Dichter Iwan Turgenjew (1818–1883) in ›Tagebuch eines überflüssigen Menschen‹, aber, schränkte er ein, »gibt es nahe der Stadt ein spärliches Birkenwäldchen, so machen die Kaufleute und mitunter auch die Beamten an Sonn- und Feiertagen ihre Ausflüge gern dorthin samt Samowaren, Piroggen und Melonen, bauen diese ganze Pracht auf dem staubigen Gras dicht neben der Landstraße auf, setzen sich herum und essen und trinken im Schweiße ihres Angesichts Tee, bis es dunkel wird.«

Wieder verdanken wir dem bereits erwähnten Kokorew eine der plastischsten Beschreibungen einer solchen Ausflugsszenerie: »Feiertags, in der Mittagshitze, wenn die Erschöpfung Geist und Körper lähmt, brechen Sie auf in einen der Moskauer Vororte. Ein schon betagtes Frauenzimmer trägt einen großen Samowar, der Mann in der einen Hand einen Eimer, in der anderen einen Kohlensack. Zwei Kinder gehen gleichfalls nicht unbepackt hinterdrein: das eine mit einer Flasche Milch und dem Bündel mit den Tassen, das andere trägt einen Schemel und mitgenommene Speisen. Und ohne meine Erläuterung werden Sie es erraten: Das ist der Kleinerwerb, der sich mit ganzer Familie zum Verdienen aufgemacht hat. Die Familie geht irgendwohin außerhalb der Stadt zum Spazieren oder auf den Friedhof, breitet dort an passender Stelle ihre Habseligkeit aus, besorgt sich Wasser und schickt sich an, den Samowar anzuheizen für die zu erwartenden Besucher. Da aber auch hier auf den Wettbewerb nicht verzichtet werden kann, so trifft man auf solch einem Spaziergang nicht bloß einen Samowar; vielmehr ist jedermann bestrebt die Gäste zu sich zu locken. Der Mann kann diesem wichtigen Teil des Geschäftes mit dem Samowar entschieden nicht genügen, und die Gäste werden stets durch die zarte Stimme des Mädchens herbeigerufen oder durch die freundlichen Worte der Mutter selbst. Sodann finden sich die Gebetenen ein: ›Ich bitte um Ihre Gunst, Herrschaften! Nehmen Sie Platz, wo Sie belieben! Wo es am besten ist. Warum nicht hier, auf dem grünen Wiesengras, im Schatten der herabhängenden Äste der Birke? Trinken Sie, wie viel Sie wollen!‹ (Besonders, wenn Sie Ihren eigenen Tee und Zucker dabeihaben: es also den Samowarbesitzer nichts kostet.)«

Die russische Teegesellschaft kannte also zwei sehr unterschiedliche Seiten: die des kleinen Mannes, der um ein bisschen Verdienstes willen Tee und Samowar schleppte, und die der anderen, Beamte und Wohlstandsbürger, die ihrem sonntäglichen Vergnügen nachgingen. Wollten sie auch sonst nichts miteinander zu tun haben, vor allem nicht die »bessere Gesellschaft« mit dem einfachen Volk: Beim Teetrinken begegnete man sich und es fielen – zumindest teilweise – die sozialen Schranken.

Das Lied des Samowars im Hause Afanasjewitsch

Iwan T. Kokorew schildert die Wohltaten des Samowars

Da stimmt der Samowar sein übliches Lied vielstimmig an. Erst wehklagt er mit der bebenden Stimme eines herumziehenden Alten, dann bricht er in einen durchdringenden Diskant aus, schwillt an zum weichen Tenor, und plötzlich fährt er hoch in den laut schallenden Basso-cantante, um ebenso überraschend in den singenden Mezzo-soprano herabzusteigen. In Minutenschnelle schweigt er, gleichsam versunken in Nachdenken, und stimmt dann wiederum in ein anhaltendes Lied ein, bald freudig, bald wehmütig. Was für ein Sinn verbirgt sich in diesem Lied! Du wirfst dich doch nicht allein zum Vergnügen deiner selbst und dem des Hausherrn in die Brust, zischst und fidelst aus Leibeskräften! Etwas, das völlig grundlos ist? Wir kennen uns schon lang genug. Ich belausche dich oft bei deinem rätselhaften Gesang. Manchmal, so scheint mir, habe ich fast den Schlüssel deines Rätsels gefunden: Unartikulierte Klänge kleiden sich in ein Wort, haben einen Sinn – und plötzlich reißt der Ariadnefaden wieder. Abermals lausche ich so deinen unverständlichen Variationen auf ein mir unbegreifliches Thema. Versuchen wir es noch einmal! Sing schon, hab Erbarmen!

Lass uns sofort die Geschichte deines brodelnden Lebens beginnen, ehe in dir der Lebensodem erkaltet ist. Lass uns alle deine Abschnitte in eins zusammenfassen, alles, was ich erlauscht und geschaut habe an langen einsamen Abenden, da du sangest!

Dir hatte das Schicksal bestimmt in Rjasan zu leben, in der Soldatenfreistadt. Zu deinem Besitzer wurde ein ältlicher Beamter an irgendeinem Gericht, nur an Kindern und an Sorgen reich. Seit langem schon wollte er sich einen Samowar zulegen, und wie oft hat seine Frau gesagt: »Wann endlich werden wir aufhören, das Teewasser im Topf zu kochen, Jegor Afanasjewitsch! Wir müssen uns ja vor den anständigen Menschen schämen!«

Doch jeder Wunsch muss sich gedulden, und hätte es nicht das unverhoffte Prämiengeld gegeben, hätte man sich wohl nicht bloß ein weiteres Jahr mit dem Topf bescheiden müssen. Daher war die Freude nicht gering, als man dich in das dreifenstrige Häuschen mit den grünen Fensterläden deiner neuen Wirtsleute gebracht hat.

Und die freudvolle Familie hat sich sogleich, wie es sich gehört, in weitere Unkosten gestürzt: Aus Anlass dieser wichtigen Begebenheit wurde ein kräftiger Imbiss vorbereitet und dazu etliche redselige Nachbarinnen eingeladen. Schon brachte man die Kohle zum Brennen, das Wasser fing an zu zischen, man hörte das ungestüme Wallen. Nun denn: Wir haben die Ehre, dich zu beglückwünschen; du mein Samowar, hast deinen Dienst angetreten, du hast Leben und Seele erhalten – gereiche dem Menschen zu Diensten und dir selbst zur Ehre!

Anfänglich lässt sich in einer neuen Wohnung alles gut an. Wenn das Wasser wallt, bei hitziger Glut auf dem mit einer schneeweißen Decke bedeckten Tisch, inmitten einer Familie alter Teegläser, freundschaftlich mit dem Hahn zur großen Teekanne geneigt – dann stellst du das Hauptthema des Gesprächs dar und auf dich beziehen sich alle Belobigungen um den Tee: »Nein, gar kein Vergleich mit dem Wasser, das im Topf zum Kochen gebracht wird!«, hört man von allen Seiten und niemand hat was dagegen, ein weiteres Gläschen des appetitlichen Getränks zu sich zu nehmen. Sogar dem kleinen Mischa wird gestattet mehr als die übliche Portion zu kosten.

Früher trank die Familie des Jegor Afanasjewitsch selten Tee, an Feiertagen oder wenn Gäste kamen. An Wochentagen begnügte man sich mit Pfefferminze, Holunder, Lindenblüte oder anderen Hauskräutern, und das war's, da man Wasser im Topf zum Kochen bringen müsste. Jetzt, da der wohltätige Apparat angeschafft worden ist, hat sich das Teetrinken zur Gewohnheit gewandelt, fast zu einer Unvermeidlichkeit, umso mehr, da man jederzeit, wann immer einem beliebt, im Nu den Samowar entfachen und die eigene Seele laben kann. Erscheint ein Bekannter, womit ist er besser zu bewirten als mit Tee! Klagt eines der Kleinkinder über Kopfschmerzen, ist es der Ehehälfte des Jegor Afanasjewitsch selbst unpässlich – was gibt es schon für nützlichere Medizin als Tee! Und nicht selten trug es sich auch folgendermaßen zu: Jegor Afanasjewitsch kommt vom Dienst mit einem riesigen Bündel von Akten, die unverzüglich bis zum nächsten Morgen ins Reine geschrieben sein müssen. Er hält sich vor Kreuzschmerzen kaum auf den Beinen und die Augen sehen nachts schlecht. Doch was soll er machen: Dienst ist Dienst! Im Kämmerlein geht er auf und ab, der Geplagte. Er murrt gegen das Schicksal, wider die Umstände, dann verabreicht er einem der kindlichen Spaßmacher eine Belehrung und alles endet damit, dass er zu seinem Weib sagt:

»Mütterchen, Katerina Alexandrowna, entfach doch das Samowarchen! Es wird dann vielleicht doch besser! Gott ist nicht ohne Gnade!« Und das stimmt. Sobald er mit dem Teetrinken fertig ist, hört er auf, verdrießlich zu sein. Er wird heiter, vom Herzen verziehen sich die alltäglichen Widerwärtigkeiten, wie mit Händen entfernt das Unwohlsein. Hingebungsvoll lässt sich der Brummbär bei seiner Arbeit nieder und bleibt dabei sitzen, ohne den Rücken zu wenden, bis er die Terminsache erledigt hat.

Dem Freund-Tröster des Menschen im Leid, dem Freund-Unterhalter in der Freude – dem Samowar gilt unser aller besondere Hochachtung und Liebe. Er nimmt den besten Platz im Zimmer ein: auf der Kommode. Jeden Samstag wird er mit Ziegelstaub und Essig geputzt und dank dieser Behandlung sieht er immerzu drein, als sei er gerade dem Hammer entwichen. Wenn jemand von den Nachbarn ihn für ein Stündchen ausleiht, die Besitzerin gibt ihn hin, aber mit der strengen Anweisung: meinen Liebling ja nicht zu beschädigen. Nur dann gibt es in der Familie des Jegor Afanasjewitsch Unzufriedenheit mit dem Samowar, wenn die Mutter einen der kleinen

Schelme für eine Missetat der außerordentlichen Strafe unterwirft: ohne Tee bleiben zu müssen. Und diese unangenehme Situation währt nicht länger als eine Stunde. Die mütterliche Zärtlichkeit wischt die Kindesäuglein ab und der Samowar wird wieder zum geliebten guten Sänger.

ISLAMISCHER ORIENT

Im persischen Teehaus in Isfahan

Schilderungen eines Persien-Reisenden

Tee, seit alters in Persien getrunken, kam früher mit Karawanen usbekischer Händler auf der zentralasiatischen Seidenstraße von China in den Iran. Das Kraut hat, wie Adam Olearius im 17. Jahrhundert beschrieb, »längliche spitze Blätter, etwa einen Zoll lang und einen halben breit, sieht, wenn es gedörret, schwärzlich aus, rollt und krümmt sich wie ein Wurm zusammen ... Die Perser kochen es mit klarem Wasser, Anis oder Fenchel, etliche tun auch ein wenig Nelken dazu und versüßen es mit Zucker.« Im gesamten Mittleren Osten, vom Iran übers Zweistromland bis Arabien, ist der Genuss des Tees verbunden mit Muße und Ruhe. So wurde und wird er, hier wie dort, in Teehäusern getrunken, die im geschäftigen Treiben der Städte und Basare gemütliche Oasen der Ruhe boten. Auch der deutsche Persien-Reisende Bernhard Kellermann berichtete zu Anfang des 20. Jahrhunderts von Isfahan, der persischen Stadt der schönen Künste, die Shah Abbas I. im Jahr 1598 nicht nur zur Hauptstadt des Safawiden-Reiches machte, sondern zur schönsten Stadt der Welt gestalten wollte, Folgendes:

An die übrigen Seiten des Schahplatzes stoßen die Kuppeldächer der Basare, von den hohen Aufbauten der Eingänge unterbrochen. Den Haupteingängen der Nordseite sind schon Basare ... und die fliegenden Läden der Melonenverkäufer und Garküchen vorgelagert. Hier drängt sich früh und spät die Menge, Bauern und Händler. Hier wird gefeilscht und gehandelt. An diesem Teil des Platzes liegen auch, links und rechts vom Haupteingang, die Teehäuser.

Die Sonne leuchtet warm in die offene Vorhalle meines Teehauses in der Ecke des Schahplatzes. Niemals versäume ich es, hier meinen Tee zu trinken, sooft ich nur immer kann. Ich habe selten eine so reizvolle und kurzweilige Gaststätte angetroffen.

Das Teehaus war voller Qualm. Einige Becken mit Holzkohlen glühten, der Samowar brodelte auf dem Herd. Der achteckig angelegte Gastraum wies vier große Nischen auf. In der Mitte des mit Steinplatten gepflasterten Raumes aber befand sich – o Wunder! – ein hübsches achteckiges Bassin voll Wasser. Die vier Nischen lagen etwa einen Meter hoch über dem Fußboden und hier oben hockten rauchend und den Tee schlürfend die wenigen Gäste und wärmten sich an Häufchen von Holzkohle die Fingerspitzen. Es waren braun gebeizte freundliche Burschen, Hirten, Kameltreiber.

Es gibt in diesem Teehaus keine Marmortische und keine befrackten Kellner. Die Tische sind ziemlich primitiv und plump gezimmert, sie haben eine fußhohe Brüstung und auf dieser Brüstung sitzt man. In der Mitte der Tischplatte liegt eine Strohmatte und hier stehen die Gläser und Wasserpfeifen. Alles ist höchst einfach, die Teejungen könnten etwas sauberer sein, zugegeben. Einer der flinken Burschen gießt Tee-Extrakt und heißes Wasser aus zwei Kannen in das Glas, der andere wirft den Zucker hinein. Auf dem Büfett aber dampfen und zischen die Samoware, dass es eine wahre Freude ist.

Mein Teehaus ist immer gut besucht. Man sitzt in der warmen Sonne und genießt. Hier sitzen die schwarzen und grünen Turbane, das sind die Nachkommen aus der Familie des Propheten. Hier sitzen die weißen, golddurchwirkten Turbane, das sind die Kaufleute. Hier sitzt allerlei Volk, wohlhabend und arm. Die Wasserpfeifen gurgeln. Da unten, dicht vor meinem Tisch, hocken drei Weiber, die Gesichter verhüllt, und auch sie rauchen voll Behagen ihre Galian. Drinnen, in den Kammern hinter der Vorhalle, kauern jene Gäste, die Stille und Dämmerung wünschen. Das sind die Opiumraucher.

Bauern in ihren Filzmänteln reiten vorüber, verschleierte Weiber, die Kinder vor und hinter sich im Sattel. Kinder traben auf Eseln und Maultieren vorbei und alle verschlingt der dunkle Eingang zur Basarstadt. Buntes Volk quillt heraus. Glocken dröhnen, Kamele. Sie verschwinden ebenfalls in der Basarstadt, denn drinnen liegen die Hallen der Kaufleute, wohin die Waren gehen, und die Karawansereien, wo die Tiere rasten. Frauen der besseren Klasse gehen vorüber. Ihre Kleidung ist orthodoxer als die in Teheran. Die Schuhe sind hier an die faltigen Hosen genäht, damit auch nicht der schmalste Spalt die Knöchel entblößen kann; sodann tragen sie noch das weiße Tuch vor dem Gesicht, in dem sich nur ein schmales Gittervisier zum Durchsehen befindet ... Nun kommen sonderbare Gäste, um sich rasch zu erquicken. Sie wagen es nicht einmal, in die Vorhalle einzutreten, sie kauern auf einem der Tische, die auf dem Platze stehen. Es sind halb nackte Gesellen, in blau und rot karierte Kattuntücher gehüllt, mit halb rasierten Schädeln und langen Haarschöpfen: das sind Badediener. Denn ganz in der Nähe des Teehauses befindet sich ein Bad, erkenntlich an dem lustigen farbigen Gemälde über dem Eingang. Den ganzen Tag geht hier ein armer Ochse eine schiefe Ebene in einem düsteren Keller auf und ab. Er zieht das Wasser für das Badehaus in einem großen Schlauch aus dem Brunnenschacht. Auf den Basardächern aber werden die Badetücher getrocknet. Diese Basardächer! Sie sind die groteskeste Landschaft, die man sich denken kann. Ein See aus Lehm, der große Blasen treibt. Das sind die Kuppeln der Basarstadt.

Aber kehren wir zum Teehaus zurück, was haben wir auf den Dächern zu suchen!

Sooft wir in unser Teehaus eintreten, erregen wir großes Aufsehen. Manchmal wird das Gedränge so stark, dass Dschämschid, den ich als Diener engagiert habe, die Neugierigen mit Gewalt zurückdrängen muss. Mein Dolmetscher Ismail aber rümpft die Nase, nur ungern mischt er sich unter das Volk! Er zieht es vor, in den eleganteren Teestuben zu verkehren, die mit Spiegeln und Glaslüstern voll gestopft sind wie ein Dampfkarussell. In unserem schlichten Teehaus werden wir stets mit großer Zuvorkommenheit bedient, obschon wir eine Menge

Mühe verursachen. So müssen die Gläser, die wir benützen – sie sind natürlich unrein geworden –, in einer genau vorgeschriebenen umständlichen Prozedur wieder gereinigt werden. Sie werden innen und außen besonders abgescheuert (was ihnen gewiss nichts schadet), dann werden sie dreimal ins Wasser getaucht und jedes Mal in die Höhe gehoben. Auch unser Händedruck ist unrein. Sind unsre Hände aber trocken, so braucht sich der Moslem nicht besonders zu reinigen.

Heute aber gab es im Teehaus einen Zwischenfall! Der Besitzer sprach den Wunsch aus, fotografiert zu werden, und zwar wie er gleichzeitig zwei Teekannen und sechzehn Gläser trägt. Als er sich aber in Positur stellte, drängte sich eine solch ungeheure Menge von Gästen um ihn, die alle mit aufgenommen werden wollten, dass er mit seinen zwei Teekannen und den sechzehn Gläsern völlig verschwand. Es kam schließlich zu einem richtigen Handgemenge und die Polizei eilte im Laufschritt herbei.

Tee im Basar – wie die Türken vom Kaffee ließen

Es ist schon ein seltsamer Widerspruch: die Türkei und der Tee. Jeder von uns kennt das kleine Kinderlied vom C-A-F-F-E-E, dem Türkentrank, und kann problemlos die einfache Melodie summen. In unseren Köpfen scheinen die Türken ausschließlich passionierte Kaffeetrinker zu sein. Wer aber durch die Türkei gereist ist, dem bleiben nicht nur Tassen starken Mokkas in Erinnerung, sondern auch süßer Tee in kleinen bauchigen Gläsern und gemütliche Teehäuser. Selbst für einen Touristen wird es, ehe er sich versieht, bald zum lieben Ritual, sich täglich mehrere kleine Teepausen zu gönnen und dabei den spielenden und schwatzenden Männern zuzuschauen und das bunte Treiben auf der Straße zu beobachten. Kaum wegzudenken sind auch die flinken jungen Männer, die Tabletts voller gut gefüllter Teegläser geschickt durch die engen und vollen Basargassen balancieren, um die Ladeninhaber und ihre Kundschaft zu erfrischen. Es ist geradezu eine Pflichtübung, bei einem Bummel durch die quirligen Einkaufsparadiese in einem der farbenfrohen Teppichläden »hängen zu bleiben« und bei einem Glas Tee alles über Teppiche zu lernen und über das genussvolle Feilschen um einen guten Preis.

Und doch kommt es nicht von ungefähr, dass Kaffee den Beinamen Türkentrank trägt und es eine spezielle Zubereitung mit dem Namen »Türkischer Mokka« gibt. Noch Anfang des 20. Jahrhunderts trafen sich die Männer in Kaffeehäusern und genossen zu den brodelnden Wasserpfeifen einen starken, süßen Mokka. Aber mit dem Untergang des Osmanischen Reiches hatten die Türken ihre Kaffeeanbaugebiete in Arabien und damit den leichten Zugang zu den begehrten Kaffeebohnen verloren. In der Folge floss viel Geld für den Kaffeekauf ins Ausland, was für die junge Republik mehr und mehr zum Problem wurde. Diese Abhängigkeit von teuren Importen wollte die neue türkische Regierung unbedingt vermeiden und begann daher den Anbau von Tee zu fördern und das Teetrinken zu propagieren.

Im Jahre 1924 wurden mit Teesamen, die aus Georgien stammten, die ersten Teeplantagen angelegt. Der Kaffeepreis schoss in die Höhe und die Türken stiegen, auch aus Patriotismus, auf schwarzen Tee um. Derzeit werden auf etwa 64 000 Hektar Land entlang der Schwarzmeerküste Teebüsche angebaut und ein jährlicher Ertrag von rund 139 000 Tonnen erwirtschaftet. Die türkische Schwarzmeerregion ist eine malerische und bizarre Landschaft, geprägt durch schroffe Berge, tiefe Schluchten des Pontus-Gebirges und eine vielfach steil ins Meer abfallende Küste. Die Gegend wirkt jedoch nur auf den ersten Blick unwirtlich. Schöne Laub- und Mischwälder bilden eine liebliche Abwechslung und das Klima ist relativ mild. Unmittelbar an der Küste wird der Boden nach Osten hin immer fruchtbarer. Eine Fahrt entlang der gewundenen Küstenstraße führt durch endlose, üppig grüne Zitrus-, Haselnuss- und Tabakplantagen. Das feuchtwarme Klima lässt hier so manches wunderbar gedeihen und in der Umgebung von Rize schafften es die engagierten Bauern wider alles Erwarten, ertragreiche Teeplantagen anzulegen. Die sattgrünen kugeligen Teesträucher schmiegen sich, so weit das Auge reicht, an die Hügel und geben der Landschaft dadurch einen ganz eigenen Reiz.

Der im Land angebaute kräftige Schwarztee hat sich nach den ersten Anbauversuchen sehr schnell durchgesetzt. Das Tässchen Mokka *(kahve)* ist bis heute relativ teuer und wird allenfalls noch nach der Mahlzeit getrunken oder als Willkommenstrank für den Besucher gereicht. Beim Tee ist das anders, er wird rund um die Uhr und in jeder Lebenslage konsumiert. Ob zu Hause oder unterwegs, überall besteht die Möglichkeit, ein schnelles oder ein gemütliches Glas Tee zu genießen. Immer findet sich ein Ort, an dem die beiden aufeinander gesetzten Kannen – unten Wasser und oben der Teesud – munter am Brodeln sind und zum gemütlichen Verweilen einladen.

Teestuben und Teehäuser scheinen in der Türkei allgegenwärtig und doch unterliegt das Geschäft mit dem heißen Getränk einer strengen Gesetzgebung und Kontrolle. Der gewerbsmäßige Betreiber einer *cay ocagý*, einer Teekochstelle, benötigt eine recht teure Lizenz, die er auf langwierige Weise beantragen muss. Aus diesem Grund wird in den einfachen Restaurants oftmals gar kein Tee zubereitet, sondern er wird von andernorts herbeigeholt. Der Gast sollte sich also nicht wundern, wenn er nach einem köstlichen Mahl einen Tee bestellt und der Kellner dann über die Straße in einer Tür verschwindet. Nach wenigen Minuten wird er zurückkehren und auf seinem Tablett die dampfenden Gläser und ein kleines Schälchen, gefüllt mit großen weißen Zuckerstückchen, vor sich hertragen. Tee gehört unbedingt zum Alltag und es ist üblich und völlig normal, auch an seinem Arbeitsplatz, sei es auf der Baustelle oder am Schreibtisch, nebenbei den belebenden Trank in großen Mengen zu schlürfen.

In der Türkei ist Tee nicht nur ein köstlicher Genuss, sondern auch Labsal für Geist und Seele. Er ist der geliebte Begleiter unzähliger Stunden in der Gesellschaft lieber Freunde, sei es nun im Teehaus oder zu Hause am Küchentisch. Bei jeder Gelegenheit halten die Menschen gerne im Alltag inne und versüßen ihn mit einem Gläschen Tee und einer kleinen Plauderei. Auf ein hübsches Beispiel für diesen entspannten Lebensstil trifft der Besucher eines Hamam, eines türkischen Bades. In den traditionellen Badeanstalten ist alles dem körperlichen und seelischen Wohlbefinden verpflichtet. Duftende Bäder und wohltuende Massagen lassen jeden Alltagsstress bald vergessen. Und ganz zum Schluss, wenn der Körper noch erhitzt und der Geist schön schlaff ist, sitzt man noch gerne am warmen Ofen im Vorraum beisammen. Während die Haare langsam trocknen, wird Tee geschlürft, Gebäck geknabbert und über die kleinen Alltäglichkeiten des Lebens geredet. In so einem Moment versteht jeder, warum die Türken ihre Teepausen so lieben, denn plötzlich erscheinen die Probleme und Sorgen des Alltags einfach nicht mehr so wichtig.

TEE UND KAFFEE – EUROPAS GROSSE ERNÜCHTERER

Wie der Tee nach Holland kam

> Zur Gesundheit trinken sie öfters warm Wasser von einem Kraut, auf ihre Sprache Chia und ins gemeine Thé genannt, welches sehr gesund ist, und trinken es auch die Holländer gerne. Dieses Thé-Wasser ist sonderlich gut, wenn man unlustig ist oder einem das Essen nicht schmecket. Auch wenn einer trunken gewesen ist, so erwecket es wieder guten Appetit und vertreibet alle Unverträglichkeit des Magens.
>
> *Aus ›Die wundersamen Reisen des Caspar Schmalkalden nach West- und Ostindien 1642–1652‹*

Es dauerte erstaunlich lange, bis die ersten Berichte über den Tee nach Europa gelangten und hier Neugier und Interesse weckten. Reiselustige Händler, Seefahrer und Missionare erzählten von einem neuen Getränk, das rot, bitter und medizinisch schmeckte und »cha« genannt wurde. Die erste ausführliche Beschreibung des Anbaus, der Zubereitung und der Wirkung des Tees gab der Italiener Giovanni Battista Ramusio im Jahr 1559 in einem in Venedig gedruckten Reisebericht. Er hatte *Chiai-Catai*, was so viel wie »Tee der Chinesen« oder »Tee aus China« bedeutet, bei arabischen Händlern kennen gelernt. Sehr unterschiedlich war dabei die Resonanz, die der Genuss von Tee bei diesen Pionieren hervorrief. Das ungewohnte Getränk war so manchem ein Gräuel, was später in Europa Lieselotte von der Pfalz (1652–1722) auf den Punkt brachte: »Thee kombt mir vor wie Heu und Mist, mon Dieu, wie kann sowas Bitteres und Stinkendes erfreuen?«

Keiner hat den ungewohnten Geschmack jedoch so nett und höflich umschrieben wie Pater Luis d'Almeida, der in Japan

Britisches Werbeplakat für Tee um 1900

mit dem japanischen Pulvertee bewirtet wurde. Er schildert bewundernd die Teezeremonie, bei der ausgesuchte und kostbare Gegenstände benutzt wurden, und lobt den ästhetischen Genuss. Das Getränk selbst begeisterte ihn wohl weniger, denn er schließt mit den Worten: »Demjenigen, der ihn zu trinken gewohnt ist, schmeckt der cha sehr gut.«

Doch auch die vorteilhaften Wirkungen wurden erkannt und so berichtete der damals in China lebende Jesuitenpater Alexander De Rhodes: ». . . das The, wenn mans nach der Abendmahlzeit gebraucht, verhindert es ordentlicherweise den Schlaf, welches ist bei manchem hingegen auch wiederum verursacht, weil es die dickern Dünste nur zertreibet, so lässt indessen diejenigen, womit der Schlaf sonst gefördert wird, unangetastet.« Er schreibt dann weiter, »dass er mit unseren Christen vielmals die ganze Nacht durch Beichte habe sitzen müssen und vom Schlafe übereilet worden, das besagtes The eben den Moment, da mans trinkt, den Schlaf immer, weil die Nacht währet, zurücke hielt und das trieb ich einmal die Woche durch, ohne einigen Schaden meiner Gesundheit, versucht es zwar wohl zu anderer Zeit, ob ichs sechs Nächte nacheinander auf diese Art enden könnte, allein zuletzt ward ich an Kräften ganz erschöpfet«. Schon früh zeichnete sich also ab, dass der Tee ein kontroverses Getränk ist – entweder er wird geliebt oder abgelehnt.

Mit dem Beginn des 17. Jahrhunderts nahm der Einfluss der Holländer im asiatischen Raum immer mehr zu und damit einhergehend auch ihre Handelsinteressen. Findige Kaufleute machten sich auf die Suche nach neuen Waren und Absatzmärkten. Im Jahr 1610 brachte die Holländisch-Ostindische Kompanie zum ersten Mal eine kleine Fracht Tee in die Niederlande. Es handelte sich dabei um grünen Tee aus Japan, den man im Verhältnis eins zu drei gegen Salbei eingetauscht hatte. Der Siegeszug des Tees in Europa begann und schon im Jahr 1637 verfassten die Direktoren der Holländisch-Ostindischen Kompanie den heute berühmten Brief an den Generalgouverneur von Batavia. In diesem gaben sie die Anweisung: »Da der Tee bei manchen Leuten in Gebrauch zu kommen beginnt, erwarten wir mit jedem Schiff einige Kisten sowohl chinesischen als auch japanischen Tees.«

Erst im Jahr 1644 gab die Britisch-Ostindische Kompanie zum ersten Mal eine Bestellung über »hundert Pfund Tee von der besten Sorte, die zu haben ist«, an die Holländer. Es waren demnach nicht die Engländer, sondern die geschäftstüchtigen Holländer, bei denen zu Beginn des 17. Jahrhunderts der Tee zuerst Fuß fasste, da sie in dem für sie neuen Getränk einen großartigen Profit rochen. Tee wurde fortan zur begehrten Handels- und Spekulationsware, doch noch musste jedes einzelne Teeblatt in China oder Japan gekauft und mit Silber teuer bezahlt werden. Auch die Bedingungen, unter denen der Handel betrieben werden musste, waren für die Europäer in höchstem Maße befremdlich. Der Tee-Einkauf in China war anfangs außerordentlich mühsam und nur über Macao und Kanton erlaubt. Das chinesische Kaiserreich kannte traditionell keinen freien Handel, sondern lediglich den kaiserlich kontrollierten Tributhandel. Jede Form von Güteraustausch musste somit notgedrungen über eine Beamtenschaft abgewickelt werden, für die Handel eine niedere Beschäftigung darstellte. »Der Wunsch, nach China hineinzukommen, ob mit oder ohne Soldaten, gleicht dem Versuch, auf den Mond zu kommen«, klagte damals ein Franziskanermönch und umschreibt damit den hohen Grad der Abschirmung gegen die Fremden und ihre als unnütz betrachteten Waren und Ideologien. Die Kaufleute hatten es nicht einfach und wussten allerlei an den Verfahrensweisen der Beamtenschaft zu kritisieren, die ihnen mehr als einmal die Geschäfte vermiesten.

Der Holländer Seyger van Rechten berichtet davon, wie er 1639 versuchte, an der chinesischen Küste zu landen: »Sobald sich ein fremdes Schiff an der Küste zeigt, wird es von Dschunken umringt, die es am Handel, am Erwerb von Lebensmitteln, ja, an der Unterredung mit jedermann hindern, so dass es sich bald wieder fortmachen muss.« Die Situation besserte sich zwar mit den Jahren, doch noch Jahrzehnte später hatten die Kaufleute mit solchen Schwierigkeiten zu kämpfen – wie es Johan Nieuhof, der in den Jahren 1655 bis 1657 nach China reiste, anschaulich schildert. Bevor er in Kanton an Land gehen durfte, musste die damals nicht unerhebliche Summe von 135 Tael Silber bezahlt werden. Das anschließende Festgelage soll an die vierzig Gerichte umfasst und an den Magen damit sicher erhebliche Ansprüche gestellt haben. Interessant ist die Stelle, an der er beschreibt, wie die Chinesen ihren Tee zubereiteten: »Man nimmt eine halbe Handvoll Teekraut, lässt es in reinem

Wasser kochen, seiht es hernach durch ein Tuch, gießt etwa ein Viertel so viel warme Milch darunter, tut auch ein wenig Salz dazu. Das schlürft man dann so heiß, wie man es vertragen kann.« Seine Schilderung zeigt, dass die damals in China regierenden Mandschus zwei Arten kannten, ihren Tee zuzubereiten. Neben dem bis heute üblichen Aufbrühen wurden die Teeblätter auch aufgekocht und suppenartig serviert.

Der Tee war in Holland zuerst sehr umstritten, fand aber erste Fürsprecher unter Medizinern. Philipp Baldaeus empfahl seinen Landsleuten in der feuchten Luft der Niederlande den Teegenuss gegen die Gicht. Außerdem sollte Tee gegen den unter den Matrosen häufig auftretenden Skorbut helfen. Er riet, den Tee mit Essig, Öl und Pfeffer als Salat zu sich zu nehmen. Welchen Anklang dieser Teesalat fand, ist leider unbekannt. Nikolaes Tulp vertrat die Überzeugung, dass Tee zu einem hohen Alter verhelfe. Besonderen Einsatz für die Verbreitung von Tee leistete jedoch Cornelius Dekker, genannt Bontekoe aus Alkmaar, der holländische Leibarzt des Großen Kurfürsten, in seiner Abhandlung aus dem Jahre 1679. Er hat dem Tee zum Status eines Allheilmittels verholfen. Seine Schriften zum Tee, wie unter anderem das berühmte ›Tractat van het excellenste kryt thee‹, erschienen 1679 in Amsterdam, lobten die guten Wirkungen von Tee so überschwänglich, dass ihm unterstellt wurde, er sei von der Holländisch-Ostindischen Kompanie gekauft worden, um den Absatz von Tee zu fördern. Er glaubte, »das erste Principium der Gesundheit sei Verdünnung des Bluts und dazu der The das wirksamste Mittel«. Man könne deshalb nicht zu viel davon genießen, sondern soll ruhig mit acht bis zehn Tassen (hier sind Teekoppchen mit viel kleinerem Inhalt gemeint) »langsam anfangen und sich nach und nach daran gewöhnen, dass man 100–200 den Tag über zu allen Stunden zu sich nähme«.

Auf einem Flugblatt von 1680 wurde eine lange Liste mit den heilsamen Wirkungen von Tee zusammengestellt und behauptet, sie wäre angeblich aus dem Chinesischen übertragen worden. Tee wurde dargestellt als eine Universalmedizin für

Leib und Seele, die bei allen Problemen, angefangen bei der »Ermutigung des Herzens« bis zum »Verjagen von Trübsal«, helfe. Das zugkräftigste Argument war letztlich wohl die ihm zugeschriebene potenzfördernde Wirkung.

Bald schon verlor die Holländisch-Ostindische Kompanie ihr Monopol auf den Teehandel und die Briten drängten sich mit Macht vor. In England durfte kein Tee mehr vertrieben werden, der nicht selbst eingeführt worden war. Die Holländer verloren damit einen wichtigen Absatzmarkt und die britische East India Company konnte die Preise diktieren. Wo Gesetze behindern, lassen sich jedoch immer auch Möglichkeiten finden sie zu umgehen. Eine rege Schmuggeltätigkeit setzte ein, bei der holländischer Tee über dunkle Kanäle auf die Britischen Inseln gebracht wurde.

Im Gegensatz zu Großbritannien, wo das Teetrinken bis heute für die Menschen eine schiere Überlebensnotwendigkeit darstellt, hat sich in Holland diese Gewohnheit nicht halten können und es wird der Kaffee bevorzugt. Den Holländern war durch die Teenot während des Zweiten Weltkriegs, als Teetabletten und Kräutersurrogate den Tee ersetzen mussten, die Lust am Tee endgültig verdorben worden. Im Vergleich zu 1939 war in den 1950er Jahren der Teeverbrauch auf weniger als die Hälfte zurückgegangen und der Konsum erreichte nie wieder auch nur annähernd die frühere Höhe. Im Nachbarland der Ostfriesen spielte Tee fortan keine große Rolle mehr: Die Holländer waren zu Kaffeetrinkern geworden, während die Ostfriesen treue Anhänger von Kopke, Kluntje und Wulkje geblieben sind.

»It’s teatime, Sir!«

Tee in England

In einem Flugblatt von 1557 mit dem Titel »Eine genaue Beschreibung des Anbaus, der Eigenschaften und der Vorzüge des Teeblatts« wird der Tee in England noch als »königliches Geschenk für Fürsten und Adelige« gepriesen. Und wirklich war Tee zunächst so teuer, dass ihn sich nur die Reichen leisten konnten und er wie eine Kostbarkeit auf das Sorgfältigste zubereitet wurde. Aber die Kaufleute hofften, dass der Preis bald sinken würde, und ließen nichts unversucht, den Kaffee trinkenden Briten das neue Getränk schmackhaft zu machen. Wer schon einmal die britische Insel besucht hat, wird sich jetzt vielleicht sagen, dass dies nicht so schwierig gewesen sein konnte. Denn der schon legendär gewordene schlechte Kaffee, den er dort genossen hat, bringt wahrscheinlich jeden sehr schnell dazu, sich einer gut gebrauten Tasse Tee zuzuwenden. Tatsächlich aber war es damals gar nicht so einfach, die Briten zum »China drink« zu bekehren, und die Auseinandersetzung ging so lebhaft vonstatten, wie man es den kühlen Angelsachsen eigentlich gar nicht zutraut.

Wie wir später noch sehen werden, fand eine leidenschaftliche Debatte um die gesundheitlichen Folgen des Teegenusses statt, in der sich zahlreiche Kritiker und Befürworter mehr oder weniger sachlich bekämpften. Doch gleichzeitig entdeckten die Kaffeehäuser eine neue Einnahmequelle und die Abstinenzbewegung eine Alternative zum übermäßig konsumierten Alkohol, sprich dem beliebten Ale. Um den Tee populär zu machen, ließ man deshalb nichts unversucht. Neben den gesundheitlichen Vorteilen wurde seine Feinheit gerühmt und gar behauptet, dass der beste Tee nur von Jungfrauen gepflückt werden dürfe. Die Aufmerksamkeit des Publikums sollte unbedingt gewonnen werden. Im Jahr 1658 kündigten Zeitungsannoncen an, dass der »herrliche, von allen Ärzten empfohlene

Chinatee« jetzt in den Kaffeehäusern eingeführt werde, und auf der Straße priesen stimmgewaltige Ausrufer das neumodische Getränk lautstark an.

Den größten Einfluss auf die Einführung des Tees übte jedoch der königliche Hof aus. Im Jahr 1662 heiratete die portugiesische Prinzessin Katharina von Braganza den englischen König Karl II. Nach dem Ende der puritanischen Cromwell-Herrschaft hatte sich am englischen Königshof ein fröhlicher und dem Alkohol zugewandter Lebensstil entfaltet. Morgens, mittags und abends wurde dem Alkohol zugesprochen, was der neuen Königin gar nicht gefiel. Von zu Hause war Katharina von Braganza an die tägliche Teestunde gewöhnt und wollte in der neuen Heimat auf diese nicht verzichten. Kurz entschlossen führte sie die stilvolle Teestunde bei Hofe ein und machte das Teetrinken damit hoffähig: Demnach geht die heilige »teatime« der Briten letztlich auf eine Portugiesin zurück.

Das Anliegen, den weit verbreiteten Alkoholismus durch den Konsum von Tee einzudämmen, war auch in der einfachen Bevölkerung durchaus vorhanden. Tee und Kaffee trafen im 17. Jahrhundert auf ein Europa, in dem Alkohol zu allen Tageszeiten in großen Mengen konsumiert wurde. Die Biersuppe am Morgen und das »flüssige Brot« als Nachtmahl waren in allen Schichten der Bevölkerung Usus. »Manche leben von diesem Getränk – dem Bier – mehr als vom Essen«, hieß es schon im 16. Jahrhundert. Hundert Jahre später lag der durchschnittliche Bierverbrauch in einer englischen Familie, Kinder eingeschlossen, bei drei Litern täglich. Es gab Wetttrinken, bei denen »das Trinken gewöhnlich in der Bewusstlosigkeit der Teilnehmer endete«, und die Empfehlung, den Dienstboten Bier zu geben, denn »es macht kräftiger und tüchtiger für die Arbeit«. Schier endlos waren die Klagen über das »gräuliche Laster der Trunkenheit«. Doch die Einstellung zum Alkoholmissbrauch und der Völlerei änderte sich erst mit der Herausbildung einer städtischen Gesellschaft mit einem hohen Bildungsideal. Der Wunsch nach Nüchternheit und Rationalität in vielen Belangen verbreitete sich und zu diesem neuen Welt- und Menschenbild passte auch der Genuss von Tee. Zusammen mit dem Kaffee wurde er einer der beiden »großen Ernüchterer« Europas.

Wie so oft bei neuen Moden waren es die Frauen, die für deren Verbreitung sorgten. Am erstaunlichsten ist zudem, wie schnell und heftig der Tee sich bei den Engländern gegen den bereits bekannten Kaffee durchsetzte, wie »ein Volk potenzieller Kaffeetrinker in eine Nation von Teetrinkern verwandelt wurde, und das binnen weniger Jahre«. Die Frauen in der Abstinenzlerbewegung veranstalteten »Teezusammenkünfte«, bei denen jeweils eine Dame einem Tisch mit zwanzig Personen vorstand. Es waren vergnügte und fröhliche Treffen und jede Tischherrin legte großen Wert darauf, dass ihr Tisch mit feinem Porzellan, köstlichem Gebäck und bestem Tee ausgestattet war. Mit der Zeit begann ein Konkurrenzkampf, wer den schönsten und elegantesten Tisch hatte, und die Veranstaltungen fanden ein abruptes Ende. Aber die Sitte, sich an einem schön gedeckten Teetisch zusammenzufinden, hatte inzwischen viele Freunde gefunden und in zahlreichen Städten wurden von da an Teefeste gefeiert. Im Jahr 1833 wurde im Temperenzverein von Breston ein gewaltiges »Teegelage« veranstaltet, bei dem 1200 Menschen in einem prächtig geschmückten Saal bewirtet wurden. Eine noch größere Zusammenkunft fand im Jahr 1836 in Liverpool statt, bei der 2500 Besucher gezählt wurden. Um den Teedurst aller zu stillen, wurde der Tee in Gefäßen zubereitet, die ein Hektoliter fassten und deren Inhalt für 250 Personen reichte. Die geselligen und lustigen Teetreffen fanden regen Zuspruch und tatsächlich sank der Alkoholverbrauch zugunsten des Teekonsums. Als Tee schließlich billiger und somit für die breite Bevölkerung erschwinglich wurde, war sein Siegeszug nicht mehr aufzuhalten.

Der Teegenuss war nun gesellschaftsfähig und jede Schicht besaß bald ihren eigenen Stil, in dem sie ihre Teepause bis heute zelebriert. Die einen sitzen gemütlich am Küchentisch und halten einen Schwatz, die anderen im eleganten Teehaus. Familien finden sich am reich gedeckten Teetisch zusammen oder die gemütliche Teestunde wird zur willkommenen Lesestunde. Eine gepflegte Tasse Tee war und ist in England Mittelpunkt und Anlass vielfältiger Geselligkeit. »Tee à l'anglaise« hießen im späten 18. und frühen 19. Jahrhundert Teegesellschaften, bei denen, wie heute auf Stehempfängen, der Tee an kleinen Tischen im Stehen eingenommen wurde und die Gäste plaudernd umhergingen. Die Liste, wo und wie man seinen Tee genießen kann, ließe sich endlos fortschreiben.

Es ist jedoch nicht nur das Drumherum, sondern vor allem das Darinnen – in der Teetasse – von Bedeutung. Engländer mögen ihren Tee kräftig und würzig. Sie bevorzugen den indischen Tee, der chinesische Tee ist ihnen in der Regel zu weich und zart und im Geschmack zu indifferent. Das Aroma soll sich rasch entfalten und erquickend sein. Die Sinne werden durch einen herzhaften Tee unmittelbar angesprochen, was gut zum britischen Teeritual passt. Verglichen mit der asiatischen Teezeremonie ist es eine handfeste, herbe und doch appetitliche Angelegenheit und der englisch-orthodoxen Dogmatik – und nicht zuletzt dem rauen Klima der Insel – perfekt angepasst.

Schottisches Teegemüse ist ein fragwürdiger Genuss

Die Geschichte des Tees, die voll ist von Sinnreichem, Gedankenvollem, Meditativem und Spannendem, entbehrt jedoch nicht mancher Skurrilität. Landwirtschaftliche Produkte aus Übersee wurden in Europa oft erst mit Befremden aufgenommen – nicht zuletzt, weil ihre Verwendung unbekannt war und sie daher leicht auf die falsche Weise zubereitet wurden. So erging es anfangs auch dem Tee.

Es wird berichtet, die Witwe des britischen Herzogs von Monmouth habe im Jahr 1686 ein Pfund Tee an schottische Freunde verteilt, dabei jedoch nicht daran gedacht, ihnen den Gebrauch zu erläutern. Etwas ratlos, was nun mit diesem Tee zu tun sei, den sie nur vom Hörensagen kannten, kochten die Schotten die Blätter stundenlang, bereiteten sozusagen ein »Scotch Tea Stew«. Anschließend gossen sie alles Wasser bis auf den letzten Tropfen ab und servierten das grün-bräunliche Topfgericht als Gemüse auf dem Mittagstisch. Verständlicherweise schoben sie, kaum dass sie dieses »Gemüse« probiert hatten, die Teller wieder angeekelt beiseite. Sie wunderten sich wohl nicht wenig über den vermeintlich miserablen Geschmack der Herzogin von Monmouth, die gewusst haben dürfte, wie Tee zuzubereiten war. Immerhin war ihr Gatte James II. Monmouth, illegitimer Sohn des Königs Karl II., zwei Jahre zuvor nach Holland ins Exil gegangen, wo er bestimmt »abwartete und Tee trank«, denn er hatte gute Aussichten, britischer Thronfolger zu werden. Als er nach dem Tod des Königs 1685 nach England zurückkehrte, um den Thron mit Nachdruck für sich zu fordern, erhielt er jedoch keine Unterstützung vom Landadel. Auch die flugs aufgestellte Armee blieb erfolglos. Falls er den Tee damals auch so lange ziehen ließ wie die schottischen Freunde seiner Gattin ihr *Tea Stew*, dann ist natürlich nicht verwunderlich, dass die Schlacht verloren wurde und die Rebellion scheiterte. »The tea is stewed« bedeutet im Englischen, dass der Tee zu lange gezogen hat, und wir wissen ja bereits aus der weiter oben erwähnten mongolischen Anekdote, welche Folgen dies für den Kampfgeist einer Armee hat ...

Hitzige Debatten auf der »Insel«

Englische Ärzte im Kampf gegen den Tee

Elegant gekleidete Damen und vornehme Herren in dunklen Anzügen sitzen gemütlich an zierlichen Tischen und schlürfen mit Kennermiene duftigen Tee aus edlem Porzellan. Umsorgt von einem umsichtigen Butler pflegen sie die leichte Konversation und knabbern an köstlichem Backwerk. So oder ähnlich ist das Bild, das vielen vor Augen steht, wenn sie an England und Tee denken. Die englische Teekultur wird vom unbefangenen Betrachter fast zwangsläufig im Milieu der Oberschicht angesiedelt und mehr oder weniger mit der feinen Lebensart gleichgesetzt. Ein Vorurteil, dem die Briten zeitweise selbst Vorschub leisteten, als ein Lordkanzler gegen die Demoralisierung der arbeitenden Bevölkerung wetterte und das Teetrinken per Gesetz auf die höheren Gesellschaftskreise beschränkt wissen wollte. Trotzdem wurde die stilvolle und gemütliche Teestunde zu einer lieben Gewohnheit, die heute von allen Schichten in Großbritannien und Irland gepflegt wird. Egal ob Arbeiter, Angestellter, Hausfrau oder reicher Bankier, die tägliche Teestunde war und ist bis heute aus der englischen Lebensart nicht mehr wegzudenken.

Dem war nicht immer so. Bevor sich der Genuss des »China drink« in England etablierte, war er Gegenstand kontroverser Auseinandersetzungen und wurde durchaus nicht widerstandslos akzeptiert. Zuerst als Medizin betrachtet und nur in Apotheken erhältlich, beschäftigte sich die Ärzteschaft mit dem neumodischen Getränk und kam zu durchaus unterschiedlichen Ergebnissen. Zahlreiche Schriften zum Lob des Tees wurden verfasst und hoben seine wohltuende medizinische Wirkung hervor. Eine gesunde Verdünnung des Blutes wurde ihm zugeschrieben und ein beruhigender Effekt auf die gestörte Verdauung. Teetrinken, so hieß es, macht den Kopf frei und klärt die Gedanken, ganz im Gegensatz zum Alkohol. Außerdem führten die Verfechter an, dass in Asien viele Krankheiten des Westens unbekannt seien, was auf den Genuss von Tee zurückzuführen sei.

Gegenstimmen waren ebenso zahlreich und abstruse Theorien sollten die Gefährlichkeit des Teegenusses beweisen. James Lacy, ein erklärter Gegner des Teetrinkens, machte diese Gewohnheit im Jahr 1722 für zahlreiche hypochondrische Erkrankungen verantwortlich. Er erklärte Tee zu einer gefährlichen Droge und setzte ihn gar mit Opium gleich. Seiner Meinung nach war seine Wirkung in hohem Maße schädlich, da er das Blut so sehr verdünne und schwäche, dass Krankheiten sich ungehindert entfalten könnten. Die guten Energien, die aus gesundem Blut entstehen und maßgeblich für das Wohlergehen verantwortlich sind, würden verschwendet. Das wiederum könne dazu führen, dass das Blut zu dick werde mit der Folge von noch mehr Krankheit und Siechtum. Um seine Behauptungen zu stützen, führte er einen Versuch durch, bei dem er einem Hund drei Unzen mit sehr starkem Bohea-Tee injizierte. Anschließend gab er zwar zu, dass dies dem Tier in keinster Weise geschadet habe, blieb aber dennoch bei seiner Theorie.

1748 schrieb John Wesley einen Brief an einen Freund und teilte ihm seine Befürchtungen über die schädigende Wirkung von Tee mit. Er wollte beobachtet haben, dass allgemeine Lähmungserscheinungen bei den Bewohnern seiner Heimatstadt Oxford sehr stark zugenommen hätten. Viele seien so schwach, dass sie keinen Arbeitstag mehr überstehen könnten. Er selbst hätte bei sich vor einiger Zeit ein starkes Zittern seiner Hände wahrgenommen. Als Ursache für diese Probleme machte er den Tee aus, der immer hemmungsloser konsumiert wurde, und fragte sich, warum sich die Leute dies antäten und dafür auch noch bezahlten. Der Genuss englischer Kräutertees wäre billiger und bekömmlicher.

Die Angriffe gegen den Tee wurden mit großer Verbissenheit geführt und seine Gefahren in den schlimmsten Farben ausgemalt. Eine entzündliche Verdickung des Blutes wurde ihm zugeschrieben sowie Störungen der Augen und Lungen zusammen mit einem allgemeinen Schmerzzustand. Er schädige angeblich die Nerven und mache labil und nervös. Jonas Hanway stellte 1756 besorgt die Frage in den Raum, wie viele Menschen wohl jedes Jahr durch Tee, Gin oder Wein vergiftet würden. Und wie oft Kinder vernachlässigt und schlecht versorgt wären, nur weil die Mütter ihre Zeit mit dem Trinken von Tee verschwendeten und vom übermäßigen Genuss schwach geworden seien. Alle heißen Getränke seien von Übel, denn wer jemals die vom heißen Wasser eingeschrumpelten Hände einer

Waschfrau gesehen habe, der ahne sofort, welche Schäden ein heißes Getränk im Körper anrichte – nicht zu sprechen vom wirtschaftlichen Schaden, den die Gewohnheit des regelmäßigen Teegenusses nach sich ziehe.

Hanway führte an, dass in England jedes Jahr fünf Millionen Pfund Tee konsumiert würden, und stellte eine erstaunliche Rechnung auf, welche Kosten dadurch entstanden waren. Er berechnete, was dieser Tee und die Menge an Zucker kosteten, der wie der Tee erst einmal importiert und raffiniert werden musste. Des Weiteren klagte er, dass durch Teepausen viel zu viel Arbeitszeit verloren gehe. Nach seiner Kalkulation wurde etwa jede zwölfte Arbeitsstunde bei einer Tasse Tee vergeudet. Außerdem seien da die Kosten des Teegeschirrs, das jede Familie besäße. Hinzu kämen die Ausgaben für Teekessel und Heizmaterial, welches benötigt werde, um das Feuer zum Bereiten von Heißwasser zu unterhalten. Er errechnete als Gesamtkosten für die Volkswirtschaft 2 691 665 Pfund Sterling. Die Teeliebhaber hätten seiner Berechnung nach pro Jahr insgesamt 3 041 666 Pfund ausgegeben. Alles in allem, so schloss er, sei das Teetrinken eine geradezu ruinöse Angewohnheit für den Einzelnen, für das ganze Volk und den Staat und er appellierte an den Patriotismus, die Finger vom Tee zu lassen.

In ihrer Polemik waren die Angriffe, die gegen den Tee geführt wurden, sicherlich überzogen, enthielten aber, wie es oft der Fall ist, ein Körnchen Wahrheit. Zu Beginn der »Teezeit« wurden in ganz Europa grüne Tees bevorzugt. Er galt als der feinere. In England war es üblich, dass die Herrschaft Grüntee trank und das Personal und die einfache Bevölkerung mit Schwarztee vorlieb nehmen musste. Damit der grüne Tee den Käufern gefiel und in der Tasse eine schöne Farbe entfaltete, wurde er mit Farbstoffen versetzt. Diese Praxis, die der Gesundheit sicherlich nicht immer zuträglich war, war bis ins 19. Jahrhundert an der Tagesordnung. Die Plädoyers gegen den Tee erreichten so zumindest, dass der Verbrauch an Grüntees zugunsten des Schwarztees erheblich zurückging und damit auch der Zusatz von künstlichen Farbstoffen.

Dass sich die Engländer ihre Teeleidenschaft schon damals einiges kosten ließen, ist unbestritten. Im Jahr 1644, kaum hundert Jahre nach der Einführung des Tees, gab ein durchschnittlicher Londoner Arbeiterhaushalt mehr als fünf Prozent seines Einkommens für Tee aus. Aus diesem Umstand resultierte ein anderes, nicht zu unterschätzendes Problem. Der massive Abfluss von Edelmetallen im Austausch gegen Tee und die negative Handelsbilanz der englischen Wirtschaft nahmen bald bedenkliche Ausmaße an. Der Import von Tee verschlang enorme Summen und wurde erst in kontrollierte Bahnen gelenkt, nachdem die Briten mit dem eigenen Anbau in Indien begonnen und China durch die Opiumkriege in die Knie gezwungen hatten.

Alle Argumente und Behauptungen konnten den Siegeszug des Tees nicht aufhalten. Zum Ende des 18. Jahrhunderts war die Kontroverse beendet und der Genuss von Tee fest in der Gesellschaft verankert. Heute liegen die Engländer beim Teeverbrauch – fast – ganz oben und konsumieren – Säuglinge und Greise mitgerechnet – 2,94 Kilogramm Tee pro Jahr. Nur die Iren trinken noch mehr; sie sind in den Jahren 1994 bis 1996 auf einen durchschnittlichen Verbrauch von 3,17 Kilogramm pro Person und Jahr gekommen. Das mag auch ein wenig daran liegen, dass sie gerne guten, starken Tee trinken, wie es schon Heinrich Böll in seinem ›Irischen Tagebuch‹ so schön beschrieb:

> Gleicht der kontinentale Tee einem vergilbten Postscheckbrief, so gleicht er auf diesen Inseln westlich von Ostende den dunklen Tönen auf russischen Ikonen, durch die es golden durchschimmert, bevor die Milch ihm eine Farbe ähnlich der Hautfarbe eines überfütterten Säuglings verleiht; auf dem Kontinent serviert man den Tee dünn, aber aus kostbarem Porzellan, hier gießt man aus ramponierten Blechkannen gleichgültig ein Engelsgetränk zu des Fremden Labsal, und spottbillig dazu, in dicke Steinguttassen.
> Das Frühstück war gut, der Tee des Ruhmes würdig, und kostenlos hinzu gab es das Lächeln der jungen Irin, die ihn servierte.

Traditionsbewusste Menschen in England lieben es, täglich fünf Teepausen abzuhalten. Der ideale Tag beginnt mit dem Early Morning Tea, den man gerne noch vor dem Aufstehen zu sich nimmt. Wer sich den Luxus eines Butlers, der diesen ans Bett serviert, nicht leisten kann, dem bietet der findige Inselhandel besondere Teeautomaten an. Sie sind mit einer Zeituhr ausgestattet und können am Abend so vorbereitet werden, dass der Schläfer vom Duft des frisch gebrühten Tees geweckt wird. Um elf Uhr folgt »Elevenses« – die Teepause des Vormittags, von der die Ökonomen behaupten, dass sie eines Tages die britische Wirtschaft ruinieren werde. Auch ein Mittagessen wäre ohne eine krönende Tasse Tee nicht vollständig. Der »Five o'clock Tea« wird gerne mit Freunden zu einem gemütlichen gesellschaftlichen Ereignis gemacht. Zum »High Tea« am Abend trifft sich die Familie bei einem Imbiss oder einer vollständigen Mahlzeit am Tisch und genießt das Beisammensein.

Auf den britischen Inseln haben sich die herberen Teesorten gegen die feineren chinesischen Tees und die gemütliche Teestunde gegen die verfeinerte Teezeremonie durchgesetzt und so eine ganz besondere und unverwechselbare Teekultur herausgebildet, die das sprichwörtlich schlechte Wetter der Inseln geradezu zu einem Vorteil werden lässt.

OSTFRIESLAND

Vom Bierrausch zum Teegenuss

Mit dem Bierdurst war es in Ostfriesland vor einem halben Jahrtausend nicht anders als vielerorts in der Mitte und dem Nordwesten Europas – in Deutschland, England oder den benachbarten Niederlanden: Mehr als bloßes Getränk war Bier als flüssige Volksnahrung weit verbreitet. So verbreitet gar, dass der aus Ostermarsch stammende ostfriesische Gelehrte Henricus Ubbius in seinen Briefen an Freunde in Italien davon berichtete, dass in Ostfriesland vom Hamburger Bier »jährlich eine große Menge gebraucht wird, zum Vorteil der Stadt Hamburg und der Steuereinkünfte der Grafen von Ostfriesland, aber zum größten Nachteil der Friesen selber, die ein gut Teil ihres Vermögens darin vertun und sich dabei im Rausch noch gegenseitig totschlagen«.

Die Friesen waren jedoch keineswegs auf importierte Biere angewiesen, gab es doch fast in jedem Dorf mindestens einen Bierbrauer, so dass Bier nicht nur als Getränk genossen wurde, sondern auch Biersuppe und Warmbier mit Honig, Eiern und Ingwer auf dem Speisezettel standen. So fanden die ersten Teekisten ihren Weg in Weltgegenden, die im 16. Jahrhundert von fröhlichen Zechgelagen nur so strotzten, weshalb davon auszugehen ist, dass all jene, die diesem trunkenen Wesen kritisch gegenüberstanden, die Ankunft des nicht berauschenden Getränkes Tee mehr als freudig begrüßten.

Wann genau dies in Ostfriesland so weit war, lässt sich kaum genau sagen. Nachdem holländische Schiffe der Ostindischen Kompanie 1610 erste kleine Ladungen des neuen Tranks mit nach Europa gebracht und dem Prinzenhof als Kostprobe überreicht hatten, setzten um 1635 die ersten regelmäßigen Lieferungen in die Niederlande ein. Etwa ein Jahrzehnt später machten holländische Kaufleute die Engländer mit dem neuen Handelsgut bekannt, das diese bald über ihre eigene East India Company bezogen. Zwar gibt es keine zuverlässigen Quellen darüber, ob es damals schon direkte Lieferungen von Tee an die ostfriesische Küste gab, doch sollte man annehmen, dass schon allein wegen der Nähe dieser Region zu den holländischen Handelshäfen der Tee auch hier sehr bald bekannt wurde.

Anfangs – wie anders könnte es sein – ließ sich Tee nur in begüterten Kreisen absetzen, denn die Monopolstellung der Ostindischen Kompanie machte ihn zum Luxusgut. Mancher ostfriesische Seemann mag jedoch erste Kostproben in die Heimat mitgebracht haben, wenn er auf niederländischen Schiffen angeheuert hatte. Mit Sicherheit aber kamen die Fischer von Westeraccumersiel 1694 billig an Tee, nachdem ein Hamburger Schiff in einem Orkan in Seenot geraten und dann auf ein Sandriff aufgelaufen war: So fanden sie unter dem angespülten Strandgut auch eine Kiste des fernöstlichen Krautes.

Über die Wirkung des Tees waren die Ostfriesen jedoch schon eine Weile informiert, denn ihre Ärzte und Apotheker setzten sich bereits seit geraumer Zeit damit auseinander. Er galt bereits als ein Genussmittel mit medizinischen Qualitäten, weshalb Tee außer in Gewürz- und Kolonialwarenläden auch beim Apotheker angeboten wurde. Da der Nordwesten Deutschlands weniger vom Jahrzehnte zuvor tobenden Dreißigjährigen Krieg heimgesucht worden war als der Rest Mitteleuropas, zeichneten sich die besseren Gesellschaftsschichten Ostfrieslands durch einen Wohlstand aus, der ihnen erlaubte, sich mit den modischen Gepflogenheiten der High Society in Holland und England zu messen. Um die Wende des 17. zum 18. Jahrhundert hatte sich die Gewohnheit des Teetrinkens unter ihnen etabliert und ein Rechnungsbuch des letzten ostfriesischen Fürsten Karl-Edzard (1716–1744) belegt, dass der ansonsten sparsame Fürst bei Tee wenig knauserte.

In der ostfriesischen Küstenstadt Norden konnte 1723 bereits ein erstes »Thee-Spezialgeschäft« eröffnen, dem knapp zwanzig

Jahre später zwei weitere Tee- und Kaffeehändler folgten. Das blieb nicht ohne Folgen für die heimische Wirtschaft – im engsten Wortsinne: Im Nu wirkte sich die allmähliche Verbreitung des Teetrinkens auf die Biernachfrage aus. Und zwar negativ, denn innerhalb eines halben Jahrhunderts schrumpfte die Zahl der in Norden ansässigen Bierbrauer von dreißig auf siebzehn. Im benachbarten Holland, wo die Verbreitung des Tees ihren Anfang genommen hatte, sollte im doppelten Zeitraum der Bierverbrauch auf ein Drittel der noch um 1685 produzierten Biermenge zusammenschrumpfen. Ähnliches geschah in vielen Bier trinkenden Regionen (wobei wir hier gewisse süddeutsche Regionen, allen voran Bayern, ausnehmen müssen), was nicht zuletzt auch daran lag, dass auf Bier erheblich höhere Verbrauchssteuern erhoben wurden als auf Tee und Kaffee. Da der Preis von Tee im Laufe des 18. Jahrhunderts sogar noch um 75 Prozent fiel, war sein Siegeszug nicht mehr aufzuhalten.

In Ostfriesland zumindest. Hier hatte der Tee inzwischen den Weg in die Aussteuer ostfriesischer Bräute aus gutem Hause gefunden – was uns an gewisse Verlobungsbräuche in China erinnern mag, von denen wir zu Anfang unserer Geschichten-Reise durch die Tee-Kulturhistorie berichteten.

Inzwischen hatte der Tee, dessen Siegeszug in Ostfriesland kaum ein Jahrhundert dauerte, die einstmals biertrunkenen Friesen gezügelt und beruhigt. »Der Kaffee und der Thee«, so schrieb der Historiker Onno Klopp über die Lebensweise seiner Landsleute um 1744, »begannen als Ersatz für die spirituösen Getränke ihre sänftigende und mildernde Einwirkung auf das Familienleben.« Das führte so weit, dass Kaffee und Tee schließlich sogar in einem geistlichen Lied besungen wurden, das der Prediger Wilhelmus Schortinghuis verfasst hatte. In zwei von elf Strophen, in denen er Gott für den Genuss dieser Getränke dankt, heißt es:

> Der Osten bringt uns Kaffeebohnen,
> Mit dem angenehmen Tee,
> Reichlich zur Erquickung mit,
> Und das Wasser von Eurem Thron an

Den Wolken lasst Ihr uns empfangen:
Ihr habt alles wohl getan.

Ist da je ein Trank zu finden,
Der uns zur Erquickung dient,
So ist es der Tee zur Labsal,
Und also müsst' ich redlich
So den angenehmen Tee preisen:
Ihr habt alles wohl getan.

Freilich scheint die beruhigende Wirkung nicht nur eine neue Gemütlichkeit, sondern gar neues Ungemach heraufbeschworen zu haben: 1770 wurde in Wittmund ein Schulmeister zur Ordnung gerufen, weil er den Schulunterricht vorzeitig beendet hatte, um nach Hause zu gehen und sich dort in Ruhe dem Teetrinken zu widmen. Das mag den Anfang jener Zeit markieren, in der sich niemand mehr so sehr über die gute oder vermeintlich schädliche Wirkung des Tees ereiferte, sondern den volkswirtschaftlichen Schaden dieses Genussmittels in den Mittelpunkt der Diskussion stellte und damit schließlich in den »Teekrieg des Alten Fritz« mündete.

Der Teekrieg des Alten Fritz

Ich gebe zu, daß Caffee, Chocolate und Thee alle miteinander vortreffliche Arzneymittel sind, aber folget deswegen, daß wir sie so oft genießen müssen? Gebraucht man alle Tage Arzney?

Der Arzt Duneau, ›Von dem Missbrauch heißer und hitziger Speisen und Getränke, sonderlich aber des Caffees, Chocolates und Thees‹, 1701

Es war das stattliche Segelschiff »König von Preußen«, das am 6. Juli 1753 mit seinem Einlaufen in den Emdener Hafen ein neues Kapitel in der ostfriesischen Teegeschichte eröffnete.

Mit ihm wurde die erste größere Teeladung direkt auf ostfriesischem Boden gelöscht. Zwei Jahre zuvor war, mit der Hoffnung auf große Geschäfte, über verschiedene Kapitalgeber und unter der Patronage des preußischen Königs Friedrich II., eine eigene Handelsgesellschaft aus der Taufe gehoben worden: die »Königlich-Preussische Asiatische Compagnie in Emden nach Canton und China«. Der »Alte Fritz«, wie der Preußenkönig uns allen bekannt ist, hatte sich nach dem Tod des letzten Ostfriesenfürsten diese Nordseeküstenregion einverleibt und wollte hier Emden zum Stützpunkt einer preußischen Seehandelspolitik machen. Mit in England und Holland eingekauften Schiffen sollten überseeische Erzeugnisse direkt bezogen und damit die Abhängigkeit von Importen aus den Niederlanden vermindert werden. Dass sich darüber hinaus überall in Europa eine gewisse China-Mode verbreitete und neben Tee auch Porzellan, Seide und andere »Chinoiserien« nachgefragt wurden, versprach satte Gewinne im Überseehandel. Und tatsächlich gelang es in der – wegen des bald schon einsetzenden Siebenjährigen Krieges – kurzen Blütezeit der Kompanie, »das Geld, welches für den Bedarf von Thee aus dem Lande ging, innerhalb desselben zu erhalten«, wie es in einer zeitgenössischen Quelle heißt.

Mit der Auflösung der ostfriesischen Handelskompanie, die wegen der französischen Besetzung des Landes nicht aufzuhalten war, blieb den Tee- und Kaffeehändlern nichts anderes übrig als sich wieder mit Importen aus Holland und England zu behelfen. Das aber musste den Preußenkönig Friedrich II. auf den Plan rufen, der ja den Silberabfluss ins Ausland verhindern wollte. So verfiel der Alte Fritz auf den Gedanken, den Tee- und Kaffeegenuss einzuschränken und wenn möglich gar zu unterbinden. Dabei wurden nicht nur neue Ersatzgetränke empfohlen, sondern es sollte sogar der einstmals heftig bekämpfte Bierkonsum wiederbelebt werden, da Gerste und Hopfen ja ausreichend angebaut wurden. Die Ostfriesen aber bewahrten die seit der Ernüchterung durch den Tee gewonnene Klarheit und ließen sich ihre neue Leidenschaft für das Teetrinken nicht nehmen. Ein regelrechter Teekrieg brach zwischen dem Preußenkönig und den Ostfriesen aus.

Beamten der Kriegs- und Domänenkammer in Aurich rauchten die Köpfe, weil sie dem weit verbreiteten Teetrinken immer neue schädliche Wirkungen zuschreiben mussten, um die Leute vom Teegenuss abzuhalten. Der Hopfenanbau wurde heftig propagiert, dem sich die ostfriesischen Bauern aber mit guten Ausreden entzogen: schlechte Bodenqualität, kein Platz, zu hoher Aufwand. Selbst an das deutsche Nationalbewusstsein wurde appelliert, um den Teegenuss einzuschränken:

»Die Wirkungen des Thees sind zwar weder für die Gesundheit noch für den Beutel von denen, die ihn trinken, so schädlich, als diejenigen, welche man sich durch den Caffe zuzieht; allein eine geringe Aufmerksamkeit wird doch zeigen, dass es wirklich widersprechend sey, für dieses Kraut Geld aus dem Lande zu schicken. Der Thee ist an und für sich gelinde, gewürzhaft und mäßig herbe, allein so schwach, als er gemeiniglich getrunken wird, ist er nicht im Stande, seine Kraft zu zeigen. Er stellt dann ein gelblich gefärbtes laues Wasser vor, welches angenehm riecht, und indem es in Menge getrunken wird, weit entfernt zu stärken, den Magen schwächt. Man muss also den Thee stärker, aber nicht so häufig trinken? wird man gleich hierauf antworten. Zugegeben, dass dann der Thee seinen guten Nutzen hat; allein wollen wir immer andern Völkern Tribut geben? Werden wir nicht viel besser thun, wenn wir Citronenmelisse und noch mehr die bei uns überall wild wachsende Bergpetersilie eben so wie Thee brauchen und trinken! Möchten doch diese jetzt vom Caffe- und Theetrinken angebrachten Umstände unsere Deutschen, die sich mit Recht durch ihre Einsichten, Wissenschaften und andere gute Eigenschaften so sehr über andere Nationen erheben können, auf die Gedanken bringen, auch in ihren ökonomischen Einrichtungen einen Vorzug vor andern zu erhalten, dadurch, dass sie zu der einfältigen und der Natur gemäßen Lebensart ihrer Vorfahren zurückkehrten.«

Alle Verordnungen, Appelle, Maßnahmen und Strafandrohungen halfen nichts: Der Bierkonsum früherer Jahrzehnte war nicht wieder zu beleben, die Ostfriesen wollten nicht mehr zu trunkenen Küstenbewohnern werden. Noch zehn Jahre später versuchte die preußische Verwaltung erfolglos, Ersatzgetränke populär zu machen, wandte sich bald drohend, bald ironisch an die Landstände in Ostfriesland, die sich aber beharrlich den Wünschen der Obrigkeit verweigerten. Vielmehr machten sie in einem Brief im Mai 1779 noch einmal deutlich, für wie bedeutend sie das Teetrinken in Ostfriesland erachteten:

»Der Gebrauch des Thee und Caffe ist hierzulande so allgemein und so tief eingewurzelt, dass die Natur des Menschen schon durch eine schöpferische Kraft müsste umgekehrt werden, wenn sie diesen Getränken auf einmal gute Nacht sagen sollte!«

Es war nichts zu wollen. Schon gar der Vorwurf, »Thee und Caffe führet das Privilegium auf einige Stunden am Tag müßig zu seyn mit sich, die tägliche zu verschiedenen Tageszeiten erforderliche Zubereitung vermehret den Zeit Verlust, und mit diesem den Preis, welchen man vielleicht nicht klingend außer Berechnung lässt«, dass also der volkswirtschaftliche Schaden vor allem auch durch Müßiggang verursacht werde, nahm letztlich die mit dem Tee etablierte Gemütlichkeit ins Visier. Nur zu richtig bemerkten daraufhin die Stände, dass ein guter Hauswirt Unordnung und Zeitverschwendung beim Teetrinken stets von sich aus in den Griff bekommen könne. Überaus modern mutet gar die Argumentation an, dass Gesinde und Arbeiter womöglich gar höheren Lohn einfordern oder sich Arbeit im benachbarten Holland suchen könnten, wenn man ihnen keinen Tee mehr zukommen ließe. Denn, so lesen wir heute mit Erstaunen, Tee und Kaffee hätten in Ostfriesland ja schließlich schon seit alters zu den wahren Bequemlichkeiten des Lebens gehört. So empfand man also schon, nachdem sich das Teetrinken dort gerade einmal anderthalb Jahrhunderte lang verbreitet hatte!

Von Kopkes, Kluntjes und Wulkjes

In einem von Jever aus durch Ostfriesland fahrenden Omnibus saßen vor der Wende des 19. zum 20. Jahrhundert dereinst zwei Reisende, von denen der erste mit dem Land sehr vertraut war und daher den anderen auf mancherlei Merkwürdigkeiten aufmerksam machte:

»Also abends, wo Sie auch logieren mögen in Stadt und Land, da lassen Sie sich immer Tee geben. Nirgends bekommen Sie den so vorzüglich wie hier. Ostfriesland ist das Land des Tees; die Stadt Leer soll der zweite Platz für Teehandel sein im deutschen Vaterlande und gleich hinter Königsberg kommen. Eine barbarische Menge von diesem Gewächs wird hier geschlürft und namentlich ältere Leute rechnen den Tee zu den allernotwendigsten Lebensbedürfnissen und wollen allenfalls Brot entbehren, wenn sie nur ›'n Körrel to drinken hebben‹. Man bereitet den Tee hier aber auch ganz anders zu; bei uns zu Hause könnten Sie die Sorten von derselben Güte haben und Sie kriegten doch keinen vernünftigen Tropfen zuwege. Man muss den Tee nicht in einem großen Kübel bereiten, sondern in einem kleinen ›Trekpott‹. Das Wort ist eigentlich unübersetzbar; man müsste wörtlich sagen: ›Ziehetopf‹. Ein Porzellantöpfchen mit heißem Wasser und dem nötigen ›Schuss‹ Tee setzt man auf ein Kohlenbecken oder Lämpchen hin zu ziehen und gießt dann nach Bedarf kochendes Wasser hinzu. Das gibt ein probates Getränk, ich sage Ihnen, ich habe erst in Ostfriesland gelernt, was Tee ist. Und dann die Zutaten nicht zu vergessen; zum Tee bekommen Sie stets einen Zuckertopf voll Kandis – Kluntjes genannt – die schmelzen nicht so leicht als der Hutzucker, da müssen Sie gehörig rühren; und dann zuletzt ein Kännchen mit Sahne – Rohmkantje genannt –, das gibt der ganzen Sache das erforderliche Aroma, ganz anders als die blaue Pest der abgeschöpften Milch, die man bei uns zuschüttet.«

Drei Tassen sind Ostfriesenrecht

Die ostfriesische Teezeremonie oder das Zelebrieren von Gemütlichkeit

In Ostfriesland ist Tee nicht nur Lieblingsgetränk und ein fester Bestandteil des Lebens, sondern auch ein Ausdruck der Gastfreundschaft, der Ruhe und Erholung. Wiard Lüpkes nennt den Tee in seiner ›Ostfriesischen Volkskunde‹ von 1925 gar das »ostfriesische Nationalgetränk« und zitiert den Volksreim, der nirgendwo fehlen darf, wenn es darum geht, die Beziehung der Ostfriesen zu ihrem Tee darzustellen:

Ik sit up mien Gemak
Un rook 'n Piep Tobak
Un drink 'n Kopke Tee
Un dor bin'k mit tofre.

Teetrinken ist in Ostfriesland zu einer Art rituellen Handlung geworden, die den Tagesablauf strukturiert. Von daher ist es durchaus sinnvoll, von einer ostfriesischen Teezeremonie zu sprechen, die meist viermal am Tag zu ihrem Recht kommt. Das schließt natürlich nicht aus, dass Teepausen auch öfter, in der Regel bis zu sechs Mal täglich, abgehalten werden. Und wenn Gäste hereinschneien, so steht selbstverständlich im Nu der Tee auf dem Tisch – sonst sollte man sich ernsthaft Gedanken machen, ob der Besuch tatsächlich Freude bereitet. Wird kein Tee angeboten, mag angeraten sein wieder zu gehen ...

Mit Tee wird der Tag natürlich schon begonnen; eine Mahlzeit und damit auch ein Frühstück ohne Tee ist nicht denkbar. Die wichtigsten Teepausen finden vormittags in der Zeit von 10 bis 11 Uhr und nachmittags von 15 bis 16 Uhr statt. Zu jeder Teepause gehören drei Tassen Tee, denn der Volksmund sagt: »Drei Tassen sind Ostfriesenrecht.« Bevorzugt wird die »Echte Ostfriesische Mischung«, eine Brokentee-Mischung verschiedener Assam-Tees.

Unentbehrliche Zutaten zum Ostfriesen-Tee sind Kluntjes, Stücke weißen Kandiszuckers, sowie Rohm, eine besondere Teesahne, die mindestens 36 Prozent Fett hat. Niemals sollte man auf den lästerlichen Einfall kommen, Dosen- oder Kaffeesahne zu erwarten oder gar um so etwas zu bitten.

Am Teetisch hantiert immer nur eine Person, entweder die Hausfrau oder der Hausherr, die zunächst damit beginnen, die Kanne sorgfältig mit heißem Wasser auszuspülen. So wird das Porzellan erwärmt und nachgefülltes Wasser behält die Temperatur. Für jeden Gast wird je ein Teelöffel Tee in die Kanne gegeben sowie ein Teelöffel extra für die Kanne. Wenn die Hausfrau die Kanne anschließend auf das Stövchen stellt, füllt sie sie mit kochendem Wasser auf, aber nur mit so viel, dass die Blätter »frei« schwimmen. Die Brokenmischung lässt sie vier bis fünf Minuten ziehen, in denen sich die Wirkstoffe entwickeln. Weil den Tee ziehen (lassen) auf ostfriesisch »treken« heißt, wird die entsprechende Kanne, in der dies geschieht, »Trekpott« genannt – die »Ziehkanne«. Das anregende Koffein wird gleich in den ersten zwei Minuten freigesetzt, während sich das Tannin mit den Gerbstoffen in den darauf folgenden Minuten entwickelt. Es wirkt beruhigend auf Magen und Darm.

Sind die vier bis fünf Minuten Zeit zum Ziehen des Tees verstrichen, wird der Trekpott entsprechend der gewünschten Tassenzahl zum ersten Mal mit kochendem Wasser aufgefüllt. Nach einer kurzen Wartezeit erst schenkt man ein, und zwar sobald die Blätter wieder absinken. Der Tee ist recht stark und nach dem ersten Ausschenken ist noch ein guter Rest Wasser bei den Teeblättern in der Kanne geblieben. So lässt sich ohne weiteres ein zweiter und dritter Aufguss vom selben Tee bereiten. Dafür gibt die Hausfrau zuweilen noch ein Löffelchen frischen Tee zu den vorhandenen Teeblättern, damit der Tee schön stark bleibt, und gießt sie von neuem mit kochendem Wasser auf.

Wer Ostfriesen-Tee serviert, hat zu Beginn ein Stück Kluntje in jede Tasse gegeben und gießt darüber den heißen Tee. Aus

Höflichkeit gießt sich der Gastgeber zunächst die eigene Tasse voll, denn falls noch Blätter in der Tülle hängen sollten, landen diese in der eigenen Tasse, während weitere Blätter durch das in der Kanne eingebaute Sieb zurückgehalten werden. Beim Eingießen werden die Tassen aus gutem Grund nur gut halb voll geschenkt, denn nun wird jeder der anwesenden Teetrinker den Sahnelöffel in der eigenen Teetasse anfeuchten und seinem Tee ganz vorsichtig einen Löffel Rohm – mit der schönen Bezeichnung »Wulkje«, Wölkchen – auflegen.

In Ostfriesland ist Teetrinken in der Tat eine Zeremonie, bei der alle Sinne angesprochen werden. Offenkundig spricht der Teeduft den Geruchssinn an und die Kluntjes die Ohren, wenn sie sich knisternd in der Hitze des Teewassers auflösen. Die Sahnewölkchen, Wulkjes, erfreuen das Auge, während der Tastsinn durch die Wärme des Getränks angesprochen wird, wenn der Teegenießer das dünne Porzellan der Teetasse in die Hand nimmt. Typisch für Ostfriesland ist ja weniger die Henkeltasse als vielmehr das henkellose »Koppje« oder »Kopke«, das der Teetrinker ganz umfasst und dessen angenehme Wärme er vor allem an kalten und windigen Tagen besonders genießen kann. Das Kopke findet sich noch immer in jeder Aufforderung zum Teetrinken, wenn es heißt »Ku', hebb' 'n Kopke Tee!« Als letzter der Sinne wird der genussvollste, das Schmecken, angesprochen. Mit dem ersten Schluck schmeckt man die weiche Sahne, die dem Tee nicht untergerührt wird, mit dem zweiten Schluck die herbe Würze des Tees selbst, und mit dem dritten Schluck kommt die milde Süße des Zuckers hinzu.

Der Gast greift nicht eher zur Tasse, bis die Hausfrau oder der Hausherr ihn dazu auffordern, und zwar indem sie die eigene Tasse berühren. Ohne umzurühren trinkt man den Tee in drei Schlucken zügig aus. Nach der dritten Tasse kann sich der Besucher für das Gastgetränk bedanken und damit anzeigen, dass er nicht mehr nachgeschenkt haben möchte. Um das deutlich zu machen, stellt er den Teelöffel schräg in die leer getrunkene Tasse. Möchte er jedoch gern noch die vierte Tasse Tee trinken, wären die Ostfriesen die Letzten, die ihm dies verwehrten.

Der Kampf mit dem Kluntje

Da die Ostfriesen Tee auf eine Art und Weise trinken wie sonst niemand in Deutschland, sind ihre Gebräuche bei den anderen Landsleuten nicht immer so geläufig. Unter ihnen mögen sich in den letzten Jahrzehnten die Ostfriesenwitze verbreitet haben, die Ostfriesen selbst aber wissen sich durchaus auch über andere lustig zu machen. Vor allem über den Umgang Fremder mit dem Kluntje kursieren bei ihnen hübsche Geschichten, wie die folgende, die in der Krummhörn, der Landschaft im Nordwesten Ostfrieslands, spielt.

Verwundert sollen einer Familienüberlieferung zufolge zwei Westfalen zugesehen haben, wie die friesische Hausfrau je ein dickes Kandisstück in die zierlichen Tassen legte und Tee darüber goss. Die Besucher kosteten vorsichtig, beäugten jedoch misstrauisch den übrig gebliebenen süßen Klumpen, der sich noch lange nicht aufgelöst hatte. Es war ihnen peinlich, zumal sie nicht wussten, wohin damit. So klemmte sich der eine sein Kluntje verstohlen hinter die Backenzähne, während es der andere diskret in die Hosentasche steckte. Doch sie hatten eine gute Gastgeberin, die ihnen zu ihrer Verblüffung bei der zweiten Runde Tee ein neues Kluntje in die Tasse legte. Sie überlegten, was tun; zerbeißen wollten sie das Kandiszuckerstück nicht, denn das könnte man gewiss hören und würde wohl gegen die Landessitte verstoßen. So blieb ihnen nur, das kantige Stück hinunterzuschlucken. Man kann sich vorstellen, wie mühevoll das war, aber mit leicht verzerrtem Gesicht gelang es in Erwartung der dritten Tasse Tee. Der Hausherr, der seine westfälischen Besucher mit verstohlener Freude beobachtete, hatte jetzt aber ein Einsehen und begann, sie in die Geheimnisse des Teetrinkens in Ostfriesland einzuweihen, indem er sagte: »Ji mutt de Kluntje neet upfreten, de mutt ji in d'Tass laten!«

»Oh, Majestät ...«

Zu jener Zeit, als Ostfriesland zu Hannover gehörte, besuchte König Georg eines Tages mit ein paar hohen Herren das Overledingerland. In einem einfachen Haus am Moor sollte er Tee nach Landessitte – mit Schafsmilchsahne und Kluntje – kennen lernen. Als der König und sein Gefolge in die Wohnküche traten, hatte die alte Stinamö die Tassen bereits gefüllt und forderte den nicht alltäglichen Besuch auf: »So, Herrschaften, nu sett jo man evkes daal un laat jo't goot smecken.«

Es sah alles sehr einladend aus. In jeder Tasse hob sich der Kluntje wie ein kleiner Eisberg von der weißen Sahneschicht ab. Doch plötzlich erschrak die Frau: Ausgerechnet in der Tasse ihres höchsten Gastes war kein Eisberg zu sehen.

»Oh, Majestät, ik weet heelneet, of ik hör dor ok 'n Kluntje indaan hebb«, stammelte sie verlegen, steckte kurzerhand den Zeigefinger in die Tasse des Königs und strahlte zufrieden, als sie das Kandisstück fühlte. Mit hochroten Köpfen verfolgten die Herren die ungewöhnliche Prozedur. Der König, der erblindet war, ahnte wohl, was um ihn herum vorging. Nachsichtig meinte er: »Immer gründlich, immer gründlich. So sind die Ostfriesen.« Der Tee soll ihm dennoch gut geschmeckt haben.

Wie Tee ein Volk zu Schmugglern machte ...

Die Ostfriesen hatten es wahrlich nicht leicht mit ihrer Leidenschaft, denn kaum hatte sich der Alte Fritz in seinem Teekrieg gegen die Küstenlande geschlagen gegeben, zog anderes Unheil heran und drohte der ostfriesischen Gemütlichkeit ein Ende zu bereiten. Nachdem der französische Kaiser Napoleon Bonaparte die Preußen geschlagen hatte, wurde Ostfriesland –

nach einem zweijährigen Intermezzo der Zugehörigkeit zu Holland – zum »Département der östlichen Ems« erklärt und damit zu französischem Staatsgebiet. Da Napoleon nun seinen Erzgegner England, das rege mit dem nicht besetzten Festland Handel trieb, in die Knie zwingen wollte, versuchte er mit einer Sperrflotte diesen einträglichen englischen Handel zu unterbinden.

Britanniens Inseln waren weit davon entfernt, damit in eine Notlage zu geraten. Anders jedoch war es mit den armen deutschen, nun zu Frankreich gehörenden Küstenbewohnern, deren eigener Seehandel zum Erliegen kam, und außer Textilien, Metallwaren, Kaffee und Zucker wurde vor allem ein in Ostfriesland schon seit langem als lebensnotwendig erachtetes Gut Mangelware: Tee. Nachdem 1808 auch noch die holländischen Seehäfen für Handelsschiffe geschlossen wurden, gab es keinerlei Möglichkeit mehr, auf legale oder halb legale Weise an Tee zu kommen. Was blieb?

Ganz Ostfriesland widmete sich intensiv für einige Zeit logistischen Aufgaben, so würde man es zumindest modern ausdrücken. Man baute eine ganz besondere Infrastruktur auf: ein raffiniertes Schmuggel- und Schleichhandelsnetz zu Wasser und zu Lande, dessen Fäden samt und sonders auf der kleinen Nordseeinsel Helgoland zusammenliefen. Helgoland gehörte der britischen Krone, was es zum idealen Zentrum für den auf der Nordsee betriebenen Schmuggel machte. Keine Gefahren scheuend machten sich Leute jedweder Couleur, ob Fischer, Bauern, Kaufleute oder Handwerker, inklusive Frauen und Kinder, bei Nacht und Nebel auf. Von allen ostfriesischen Küstenorten schlich man sich durchs Wattenmeer zu den kleinen Sielhäfen, von wo die Schmuggelboote nach Helgoland aufbrachen.

Wen wundert's, dass die kleine Felseninsel damals ein einziges Lagerhaus britischer Handelswaren war. Was jahrhundertelang Hongkong für Englands Chinahandel bedeutete, fand hier auf Helgoland seine Entsprechung gegenüber dem europäischen Kontinent. Vor allem für die Ostfriesen war es das

Tee-Schlaraffenland schlechthin. Ihre Boote voll gepackt mit dem ersehnten fernöstlichen Kraut, machten sie sich auf den gefahrvollen Rückweg, auf dem sie zunächst noch von englischen Kriegsschiffen begleitet wurden. Schmuggler mit Begleitschutz! Immerhin war dies ein einträglicher Handel für die Briten und es lag in ihrem Interesse, dass die Schmuggler ihre Fahrten regelmäßig durchführen konnten.

Kamen die Friesischen Inseln in Sicht, war jedoch Schluss mit lustig. Nun peilten die Schmuggelboote mit Hilfe von Ausguckposten und gut abgesprochenen Lichtsignalen Küstenorte an, die vor Entdeckung sicher waren. Dort warteten Leute, um die Ladung nach der Landung schnellstens zu löschen und in Scheunen, Gruben, hinter Büschen und in sonstigen Verstecken unterzubringen. Damit waren noch längst nicht alle Schwierigkeiten überwunden, denn die Straßen im ganzen Land wurden bewacht, um diesem Treiben Einhalt zu gebieten. Wenn die Waren zu Fuß oder mit Fuhrwerken über Äcker und durch Wald und Wiesen transportiert wurden, konnte man zwar leichter den kontrollierenden holländischen Soldaten entgehen, dafür mochten sich manch einem die eigenen Landsleute in den Weg stellen und sich eine »Teesteuer«, den »Kaffeezoll« oder die »Zuckerabgabe« geben lassen. Natürlich ließ sich auch mancher Wachtposten bestechen, was die ohnehin hohen Preise für die Schmuggelware noch weiter in die Höhe trieb. Ein Pfund Tee konnte schließlich so viel kosten wie fünfzehneinhalb Pfund Butter, dazu brauchte man dann noch etwa elf Kilo Roggenbrot für die gleiche Menge Kandiszucker.

Der Schmuggel wurde immer gefährlicher, vor allem nachdem der Befehl Napoleons erging, Kapitänen eines Schmuggelschiffes wegen Verrat und Spionage mit der Todesstrafe zu drohen. Erst mit dem Ende der napoleonischen Herrschaft, nachdem die Franzosen von den Preußen und ihren Verbündeten geschlagen worden waren, endete die Kontinentalsperre und der Tee fand seinen Weg wieder leichter in die gemütlichen Stuben der Ostfriesen. Mitte des 19. Jahrhunderts konnte mancher Kolonialwarenhändler im Küstenland allein mit Tee mehr einnehmen als für alle sonstigen Waren seines Ladens zusammen ...

Das Schmuggeln von Tee gehörte damit jedoch noch nicht endgültig der Geschichte an, denn Tee wurde in Deutschland mit einer extrem hohen Steuer belegt, weshalb sich 1879 gar das deutsche Parlament mit dem Teetrinken in Ostfriesland zu beschäftigen hatte. In heftigen Debatten wurde beklagt, dass die Ostfriesen – wegen ihres für deutsche Verhältnisse einzigartigen Teekonsums – im Vergleich mit anderen Regionen des Landes über Gebühr mit Steuerlasten konfrontiert wurden, und das, wo sie eine so große Menge Tee doch vor allem konsumieren würden, um das ansonsten in Küstenregionen so schlechte Trinkwasser zu ersetzen.

Tatsächlich hatte das Grundwasser dort häufig einen muffigen Geruch, weshalb man häufig Regenwasser in Tonnen und schlechten Zisternen sammelte. Selbst dieses Wasser musste meist abgekocht werden, aber das weiche Regenwasser eignete sich indes vorzüglich für die Teezubereitung. Selbst heute, wo auch in Ostfriesland Wasserwerke die Versorgung mit gutem Trinkwasser gewährleisten, sollen leidenschaftliche Teetrinker noch immer Regenwasser für ihr Kopke verwenden. Somit gab es mindestens einen natürlichen Grund, weshalb in Ostfriesland so viel Tee getrunken werden muss. Noch 1939 wurde vom Nordener Sanitätsrat Köppen das Klima ins Feld geführt: »Der Bewohner Ostfrieslands griff zu Getränken, die ihm den Kampf gegen Wasser und Kälte erleichtern sollten: Alkohol und Tee ... Tee ist nicht nur geeignet, das Frieren des Menschen zu verhindern, er verhindert auch durch seine allgemein anregende Eigenschaft die gesundheitsschädigende Einwirkung der kalten Luft, vor allem in erheblichem Maße Erkältungskrankheiten.« Ja, Köppen betonte außerdem, dass sogar »Fremde, die zu längerem Aufenthalt nach Ostfriesland kommen und anfangs oft das ostfriesische Volksgetränk ablehnen, ... nach einiger Zeit ... zum regelmäßigen Teegenuss« neigen und ihn, sollte er fehlen, »genau wie der eingeborene Ostfriese« entbehren würden.

Wer in seiner Heimat derartige natürliche Lebensverhältnisse vorfindet, der – das sehen wir natürlich ein – hat ja geradezu das Recht, den für ihn lebensnotwendigen Tee ins Land zu schmuggeln, wenn ihm keine andere Wahl bleibt. »Wenn wi keen Tee hebben, mutten wi starben!«, gipfelte die Ansicht der Ostfriesen schon in der Teenot nach dem Ersten Weltkrieg. Und dies war selbst im ansonsten wenig einsichtigen Nazi-Deutschland den Behörden nicht entgangen, weshalb sogar in Zeiten strengster Rationierung überseeischer Waren und Genussmittel den Ostfriesen oft Sonderrationen Tee gewährt wurden. Nachdem Emden im September 1944 ausgebombt wurde, durften sich die Bürger der Stadt in einer vom Roten Kreuz betreuten Teeküche stärken. Doch die Teenot wurde in den Nachkriegsjahren am größten, als gerissene Schwarzhändler sowie reisende Trickbetrüger den Ostfriesen das Geld aus der Tasche zogen. Kein Wunder, dass der Schmuggel immer fantastischere Blüten trug. Besonders erstaunlich ist die Geschichte jener Gruppen von ostfriesischen Frauen, die im Dezember 1952 bei ihrer Rückkehr aus dem holländischen Groningen merkwürdig gepolstert aussahen und so unbeholfen einhergingen, dass die deutschen Zollbeamten sie kontrollierten. Diese staunten nicht schlecht, als sie den Damen rund eineinhalb Zentner Tee aus umgenähten Unterröcken hervorholten.

Tee aus deutschen Landen

Die Selbstverständlichkeit, mit der Tee und Ostfriesland gedanklich miteinander verknüpft werden, zeigt sich in einer Anekdote aus der Zeit kurz vor Ausbruch des Zweiten Weltkriegs. Als sich damals abzeichnete, dass Lebens- und Genussmittel bald rationiert würden, soll ein NS-Parteifunktionär zu Carl Röver, dem damaligen Gauleiter der Region Weser-Ems, andeutend gesagt haben: »Nun wird das mit den Teeimporten aus dem Ausland wohl bald aufhören.«

Woraufhin Röver unbekümmert geantwortet haben soll: »Darüber brauchen wir uns keine Sorgen machen, wir haben ja den ostfriesischen Tee!«

Von der Börse in die Tasse

Der lange Weg zur Ostfriesischen Teemischung

In früheren Zeiten, als der Tee in Europa eingeführt wurde, dominierte wie schon erwähnt noch der in China und Japan übliche grüne Tee. Das hat sich schon seit langem geändert, auch wenn sich in den letzten Jahren – vor allem im Zuge eines gewachsenen Gesundheitsbewusstseins – wieder mehr Menschen dem grünen Tee zuwenden. Typisch für Deutschlands leidenschaftlichste Teetrinker ist die so genannte »Ostfriesische Mischung«, woraus wir schon ablesen können, dass die Ostfriesen nur selten ungemischte Originalsorten aufbrühen.

Was nun ist eine Ostfriesische Mischung? Diese Bezeichnung steht für ein Blending aus Schwarztees, dessen ungewöhnliche Qualität auf der Erfahrung von Fachleuten beruht. Über deren sorgfältig abgestimmte Kompositionen von Tees unterschiedlicher Herkunft wird das einzigartige, blumige Aroma in dem kräftigen Aufguss des ostfriesischen Nationalgetränks erzeugt. Grundlage dieser Kompositionen ist immer Assam-Tee, abgerundet durch Beimengen von hochwertigen Darjeeling-, Ceylon-, Java- oder Sumatra-Sorten. Dies ist so typisch, dass das Prädikat »echt ostfriesisch« für die in Ostfriesland heimischen Markenfirmen geschützt ist.

Den Weg zu einer solchen Ostfriesischen Mischung wollen wir hier nun einmal verfolgen, denn er besteht ganz sicher nicht nur darin, einige verschiedene Teesorten zusammenzurühren. Sehr ernst und gewissenhaft geht es bei der Probe und der Auswahl, dem Ankauf, dem Transport und der Bearbeitung des Tees zu. Wenn wir einmal vom eigentlichen Anbau und Pflücken der Teeblätter absehen – davon war in diesem Buch an anderer Stelle die Rede –, könnten wir unseren Weg zur Ostfriesischen Teemischung bei einer Teeprobe beginnen, die von wesentlicher Bedeutung für den Ankauf auf der eigentlichen Teeauktion ist.

Ostfriesen haben sich beim Teemischen zu Meistern ihres Faches entwickelt, weshalb eine sorgfältige Teeprobe ein regelrechtes Zeremoniell darstellt. Begonnen wird mit der so genannten Trockenprobe, wenn also die verschiedenen Tees zunächst nur als Muster vorliegen. Hierbei beugt sich der Fachmann über das duftende Produkt, so dass er die Teeblätter fast mit der Nase berührt, und haucht kräftig auf den Tee, um das Aroma dann äußerst konzentriert und tief einzuatmen. Auf diese Weise kann er wesentliche, wenngleich noch nicht alle Eigenschaften der ihm vorliegenden Sorte beurteilen. Seine Augen verraten ihm noch mehr, deshalb begutachtet er sehr genau, wie der trockene Tee aussieht, welche Farbe er hat und wie seine Blätter gerollt sind.

Nach dieser ersten groben Einschätzung folgt die hohe Kunst der Schmeckprobe. Rund sechzig Probierschälchen oder mehr sind auf einem ellenlangen Tisch aufgestellt, und zwar unter einem großen Fenster, denn Helligkeit ist zur Beurteilung der Ware sehr wichtig. Vor den Proben steht ein Aufgusskännchen bereit, in dem der Koster Muster der zu probierenden Originaltees oder Mischungen zubereiten kann. Vergleichsmuster der eigenen oder anderer Firmen mögen ebenfalls bereitstehen. Für den Probeaufguss wiegt er auf der Apothekerwaage eine Teemenge ab, die früher dem Gewicht eines englischen Six-Pence-Stücks entsprach. Diese Teemenge wird mit dem gleichen Quantum frisch siedenden Wassers aufgegossen, in dem der Tee meist fünf oder sechs Minuten zieht. Jede Teeprobe lässt der Koster exakt – nach der Minutenuhr – gleich lang ziehen, um sie dann schnell aus dem Aufgusskännchen in das Probierschälchen zu gießen.

Jetzt beginnt die Schmeckprobe: Ein guter Teetester begutachtet zuerst die Farbe der im Kännchendeckel liegenden aufgebrühten Blätter. Ihn interessiert dabei, ob sie eine gute, rostbraune Farbe haben und ob sie zu viel oder zu wenig fermentiert sind. Mit einem Probierlöffel schöpft er anschließend Tee aus dem Schälchen und schlürft ihn langsam und wiederum äußerst konzentriert über die Zunge. Nachdem der Probetrunk einige Augenblicke Zunge und Gaumen benetzt hat, spuckt der Prüfer ihn in ein Gefäß. Nicht von ungefähr vergleicht man diesen Vorgang mit einer Weinprobe. Im Nu wird die nächste Teesorte genauso sorgfältig und kritisch abgeschmeckt und jedes Testurteil exakt notiert. Die Aufzeichnungen sind eine wesentliche Grundlage für die Entscheidungen, die sowohl den Einkauf als auch die Zusammenstellung der Teemischungen betreffen. In einer echten Ostfriesischen Mischung versammeln sich immerhin bis zu zwanzig Teesorten.

Hat die Teeprobe das Interesse der Fachleute geweckt, dann kaufen sie die Ware direkt auf den entsprechenden Plantagen der Erzeugerländer ein. Auch der Makler der Firma kann einige Kisten dieser Tees auf Auktionen ersteigern. Die bedeutendsten solcher Teeauktionen werden in Kalkutta und Colombo durchgeführt und zeugen von der hohen Nachfrage und dem Interesse an guten Teesorten. Es ist nämlich keineswegs sicher, dass der Makler den Zuschlag für die begehrte Ware tatsächlich erhält, stehen doch oft nur fünf, zehn, höchstens jedoch vierzig Kisten à 50 Kilogramm von einer bestimmten Pflanzung zur Versteigerung an. Da gute und gar hervorragende Sorten Mangelware sind, teilen sich zwei bis vier Käufer häufig eine Partie, damit die Verkäufer nicht Fantasiepreise verlangen. Wie auf der Wertpapierbörse verständigen sich befreundete Interessenten auf diesen Teeauktionen über bestimmte Geheimzeichen, um gemeinsam ein begehrtes Produkt zu erstehen, und bekommen den Tee selbst gar nicht zu Gesicht.

Der Versand an die Besteller erfolgt in Kisten von 30 bis 50 Kilogramm Fassungsvermögen, in denen der Tee durch Einlagen von Aluminiumfolie an der Innenseite gegen Witterungs-

und Geruchseinflüsse geschützt bleibt. Ein ansehnlicher Teil der Tees von bester Qualität geht von den Plantagen per Schiff an die ostfriesischen Markenfirmen und Importeure; nur äußerst hochwertige Sorten werden über Hamburg und Bremen nach Deutschland geflogen.

Sobald die Tees angeliefert werden, entnimmt man jeder der eingetroffenen Kisten eine Probe, die ins Probierzimmer wandert. Dort wiegt der Mischmeister die ausgewählten Teeproben gemäß seiner Aufzeichnungen während der Musterprobe ab. In größeren Mengen werden nun die Mischungen erstellt, die zugegebenen Sorten über einen Förderkasten in eine große Mischtrommel transportiert und danach über eine Gleitbahn aus Drahtgewebe in ein sich trichterförmig verengendes rundes Eisenbecken geschüttet, das über starke Rollen beweglich gehalten ist: der so genannte »Teehund«. Unter einer viereckigen Öffnung sind zwei schräg gestellte Gleitbahnen angebracht, die sich ständig rhythmisch bewegen und die Mischung so einer Waagschale zuführen. Sie wiegt die Teemengen elektronisch aus. Endlich werden sie über Abfüllmaschinen in kleine Pakete abgefüllt. Der weitere Gang durch den Betrieb gleicht anderen modernen Verpackungsanlagen, denn an den ostfriesischen Teelieferanten ist der technische Fortschritt auch nicht spurlos vorübergegangen. Was früher von Hand geschah, wird mehr und mehr von computergesteuerten Maschinen erledigt. Die gemütliche Teestunde in einer ostfriesischen Stube hat sich jedoch in keinster Weise dadurch verändert.

Dafür, dass in Ostfriesland – und andernorts – überhaupt Teemischungen hergestellt werden und weniger reine Teesorten getrunken werden, gibt es über Geschmacksvorlieben hinaus noch andere Gründe. Zum einen erwarten die Käufer, dass ein Tee, an den sie sich gewöhnt haben, zu jeder Zeit den gleichen Geschmack hat. Da beim Teeanbau aufgrund von Witterung und jahreszeitlichen Unterschieden aber nicht immer dieselbe Qualität erreicht werden kann, gleicht man diese Schwankungen durch das Mischen verschiedener Sorten aus. Auf Preisschwankungen lässt sich so ebenfalls leichter reagieren, da der

Austausch einzelner Mischungskomponenten Kaufpreis und Qualität in einem vernünftigen Verhältnis hält. Und schließlich hängt der Geschmack eines Tees ja auch in hohem Maße von der Wassergüte ab, weshalb ein guter Teeberater immer auf den Wohnort seines Kunden achten und dafür die am besten geeignete Teemischung empfehlen wird. Wundern Sie sich also nicht, wenn der Tee, der Ihnen in Leer oder Norden, in China, Indien oder England so gut geschmeckt hat, zu Hause im Schwarzwald oder an der Ruhr nicht gleichermaßen mundet.

Gesund und schlank durch einen Trank?

Wahrheit und Legende der Wirkungen des Tees

> Was nun die Eigenschaft und Tugend des Thee anlanget, so machet er überaus hurtig und lebhaft, vertreibet den Schlaf, treibet starck den Urin und Schweiß, ist auch sehr zuträglich wider den Skorbut und Mund-Fäule, ingleichen für die reissende Gicht, Husten, Schnupfen, Flüsse, hilft auch wider grosses Bluten, wider die Trunckenheit und Kopf-Schmertzen; insonderheit wider das Sodbrennen und schwachen Magen, wider die Colic, Reissen im Leibe, den Schwindel, bösen Nebel und Luft, wider rothe und trieffende Augen, Engbrüstigkeit und Hertzklopfen, wider die Lungensucht, Röcheln auf der Brust, Lähmung, ingleichen wider den Stein, goldene Ader, allzu starcken Fluss der weiblichen Zeit, und allen Schmerz.
>
> *Bartholomeos Belli, ›Curieuse Beschreibung des Thee, Coffee und Choccolade-Trancks‹, Augsburg 1743*

Viel ist über die medizinischen Wirkungen des Tees geschrieben worden und es findet sich auch manches darunter, was sagenhaft erscheint, und nicht erst in der heutigen Zeit wird der Tee als medizinisches Universalmittel gepriesen, wie uns die oben zitierte Textstelle deutlich zeigt. Fast schon könnte man ob solcher Beschreibungen meinen, Ambrosia, der Trunk des ewigen Lebens, wäre gefunden, oder das Wunderelixier der Alchimisten. Ganz sicher ist der Tee kein Wundermittel, aber auch heute noch stimmen Menschen weltweit den Worten von Johan Nieuhof zu, eines im 17. Jahrhundert an den chinesischen Kaiserhof gesandten Holländers, der berichtete, dass, wer »den Magen mit Speise überladen und das Gehirn mit starkem Getränk beschwert hat, sich nach dem Teegenuss wohl befindet«.

Viele weitere positive Wirkungen des Tees sind wissenschaftlich inzwischen nachgewiesen worden und man hat die dafür verantwortlichen Wirkstoffe herausgefunden. Das in ihm enthaltene Koffein – früher als Tein bezeichnet – wirkt unmittelbar auf das zentrale Nervensystem und steigert die Konzentrations- und Reaktionsfähigkeit, kann aber bei zu großen Mengen in Nervosität umschlagen. Theanin dagegen verzögert die Wirkung des Koffeins, während die Gerbstoffe im Tee diesen anregenden Effekt steuern und begrenzen können – je nachdem, ob durch die Ziehdauer des Tees eine eher belebende oder beruhigende Wirkung erreicht werden soll. Theophyllin und Theobromin entwässern und regen an. Bei regelmäßigen Teetrinkern führen weitere Inhaltsstoffe wie Fluor zu einer Stärkung des Zahnschmelzes und hemmen damit Karies; Kalium und Mangan senken den Blutzuckerspiegel und sollen imstande sein, allergische Beschwerden zu verringern, während Gluthation und Adenin den Blutdruck senken und Chlorophyll die Bildung roter Blutkörperchen fördert. Für die Entspannung und die Behaglichkeit einer Teepause, das darf nicht vergessen werden, sorgen die ätherischen Öle, die den Duft und das Aroma des Tees bestimmen, sowie die für seine Farbe und seinen Geschmack verantwortlichen Stoffe Theaflavin und Therubigen.

Bei einer solchen Wirkungsbreite, die sich sogar auf die Vorbeugung von Krebskrankheiten erstrecken soll, ist es nicht weiter verwunderlich, dass auch für ein weiteres Kümmernis der heutigen Zeit eine mögliche Lösung im Teetrinken gefunden werden soll. Denn der moderne Mensch leidet häufig unter einem Schönheitsideal, bei dem das Gewicht noch weit unterhalb eines gesunden Normalgewichts liegen soll. Nach Jahrzehnten mehr oder weniger erfolgloser Versuche mit einer erfindungsreichen Palette von Abmagerungsmitteln soll jetzt eine Entdeckung aus China zum Erfolg führen: Pu-erh-Tee, der »chinesische Schlankheitstee«. Da die Vorstellung, auf natürliche Weise dieses Ziel zu erreichen, verlockend wirkt, wird er angepriesen mit Slogans wie: »Trinken Sie sich rank und schlank, trinken Sie Pu-erh-Tee!« oder »Mit dem natürlichen Fettkiller zum Wohlfühlgewicht«.

Was ist von solchen Versprechen zu halten? Natürlich glaubt

man gerne, dass die Möglichkeit, sich schlank zu trinken, erfolgreich sein könnte – vermittelt das Klischee von »den« Chinesen ja auch, dass diese zartgliedrig und schlank seien. Oder ist die ganze Sache eher in den Bereich des Märchenhaften zu verweisen, haben auch wir in unserer modernen Welt noch immer unsere Mythen und Legenden?

Die chinesische Meinung über das Phänomen Pu-erh-Tee in Deutschland spiegelt am besten ein Artikel unseres Freundes Tong Zhande wider, den er in seiner Heimat veröffentlicht hat. Den Anlass dafür, diesen zu schreiben, boten ihm die oben erwähnten Werbesprüche zusammen mit einem Zeitungsbericht, demzufolge wissenschaftliche Studien medizinischer Institute in Paris und in Yunnan eine Fett abbauende Wirkung des Pu-erh-Tees nachgewiesen hätten. Kaum war dieser Bericht bei uns erschienen, wurde Tong sofort von etlichen weiblichen Bekannten angerufen und über den Pu-erh-Tee und seine Wirkung befragt.

»Pu-erh-Tee aus Yunnan ist in ganz China bekannt«, erzählt Tong in seinem chinesischen Zeitungsartikel, »darum kenne

Eine Handvoll Tee

ich ihn natürlich! Ob es stimme, dass man mit diesem Tee abnehmen könne, wusste ich nicht zu sagen, doch ich erinnerte mich noch gut daran, dass, wenn ich als Kind zu viel Fettes gegessen hatte und davon Bauchschmerzen bekam, die alte Nachbarin von nebenan meiner Mutter riet, mir einen Becher Pu-erh-Tee zu trinken zu geben. Es heißt, dieser Tee helfe bei der Verdauung von fettigem Essen, und so konnte ich mir schon vorstellen, dass er nicht nur dabei, sondern auch beim Abnehmen helfen könnte. Dies erzählte ich auch meinen Bekannten, woraufhin sie nicht mehr zu bremsen waren und sofort loszogen, um sich Pu-erh-Tee zu besorgen.

Nach etwa einem Monat hatte ich tatsächlich den Eindruck, die Mädchen wären allesamt zart und anmutig geworden. Dabei hatte ich so meine Bedenken, denn ich selbst glaube eigentlich nicht daran, dass man durch irgendetwas anderes als weniger zu essen oder Sport zu treiben abnehmen kann. Hätten die jungen Frauen nun sowohl Pu-erh-Tee getrunken als auch kräftig gegessen, dann hätten sie wohl auch nach einem Monat kaum ein Gramm abgenommen. Ich überlegte jedoch noch weiter und dachte mir, dass es ja andererseits nicht unbedingt eine schlechte Sache wäre, wenn das Trinken von Pu-erh-Tee zu einer Mode würde. Was heutzutage Mode wird, zahlt sich schnell aus, und wenn Pu-erh-Tee weltbekannt wird, bedeutet dies gute Einnahmen für die Bauern, die diesen Tee produzieren, und für die Händler, die ihn absetzen, ist es eine sprudelnde Geldquelle.«

Weiter berichtete Tong Zhande, dass eines Abends im deutschen Fernsehen ein Interview mit einigen deutschen Pharmakologen gesendet wurde, demzufolge eine chemische Analyse der Inhaltsstoffe von Pu-erh-Tee und Schwarztee im Ergebnis keinerlei Unterschied zwischen beiden erwiesen hätte. Wenn man vom Schwarztee nicht abnehmen würde, wie könnte dies dann durch Pu-erh-Tee geschehen? Diese Reportage verwirrte auch unseren Freund, denn sie widersprach den schon erwähnten wissenschaftlichen Studien in Paris und Yunnan. Wer hatte denn nun Recht und wer redete Blödsinn?

»Ich habe weder Medizin studiert noch bin ich Chemiker«, meinte Tong dazu, »also kann ich diese Frage wirklich nicht entscheiden. Irgendwie kam mir das alles auch lächerlich vor. Egal was nun stimmen sollte, ich glaube weiterhin daran, dass man weniger essen oder mehr Sport treiben muss, wenn man abmagern will!«

Am Tag darauf war ich in der Stadt, um Einkäufe zu erledigen, als mir plötzlich wieder der Pu-erh-Tee einfiel. So betrat ich einen kleinen Teeladen. Den Inhaber, einen kleinen, untersetzten Mann, fragte ich nach Pu-erh-Tee. Wie aus der Pistole geschossen erwiderte er, sie hätten echten Pu-erh-Tee aus Yunnan. Als ich nach dem Preis fragte, wurde mir erst klar, wie wertvoll er sein soll: zwölf Mark für 100 Gramm! In diesem Augenblick erkannte ich, dass es in der Tat einen besonderen Grund für die so gegensätzlichen Aussagen über Pu-erh-Tee gab: wirtschaftliche Interessen! Wenn dieser Tee nämlich wirklich zur Gewichtsabnahme verhelfen würde, wem sollten die Apotheker ihre ganzen Abmagerungsmittel, Diätpillen und -drinks sowie die unzähligen Massagegeräte dann noch verkaufen? Als die Apotheker die Mode, Pu-erh-Tee zum Abnehmen zu trinken, auf sich zukommen sahen, wie hätten sie dann noch gut schlafen sollen? An diesem Punkt meiner Überlegungen angelangt, hoffte ich auf einmal doch wieder, dass man mit Pu-erh-Tee abnehmen könnte, damit die Teebauern und -händler in China etwas zu verdienen haben! Hoffentlich, sagte ich zu mir, hat der Pu-erh-Tee dieses Glück!

Bevor ich das kleine Teegeschäft wieder verließ, fragte ich den Ladenbesitzer so nebenbei, wie ihm denn der Pu-erh-Tee schmecke. Der Tee sei ganz ausgezeichnet, sagte er mir. Als ich ihn daraufhin fragte, ob er ihn denn oft trinke, meinte er: ›Jeden Tag.‹ Einen kurzen Blick auf seinen hervorgewölbten runden Bauch konnte ich mir nicht verkneifen. Er lachte, als er das bemerkte, und aus seinem lächelnden Gesicht sprach ein wenig Verlegenheit ...«

Schlusswort: Geht, trinkt ’ne Tasse Tee

Was dem Leser beim ersten Blick vielleicht vermessen schien, nämlich den Bogen von China über Japan bis Ostfriesland zu spannen, mag unseren Lesern hoffentlich gezeigt haben, dass diese Verbindung letztlich doch schon seit Jahrhunderten besteht. Auch die 1993 bis 1994 im Nordener Teemuseum durchgeführte Sonderausstellung »150 Jahre Teegeschichte« wollte die Frage, was denn Ostfriesland mit Indien verbinde, mit unserem Hauptdarsteller beantwortet wissen: dem Tee. Wenn aber eine echte Ostfriesische Mischung zu drei Vierteln aus indischem Tee besteht, wird darüber gerne vergessen, dass es auch dort – wie in England oder Russland – ursprünglich der chinesische grüne Tee war, der das Getränk populär gemacht hatte. So populär, dass es *das* typisch deutsche Getränk – das Bier – in die Defensive brachte. Über Abertausende von Seemeilen hat sich das Teetrinken in alle Welt verbreitet und die Nachfrage nach Tee ist so groß geworden, dass China heute nur noch eines von vielen Tee-Exportländern ist, wenn auch noch immer eines der bedeutendsten.

Teegenuss ist nach rund 400 Jahren emsiger Bemühung um seine Verbreitung zu einem weltweiten Phänomen geworden. Im Reich der Mitte, der Heimat des Tees, werden heutzutage aber auch unzählige chinesische Biersorten zu einem Essen angeboten – Biersorten, unter denen als die berühmteste und beste noch immer diejenige aus Qingdao angepriesen wird, wo Deutsche vor rund einem Jahrhundert das Bierbrauen einführten. In gewisser Weise haben wir Deutschen uns damit den Chinesen gegenüber für den Tee revanchiert, den mehr und mehr Menschen aus gesundheitlichen Gründen nun auch bei uns wieder in seiner grünen Variante zu genießen beginnen.

Die Gemütlichkeit und der physiologische Effekt dieses köstlichen Getränks tun ihr Übriges. Entsprechend bedeutend groß ist seine Wirkungsgeschichte und entsprechend verbreitet ist sein Genuss in allen Bevölkerungsschichten. Für eine gute

Tasse Tee gibt es immer einen guten Grund; sie kann niemals schaden und entfaltet ihre jeweilige Wirkung – wie ja schon der liberale Politiker William Ewart Gladstone im 19. Jahrhundert erkannte, als er sich nicht nur für Humanität aussprach, sondern auch für den Tee:

> Ist dir kalt, wärmt dich der Tee,
> ist dir zu heiß, wird Tee dich erfrischen,
> bist du niedergedrückt, wird Tee dich ermuntern,
> bist du erregt, wird Tee dich beruhigen.

Und so wusste schon der buddhistische Meister Zhaozhou, von dem wir in diesem Buch ebenfalls berichtet haben, einen universell gültigen Rat für alle Lebenssituationen, den wir auch unseren Lesern geben wollen, wenn sie beim Lesen hier angelangt sind und sich fragen, was sie als Nächstes tun sollen:

»Geht, trinkt 'ne Tasse Tee!«

Die wichtigsten Teemuseen

Das Ostfriesische Teemuseum im Heimatmuseum Norden

Das erste Spezialmuseum in Europa zum Thema Tee liegt im Herzen der Stadt Norden (26506 Norden, Am Markt 36) im Alten Rathaus. In Ausstellungen zur Welt des Tees erfahren Besucher viel über die Teepflanze, ihre Kultur- und Wirtschaftsgeschichte sowie über die Gewohnheiten des Teetrinkens, das Chinesen, Japaner, Russen, Engländer und Ostfriesen miteinander verbindet. Die Besonderheiten der ostfriesischen Teekultur werden so in das große Gefüge der weltweiten Kulturgeschichte eingeordnet.

Öffnungszeiten von März bis Oktober täglich, außer montags, von 10 bis 16 Uhr. Gruppenführungen sind nach Anmeldung (Tel. 049 31-121 00 oder 22 53) außerhalb der Öffnungszeiten (also auch in den Wintermonaten) möglich. Zudem bieten regelmäßige Termine Gelegenheit zur Teilnahme an einer »Ostfriesischen Teezeremonie«, welche die Zubereitung und den Trinkgenuss mit einer kleinen Kostprobe abschließen. Träger ist der Heimatverein Norderland e.V., Norden, Am Markt, Tel. 049 31-128 92.

Bramah Tea and Coffee Museum

Nicht weit von der berühmten Londoner Tower Bridge liegt in der Maguire Street (London SE1 2NQ) Großbritanniens erstes Tee- und Kaffeemuseum, das einen Überblick über die 400-jährige Sozial- und Wirtschaftsgeschichte dieser beiden bedeutenden Handelsprodukte gibt. In Videos wird über Ernte und Produktion informiert, während Ausstellungsstücke – unter anderem rund 1000 Tee- und Kaffeekannen – einen Eindruck von den weltweiten Traditionen rund um die Getränke Tee und Kaffee vermitteln: von Keramiken über Metallarbeiten und Druckerzeugnisse bis hin zu Verpackungen und anderem Zubehör.

Öffnungszeiten: ganzjährig täglich von 10 bis 18 Uhr, außer an den Weihnachtsfeiertagen, sowie auf Anfrage (Tel. 0044-20-73 78 02 22, Fax 0044-20-73 78 02 19).

Cutty Sark Clipper Ship

Die Cutty Sark brach 1885 alle Segelrekorde. In einem Teil des Schiffes wird die Geschichte dieses letzten und berühmtesten aller Teeklipper erzählt und anhand von Bildern und Modellen weitere berühmte Segler präsentiert. In einem weiteren Teil des Schiffes ist eine Sammlung von Galionsfiguren ausgestellt und die Kabinen sind so hergerichtet, dass sie einen Eindruck davon vermitteln, wie das Leben auf hoher See in den 1870ern aussah. Der prächtige Teesegler liegt am Londoner King William Walk Greenwich (London, SE10 9HAT, Tel. 0044-20-88 58 34 45, Fax 0044-20-88 53 35 89.

Öffnungszeiten: ganzjährig, außer an den Weihnachtsfeiertagen, täglich von 10 bis 17 Uhr (letzter Einlass um 16.30 Uhr).

Flagstaff House Museum of Teaware

Das 1846 errichtete Flagstaff House (Lage im Hong Kong Park, 10 Cotton Tree Drive, Central, Hong Kong Island) war ursprünglich die Residenz des Oberkommandeurs der britischen Streitkräfte in Hongkong. Als ältestes erhaltenes koloniales Gebäude ist darin heute ein Teil des Hongkong Museum of Art untergebracht, mit dem größten Teil der Sammlung von Teeutensilien, die K. S. Lo dem Museum vermacht hat. Die Gallery birgt als Exponate seltene Keramiken und chinesische Siegel.

Öffnungszeiten: ganzjährig, täglich, außer mittwochs, von 10 bis 17 Uhr. Tel. 008 52-28 69-06 90.

Anmerkungen

[1] Konfuzius träumte einmal vom Herzog von Zhou, einem Verteidiger des Herrscherhauses, der aus diesem Grund ein großes Vorbild für ihn war. Die Anspielung steht hier für Lu Tongs Träume.

[2] Das chinesische Mondjahr gliedert sich nicht nur in Monate, sondern zudem in 24 Perioden à 15 Tage. Die dritte dieser Perioden, die auf Anfang März fällt, wird »Erwachen der Insekten« genannt und ist die Zeit, in welcher der erste Tee geerntet wird.

[3] Ein Bodhisattva ist ein erleuchtetes Wesen, das allen anderen auf dem Weg zur Erleuchtung hilft und das bis zum Erreichen dieses Ziels auf das eigene Erwachen verzichtet.

[4] Hanshan und Shih-Te sind berühmte chinesische Einsiedlermönche der Tang-Zeit.

[5] Nach Franziska Ehmcke, *Der japanische Tee-Weg*, Köln, DuMont, 1991, S. 35.

[6] Otowa ist der Name einer Quelle in der Nähe des Kiyomizu-Tempels in Kyôto.

[7] Ausspruch des bedeutenden Zen-Meisters Yunmen Wenyan (864–949). Auf die Frage eines Schülers, was »Durchdringen des Dharmakâya« bedeute, antwortete er: »Sich im großen Bären (Ursa Major) verstecken«. Dharmakâya, »Leib der Wahrheit«, ist die absolute Wirklichkeit; ihn zu durchdringen heißt demnach im Absoluten aufzugehen.

Literatur

Adrian, Hans G.: *Einladung zum Tee: Japans Teezeremonie. Fernöstliche Philosophie und Lebenskunst für Teetrinker*, Bremen 1976.

Adrian, Hans G.: *Lieben Sie Tee? Eine kleine Teekunde, vom Teesamen bis zur Tassenprobe und zum Teerezept in acht Kapiteln dargestellt*, Bremen 1981.

Adrian, Hans G.: *Tee über den Ozean*, Paul Schrader, Bremen 1978.

Chen Zongmao (Hg.): *Zhongguo Chajing* [»Kompendium des Tees in China«], Shanghai 1994.

Dekker, Cornelius: *Tractat van het excellente kruyd thee*, Den Haag 1679.

Driessen, Christoph: *Die kritischen Beobachter der Ostindischen Compagnie. Das Unternehmen der ›Pfeffersäcke‹ im Spiegel der niederländischen Presse und Reiseliteratur des 17. Jahrhunderts*, Bochum 1996.

Ehmcke, Franziska: *Der japanische Tee-Weg*, Köln 1991.

Götz, Adolf: *Teegebräuche in China, Japan, England, Russland und Deutschland*, Berlin 1989.

Griffiths, Percival: *The History of the Indian Tea Industry*, London 1967.

Haddinga, Johann: *Das Buch vom ostfriesischen Tee*, Leer 1977.

Hammitzsch, Horst: *Zen in der Kunst der Tee-Zeremonie*, Frankfurt am Main 1977.

Hennemann, Horst S.: *Chasho. Geist und Geschichte der Theorien japanischer Teekunst*, hrsg. von der Fakultät für Ostasienwissenschaften der Ruhr-Universität Bochum, Wiesbaden 1994.

Houssaye, I.G.: *Monographie du thé*, Paris 1843.

Joost, Wolfgang (Hg.): *Die wundersamen Reisen des Caspar Schmalkalden nach West- und Ostindien, 1642–1652*, Weinheim 1983.

Kaufmann, Torsten: *Un drink'n Koppke Tee ... Zur Sozialge-*

schichte des Teetrinkens in Ostfriesland, Aurich 1989, Neuauflage 1997.

Kellermann, Bernhard: *Auf Persiens Karawanenstrassen*, Berlin 1928.

Labaree, Benjamin Woods: *The Boston Tea Party*, New York 1964.

Lüpkes, Wiard: *Ostfriesische Volkskunde*, Emden 1925.

Maronde, Curt: *Rund um den Tee*, Frankfurt 1973.

Okakura, Kakuzo: *Das Buch vom Tee*, Frankfurt 1981.

Olearius, Adam: »Über Persien und seine Einwohner«, in: Herbert Scurla, *Im Reich des Königs der Könige: Berichte deutscher Persienreisender aus dem 17. bis 19. Jahrhundert*, Berlin 1976, S.109–133.

Schmidt, Franz Josef: *Tabak, Tee, Kaffee, Schokolade – ihr Gebrauch und Missbrauch dargestellt an Hand einiger Quellen des 17. und 18. Jahrhunderts*, Hamm o. J.

Schmitt, Eberhard: *Kaufleute als Kolonialherren. Die Handelswelt der Niederländer vom Kap der Guten Hoffnung bis Nagasaki 1600 – 1800*, Bamberg 1988.

Schulte Im Hofe, August: *Die Kultur und Fabrikation von Thee in Britisch-Indien und Ceylon mit Rücksicht auf den wirtschaftlichen Wert der Theekultur für die deutschen Kolonien*, Berlin 1901.

Schütz, Joseph: *Russlands Samowar und russischer Tee. Kulturgeschichtlicher Aufriss* (Schriftenreihe des Osteuropainstituts Regensburg-Passau, Band 11), Regensburg 1986.

Ukers, William H.: *All about Tea*, 2 Bände, New York 1935.

Zittlau, Dr. Jörg: *Grüner Tee für Gesundheit und Vitalität*, München 1997.

Textnachweise

Des Kammerjunkers Ujikiyo Teegesellschaft, S. 88–90:
Horst Siegfried Hennemann, *Chasho. Geist und Geschichte der Theorien japanischer Teekunst,* hrsg. von der Fakultät für Ostasienwissenschaften der Ruhr-Universität Bochum, Wiesbaden, Verlag Harrassowitz, 1994, S. 46–49.

Das Lied des Samowars im Hause Afanasjewitsch, S. 177–180:
Joseph Schütz, *Russlands Samowar und russischer Tee. Kulturgeschichtlicher Aufriss* (Schriftenreihe des Osteuropainstituts Regensburg-Passau, Bd. 11), Regensburg, 1986, S. 38–41.

Im persischen Teehaus in Isfahan, S. 181–184:
Bernhard Kellermann, *Auf Persiens Karawanenstraßen,* Berlin, 1928, S. 44, 70–73.

Der Kampf mit dem Kluntje, S. 215:
Nach: Johann Haddinga, *Das Buch vom ostfriesischen Tee*, Leer, 1977, S. 105–106

»Oh, Majestät . . .«, S. 216:
Johann Haddinga, *Das Buch vom ostfriesischen Tee*, Leer, 1977, S. 105–106

Bildnachweise

Berry Hill Galleries, New York, S. 123

Gruschke, Andreas, Freiburg, S. 8, 18, 84, 115, 143, 152, 228

Haddinga, Johann, *Das Buch vom ostfriesischen Tee,* Leer, 1977, S. 170

Hiroshige, Utagawa (Andô), um 1855, S. 99

Museum of the American China Trade, Milton, Mass., S. 130

Ostfriesisches Teemuseum, Norden (Hrsg.), *Ch'a - Tchai - Tee. 150 Jahre indische Teegeschichte,* Norden, 1993, S. 28/29, 189

Palastsammlung Taipei, S. 45

Victoria and Albert Museum, London, S. 46

Die Autoren und der Verlag waren bemüht, alle Rechte Dritter zu respektieren. Nicht in allen Fällen war es möglich, die Rechteinhaber der Abbildungen ausfindig zu machen. Berechtigte Ansprüche werden selbstverständlich im Rahmen der üblichen Vereinbarungen abgegolten.